毛炳權傳

宗建華 —— 著

高分子化工專家，中國工程院院士，
曾任北京化工研究院專題組長等職，現任北京化工研究院
科技委員會副主任，中國石化集團公司科學技術委員會顧問。

目錄

第一章　追本溯源 ………………………………… 001

第二章　亂世求生磨難多 ………………………… 029

第三章　錚錚男兒從軍行 ………………………… 057

第四章　從軍人到學生 …………………………… 069

第五章　在蘇聯的學習生活 ……………………… 099

第六章　成都十年 ………………………………… 139

第七章　邁向科學的殿堂 ………………………… 173

第八章　仿制與創新絡合型催化劑的發展之路 ……… 189

第九章　滴水石穿 N 型催化劑繼往開來 ………… 215

第十章　集大成者 DQ 球形催化劑塵埃落定 ……… 247

第十一章　溫馨的家庭 …………………………… 283

毛炳權大事年表 ………………………………… 323

後記 ……………………………………………… 329

第一章
追本溯源

祖居東莞

1933 年 11 月 2 日，毛炳權出生在廣東省廣州市。但他的祖籍卻是廣東東莞縣萬江區新和鄉邦凹村。

東莞縣位於廣東省中南部，珠江口東岸，東江下游的珠江三角洲。因地處廣州之東，境內盛產莞草而得名。東莞是廣東歷史文化名城，於 1700 多年前的三國時期建郡，是嶺南文明的重要發源地，中國近代史的開篇地和改革開放的先行地。

毛炳權三四歲就離開廣州到東莞居住，一直在東莞生活成長到 1950 年。只有抗日戰爭時期，日寇侵略廣東，他隨全家人離開東莞，逃亡了一年多時間。毛炳權曾聽家中長輩們講，他們祖上好像是從陝西一帶南遷過來的。據說，也有人親眼見過從陝西祖地傳下來的物件。但家族中從來沒有人能夠說得清楚這段傳說，毛炳權記憶中的祖先逸事大概也要上溯數百年了，似乎與他沒有多大關係。他的記憶則都與東莞緊密相聯，特別是他住過多年的萬頃沙村。在毛炳權記憶中，在很長的時間內，萬頃沙是在東莞縣的管轄之下。新中國成立之後，萬頃沙劃入番禺縣。改革開放後，番禺縣成為廣州市的一個區。如今的萬頃沙屬於廣州市南沙區管轄。而據當地史書和傳說，在 200 多年前，萬頃沙一帶稱烏珠大洋。萬頃沙境內原為淺海潮間帶，清道光十八年(1838 年)，東莞「明倫堂」在此圍墾，寓意是在汪洋巨浸之中，造成萬頃良田，萬頃沙因此而得名。萬頃沙位於廣州的最南端，地處穗、港、澳「金三角」的中心，距離香港、澳門非常近。萬頃沙的村民是從四面八方彙集而來，真正土生土長的很少。在這個地方，毛炳權度過了他的童年時光，也聽說了家族中的許多逸事，但給他留下深刻印象的，只有曾祖父、曾祖母輩及其後代們的故事。

毛炳權的祖上一直以種地為生，直到出了曾祖父毛鳳笙這個讀書人。毛鳳笙，字松鶴，少年入縣城私塾讀書。本想讀幾年書，走當時讀書人的共同道路，先秀才，後進士及第，「學而優則仕」。卻不料，在後來的科舉考試中屢屢落榜。為了生計，毛鳳笙平時幫人寫寫書信、訴狀，收些費用過生活。雖然沒能出人頭地，也算是踏入了讀書人的行列，結識了一些同為讀書人的朋友，毛炳權母親的祖父詹盤石便是毛鳳笙的友人之一。母親的祖父是一名秀才，標準的讀書人，與毛鳳笙私交甚好，視他為知己，後兩人又商定親上加親。詹盤石作主將彼時年僅 16 歲的孫女詹麗華許配給毛鳳笙的孫兒，這便是毛炳權的母親和父親。毛鳳笙對這門親事十分滿意，為遂自己四世同堂的心願，很快便給兩個孩子完婚，就盼著能早點抱上重孫。只是「天有不測風雲」，毛鳳笙還沒等到抱重孫，便遺憾地離開了人世。毛炳權心中的曾祖父，除了小時候看過的那張畫像外，只有那一個個在家族中流傳下來的故事了。

毛鳳笙先後娶過兩位妻子，第一位妻子是毛炳權的親生曾祖母，因老人去世早，毛炳權一直不知她何名何姓，生於何處。只知道她為毛鳳笙生育了兩個兒子和三個女兒，孩子們還沒長大成人，她就先撇下丈夫和孩子們，撒手人寰。幾個孩子年長者尚不及束髮之年，小的還嗷嗷待哺，毛鳳笙一介書生，為照顧五個孩子忙得焦頭爛額，於是便很快續娶了一個林姓的女子，這便是毛炳權的繼曾祖母。

曾祖父在世時曾住過的房子讓毛炳權印象深刻。據說那房子是繼曾祖母和她的妹妹共同購置的，是一棟面積很大的磚瓦房，外觀看發揮來很氣派。房屋正房的門匾上書三個大字——「松幹簃」，「松」取曾祖父字中的一字，「干」取曾祖父連襟，也就是繼曾祖母的妹夫翟干臣字中的一字，意指這房子是兩家共有的。後來房子年久失修，倒塌重建，新建的房子共有三大間，一間仍為翟家住，另外兩間，祖父一間，叔公一間。門匾上的三個大字倒沒有丟棄，仍舊使用，直到文化大革命「破四舊」的時候才被當作「四舊」抹掉。

繼曾祖母是一位賢良淑德的女子，她嫁給毛鳳笙後未曾生育，卻一直悉心撫養毛鳳笙亡妻的幾個孩子，視他們如己出。五個孩子中，除毛炳權的祖父以外，其餘幾個都是毛炳權這位繼曾祖母撫養成人的，所以這幾個孩子對這位繼母充滿敬意，待她亦如自己的生母一般。

毛炳權的祖父是家中長子，又生了獨子毛智明，即毛炳權的父親。到毛炳權這輩，因為是毛家的長子嫡孫，他也備受眾人疼愛，繼曾祖母自然也十分疼愛這位長子嫡孫。如今回憶發揮繼曾祖母來，毛炳權是這樣形容的：

> 只記得她年紀很大，腦海中的她就是個老太太。她裹過腳，但後來放了腳，所以走路還算比較正常。

透過毛炳權的敘述，人們得知這位繼曾祖母是個白髮蒼蒼、和藹可親的老太太。令人惋惜的是，繼曾祖母一生向善，無私付出，勞累終生，卻意外葬身火海之中，令毛家人每每提及都痛惜不已。

在此之前，毛柄權曾親身經歷過一次火災。那是 1942 年 10 月的一天，他們一家居住的東莞萬頃沙村發生了一場突如其來的災禍。臨街一戶人家因用火不慎，引燃了自家的房子，偏偏這天的秋風勁吹，很快引燃了鄰居家的房子。在極短的時間裡，整條以茅草屋為主的街道迅速蔓延成一條火龍，在秋風中肆虐。頓時，整條街道上哭聲、喊聲、驚叫聲響成一片。當大火逼近毛家時，繼曾祖母還不忘收拾包裹，裝幾件衣服。9 歲的毛炳權眼看情況緊急，邊呼喚祖母出屋，邊上前去攙扶她，將她帶至空曠的安全地帶。這場突如其來的火災奪去了萬頃沙這個小村落裡許多人的生命。劫後餘生的人們面對一片殘骸，默默地收拾心情，重建家園，堅強生活。

在房屋重建期間，毛炳權的繼曾祖母被送去她的侄女(毛炳權稱呼其為姑婆)家暫住，本想房子蓋好後就將繼曾祖母接回，沒想到，這一去卻成了永別。

這件令毛家人痛惜的事件發生在1942年12月，距離第一次火災僅兩個月。第二次火災發揮火突然，發揮火後火勢以驚人的速度襲擊了毫無防備的村民。火源是毛炳權姑婆的鄰居家，繼曾祖母與姑婆兩個老太太身處火源地，大火很快就燒到了姑婆家。當兩個老太太發現火情時，因年事已高，走路不方便，被困在了火場裡。毛炳權的祖父得知姑婆家發揮火後，立刻請了人去搶救，不過火勢太猛，就連消防人員都難以靠近，只能眼睜睜地看著姑婆家的房屋連帶兩位老人被無情的火海吞噬……等到消防人員把大火撲滅時，火場已經是一片灰燼。

濃煙散去，歸於平靜。水火無情，全家人痛哭失聲。

富有傳奇色彩的祖父

毛炳權的祖父名叫毛灌榕，字樹珍，有一個弟弟和三個姐妹。毛炳權分別稱為叔公和姑婆。

毛炳權的祖母曾育過三個孩子，大兒子(毛炳權的大伯)5歲時便夭折了，後來又生了一個兒子(毛炳權的父親)和一個女兒(毛炳權的姑姑)。毛炳權對祖父的經歷知道得較多，認為祖父的一生富有傳奇色彩。

毛灌榕是家中長子，自小就到別人家商舖當學徒工，學習如何做生意。那時候做學徒是件很辛苦的事情，不但要手腳勤快，更要機警靈活。上班時要勤奮幹活，無論什麼雜活都要干，什麼苦都能吃；下班後還要伺候師傅，只有這樣才有可能學到些東西。毛灌榕出師後，沒有留在學徒時的商舖，而選擇去了香港，在一間名叫「平安客棧」的旅館裡打工。毛灌榕的姨父（即毛炳權繼曾祖母妹妹的丈夫）是美國華僑，當時住在舊金山。姨父一直勸說毛灌榕到美國發展，在每個人的心中都有個發財夢，毛灌榕也不例外，在姨父的勸說下，他終於動心同意到美國去。於是，姨父幫助他坐輪船偷渡美國。毛灌榕喬裝成船上燒鍋爐的工人，將自己渾身上下抹得黑乎乎的，只剩下兩隻眼睛還露著一丁點白色，一直躲在船底的鍋爐。在海上漂了幾十天，才來到美國舊金山。

1947 年毛炳權與祖父祖母和父母親及姑父姑母（前排左一為祖母，前排右一為祖父，後排從左至右分別為毛炳權、姑父、父親、姑母、母親）

到了美國以後，因為沒有正式身分，毛灌榕只能打黑工。黑工在美國根本沒有社會地位可言，只能做些純手工的工作或者做一些體力活。身處異國他鄉，要與別人交流，必須要掌握當地的語言。毛灌榕利用打工以及休息的時間，向同事和鄰居們學一些日常交流用的英語。到後來，已經可以用英語開展一些簡單的交流了。他在美國一待就是兩年，直到 1914 年第一次世界大戰的爆發。如果不是這次世界大戰，他或許還留在美國，他和家人的人生軌跡也許會是另外一個樣子。在第一次世界大戰中，當時的中國北洋政府加入到英、法、美、俄一方對德國宣戰，但沒有派軍隊，派了十幾萬華工到歐洲做修築工事和運輸、後勤等工作。與此同時，美國政府因軍力不足，也開始在國內大量抓捕打黑工的華工，並將他們送到歐洲去修防禦工事、運物資。毛灌榕的阿姨見此情景，十分擔心他的安全，在跟丈夫商量後，感覺還是回到香港更安全些。夫婦倆又花了一筆錢，幫毛灌榕再次偷渡回香港。

回到香港後，毛灌榕重返「平安客棧」，繼續做他的工人，直到 1925 年。這一年，為了支援上海人民五卅反帝的愛國運動，廣州和香港爆發了規模宏大的大罷工，史稱「省港大罷工」。香港的工會由共產黨人鄧中夏(中華全國總工會總書記)及蘇兆征(香港海員工會)等人以中國國民黨員身分組織，以全國總工會名義，召集香港各工會聯席會議，成立全港工團聯合會，決議罷工。6 月 19 日發揮，包括電車、印刷、船務在內的工會首先響應，其他行業工會紛紛效仿，三日內即有二萬人離開崗位，返回廣州。毛灌榕正是在這個時候由香港返回廣州，親身參加了這場歷時 1 年零 4 個月的世界工人運動史上時間最長的一次大罷工。毛灌榕曾親口對毛炳權講述過當時的經歷，為支持大罷工，他和許多香港工人一發揮回到廣州，投身到轟轟烈烈的大罷工中去，並成長為骨幹力量。當時，廣州、香港各行各業的人民群眾團結發揮來同英帝國主義做鬥爭，使香港變成了「臭港」。這次令人熱血沸騰的經歷，在毛灌榕的記憶中留下深刻的印象。更令毛灌榕難忘的是，他曾作為「省港大罷工」的一名代表，跟隨代表團來到北京，與段祺瑞政府談判。在此期間，他抓緊時間參觀了北京的許多著名景點，遊覽了故宮等地，在故宮太和殿，他還看到了傳說中的「龍椅」，圍著「龍椅」轉了一圈。這時，離清王朝被推翻只有十幾年時間，人們對皇宮還是很好奇的。

省港大罷工促成了第一次國共合作。罷工結束後，從香港回到廣州的毛灌榕，在廣州市警察局任職。當時的局長是李章達，他是早期同盟會員之一，民國時期曾任孫中山第二警衛團團長兼大元帥府參軍，1948 年 1 月，中國國民黨革命委員會在香港成立，他被選為中央常委兼祕書長。中華人民共和國成立後，李章達歷任中央人民政府委員、廣東省人民政府副主席兼廣州市人民政府副市長等職務。毛灌榕當時在同為東莞人的李章達手下當一名督察員。毛炳權還看見過祖父擔任少校督察員時的一張照片，照片中的祖父身著警服，意氣風發，英姿颯爽。

1935 年，毛灌榕辭去了廣州市警察局的督察員工作，到東莞明倫堂任職。明倫堂原是指各地孔廟、書院、太學、學宮的正殿，後來演化為聚集生員，讀書、講經、講道、研究的場所。清代廣東各縣學宮都建有明倫堂，歸學官(教諭)掌管。民國以後，基本上為地方士紳和民國政府所控制。東莞明倫堂原在廣東省東莞市可園附近，建於明代晚期。其不僅讀書、講經，還致力於助學。一般的明倫堂都是象徵性的機構，影響力不太大。但東莞明倫堂與眾不同，其透過在清道光年間的圍墾造田，擁有了六七萬畝良田，可以憑藉財力做不少事情。早在 1929 年，東莞明倫堂就曾撥款 9 萬元，支持東莞縣立中學(今東莞中學)新建教室三座，共十二間。這所中學也是毛炳權的母校。毛灌榕到明倫堂後，主要承擔會計工作，負責財務收支與出納。他的工資是一家人的主要經濟來源，一家幾口的生活並不富裕，倒也不貧窮。在這短暫的和平歲月裡，一家人過發揮了溫飽的生活。

這種安逸的生活僅僅過了兩年，就被日本軍國主義的侵略給打破。1937 年，隨著盧溝橋的槍聲響發揮，抗日戰爭全面爆發。日寇的鐵蹄從北向南，踐踏了中國大地。1938 年 10 月 12 日，日寇在大鵬灣強行登陸，以廣州為進攻目標。登陸僅十餘日，已突破廣州的防禦陣地數十里。10 月 21 日，日軍戰車部隊進攻廣東省會——廣州城，廣州淪陷。自日本發動侵華戰爭以來，日本鬼子的暴行臭名昭著。特別是「南京大屠殺」，更是讓中國老百姓對日軍恨之入骨，但也非常恐懼。自日軍進攻廣東後，老百姓們紛紛離開家鄉四散逃難。在戰亂中，獨自在廣州的毛灌榕連家也沒時間回，隨著逃難的人流從廣州逃至香港，在香港住了一段時間後又逃至澳門，投奔自己的親弟弟毛燮良，在毛燮良家住了近兩年左右。直到 1940 年以後，才又返回東莞萬頃沙。此時他已上了年紀，便不想再外出奔波，呆在家裡養老。

毛炳權跟祖父毛灌榕感情很深，聽祖父講故事是毛炳權兒時最開心的事情之一。在毛炳權的印象中，祖父原是個高高大大，十分健壯且有些胖的人，直到他晚年後生病，身體才逐漸消瘦下來。毛灌榕自小就外出當學徒工，沒讀過多少書，但他的字卻寫得很好。後來毛炳權的父母開店，萬頃沙店鋪的牌匾就是由祖父來書寫的。牌匾一掛出來，被其他店鋪的店主看到了，都說這字寫得好。於是，有不少店主找到毛炳權的祖父，請他給題寫牌匾。祖父倒是來者不拒，為此很是忙了幾天，祖父也為此有了點成就感。也許是自己讀書太少的原因，毛灌榕把希望寄託在後代身上，「望子成龍」「望女成鳳」。對於孫兒毛炳權，他要求得似乎更嚴格些，老是恨鐵不成鋼，經常罵孫兒字寫得太差，還說一代不如一代，兒子不如自己，孫子不如兒子。老人為了子女的成長也付出了很大心血，他經常監督毛炳權臨帖寫字，先後臨過趙孟頫、顏真卿、柳公權等大家的字帖。雖然，取得了不錯的成效，但毛炳權笑著評價說，自己寫的字跟祖父相比還是差得太多。

與此同時，毛灌榕還特別注意關心毛炳權學業上的全面進步。既有嚴厲的要求，也有和藹的指導。毛炳權學生時代重理輕文，對文科不甚感興趣，學習時下的功夫自然少些，文科成績也就差強人意，這使毛灌榕很不滿意，想方設法督促毛炳權加強文科的學習。時間過去了幾十年，毛炳權至今仍記得當年祖父指導自己學習英語的情景：

他問我：「婦女怎麼說?」我說：「Woman」。「幾十歲的婦女怎麼叫？」「不知道，我只曉得我們學的是 woman」。他說：「年長的婦女是 old woman，年輕的婦女是 young woman……」

除了注重孫輩的文化教育外，毛灌榕還常常指導孫輩們如何做人。在他們這一輩人心目中，文章和道德是分不開的。他常說的兩句話就是：「要好好做人，要勤快。」言淺意深，這是一位經歷過數十載風霜的老人對孫輩們最簡單、最真誠的告誡。同時，這也是中國優秀傳統文化的傳承，古人有過「業精於勤荒於嬉」的教誨，孔府門前的對聯中赫然寫有「文章道德聖人家」，由此可見，中國的傳統文化對文章和道德的重視。而中國優秀傳統文化的傳承，正是因為有許許多多像毛灌榕這樣的老一代的努力，才能夠一代一代傳了下來。

1950 年，毛炳權參加中國人民解放軍，離開了東莞縣。在他參軍後的幾年內，年過花甲的毛灌榕身體一直不好。1955 年，毛灌榕因患腦血管病不治身亡。當時，毛炳權正在大連讀大學，兩地距離遙遠，加之通訊和交通不便，等他得到這一噩耗時，已經是許多天之後了。至今提及，毛炳權都因為沒能回家見上祖父最後一面而感到深深的遺憾。

毛炳權的祖母也是東莞縣人，毛炳權說，自己的祖母是個典型的家庭婦女，她與眾多中國的傳統女子一樣，在家相夫教子，照顧家庭幾乎成了她生命的全部。她特別疼愛毛炳權這個長子嫡孫，當初毛炳權的母親生子時剛滿 17 歲，自己都還是個孩子。當突然成為母親時，她不知道該如何照顧兒子，經常顧此失彼，手忙腳亂。於是，祖母便把照顧毛炳權的重擔承擔了下來。撫養長子嫡孫健康成長，祖母也非常開心，享受天倫之樂，其樂融融。在祖母的心中，毛炳權這個長孫成了她心尖上的肉。毛炳權從出生、長大、讀書，一直到參軍離家，祖母一直在他身邊陪伴。毛炳權的中學是在東莞縣城讀的，當時陪他住在東莞的是祖父母兩位老人，父母則在萬頃沙照顧家裡的店鋪。在他 17 歲讀高中時，爆發了抗美援朝戰爭，已經是青年團員的毛炳權響應黨中央的號召「抗美援朝，保家衛國」，毅然報名參加了中國人民解放軍。雖然毛炳權參軍是一件光榮的事情，可對於深愛著他的祖母而言卻是一個沉重的打擊。在老人心中總是憧憬兒孫繞膝的生活，特別是對自己特別疼愛的孫子，感情更深一些。得知他報名參軍後，老人家每日無精打采，以淚洗面，一想到跟自己生活十幾年的孫子要離開自己，老人家就像沒了主心骨似的。毛炳權不忍祖母傷悲，更擔心她會憂鬱成疾，便寫信請在萬頃沙的母親來東莞給祖母做做思想工作。母親勸解了幾日，祖母的情況總算有所好轉，毛炳權也能安心離家了。毛炳權參軍走後，祖父母便從東莞搬回了萬頃沙居住。

毛炳權自參軍後便很少回家，後來又到東北和蘇聯讀書。其間，僅在 1957 年暑假期間回過一次老家，還是為了探望病重的父親。此前，祖父已於 1955 年患腦血管病去世。此次回家探親是因為聽說父親身體不太好，回家後才得知他患了鼻咽癌，整個人顏色憔悴，形容枯槁，已經病入膏肓。看到父親的病容，毛炳權心如刀絞，很想在父親身邊照顧他，但終因學業要繼續，不得不返回蘇聯。回到蘇聯不久，他就得到了父親病逝的消息。父親離世不足一年，祖母也突發疾病猝死。聽母親說，祖母去世當晚曾發出一聲驚呼，母親聞聲急忙趕去，看到祖母情況不好，便趕緊背她去醫院，可惜醫院也無回天乏力，祖母當晚在醫院病逝。在當時的醫療條件下，醫院也沒有對老人的病情下最終結論。毛炳權則根據家人的敘述，猜測祖母應該是患了心臟病或腦溢血。在不到一年時間裡，毛炳權相繼失去了兩位他在世上深愛的親人。而且身在異國他鄉，未能及時給他們送行，這也成了毛炳權心中的最大遺憾。

在毛家的眾長輩中，毛炳權除了與自己的祖父最為親近外，來往最多的就是叔公毛燮良一家了。毛燮良字仲彬，在他讀書的時候，科舉制度剛剛廢除不久，他成為中國最早一批現代小學畢業的學生。毛燮良家子女眾多，在毛炳權小的時候，兩家都住在東莞縣城，曾毗鄰而居，毛炳權還常跟自己這些堂叔、堂姑們一發揮玩耍，彼此之間非常親近。這段經歷也成為留在毛炳權童年記憶中比較深刻的一部分。抗日戰爭爆發後，叔公帶著他的妻兒搬去澳門。後來，毛炳權一家從香港逃難至澳門時還曾見過他。當時他年歲並不很大，也就五十多歲。毛燮良留在毛炳權的記憶中的印象，一直是那張胖胖的、總是笑嘻嘻的臉龐。抗日戰爭結束前夕，毛燮良不幸病逝於澳門。他的妻子和兒女又在澳門生活了一段時間，抗戰勝利後輾轉搬回東莞和廣州，最終定居廣州。

經歷坎坷的父輩

毛炳權的祖父毛灌榕生養了一男一女兩個孩子，即毛炳權的父親毛智明和姑姑毛小慧。

在中國人的傳統裡，一般是崇尚「多子多福」的。這種觀念似乎對毛灌榕的影響不太大，他終其一生，沒有再生育其他孩子。也許是孩子少，負擔相對輕一些的原因吧，儘管在戰亂不斷的舊中國，生活很不容易，但毛灌榕一直都在透過辛勤的操勞，希望能給孩子們創造好一點的生活條件。他憑藉一名職員不太豐厚的薪酬，勤儉持家，把大量心血放到了培養子女上。在那個90%以上的人是文盲的時代，他辛苦供養兒子進入高中讀商科，女兒也被送至護士學校讀書，這在那個時代是相當不容易的。這樣做的影響是顯而易見的，出生在這個家庭的毛炳權，從小就在祖父和父親的文化薰陶和關懷之中，一直受到良好的教育，並為今後的成長打下了良好基礎。

毛炳權的父親毛智明，生於1912年。他在讀高中的時候，在父親毛灌榕的安排下選擇了商科。那時的商科，學歷相當於現在的中專，但是學習的知識卻是與工作實際密切相關，實用性很強，畢業後的學生都能夠很快在專業方面發揮作用。本來，毛智明打算高中畢業後去讀大學。等到高中畢業時，家中因經濟條件有限，不能繼續幫助他讀書，他只能外出找事情做。雖然沒去考大學，可在當時那個時代，高中生也算是大知識分子了，在社會上很受尊重，而毛智明卻一直因為沒能踏進大學校門而感到遺憾。於是，他同毛灌榕一樣，把希望放到了子女身上。毛智明在子女教育上十分用心，他寄厚望於自己的長子毛炳權，希望他能考進大學，圓自己的大學夢。當時的廣東，在第一次國共合作北伐之前，一直處於軍閥混戰、政權頻繁更迭的狀態，政治環境混亂，官僚貪汙腐敗。雖然與中國其他地方相比，整體經濟環境還算不錯，但官吏們的貪汙腐敗卻使廣大民眾感到心寒。所以，毛智明堅絕不讓自己的孩子走仕途這條路，而是從小教育毛炳權長大後要當科學家。他經常給毛炳權講古今中外科學家的故事，講張衡、講蔡倫、講愛迪生，講愛因斯坦，講居李維人，講他們的成就對人類和世界發展的貢獻，講他們的崇高威望。同時，也還常給毛炳權介紹那時國內著名大學中的知名教授和科學家的事跡，言談之中，跳動著一顆求知的心。這一切，幫助和影響著毛炳權從小便開始樹立了人生目標。後來毛炳權成為國內外著名的科學家，與這段經歷有著很重要的關係。

高中畢業後，毛智明先後到廣州、東莞等地工作過。他先來到東莞的一家公共汽車公司當職員，後來，又到當時江門地區新會縣轄下的一家公司當職員。抗日戰爭爆發以後，他因為遠離妻兒，再加上到處一片混亂，回家的路已成危途，只好獨自踏上了逃亡之路。幾經輾轉，毛智明終於同妻兒在萬頃沙重逢，一家人定居在萬頃沙。

為了謀生，毛智明先是在萬頃沙開了一間私塾，自己當私塾先生，教幾個學生讀書識字，收些學費。可是，做私塾先生只賺了一個好名聲，所得收入菲薄，遠遠不夠父母妻兒生活之用。為了生計，他只好另外尋找賺錢的路子。南方人以水稻為主食，從收穫的水稻變成可食用的稻米中間要經過舂米這一工序，好多人對此感到比較麻煩，同時也不懂如何舂米。尤其是在城市，更多的人習慣於買米，而不是舂米。毛智明從中間看到了商機，他買回一些水稻，自己舂米。他先用磨磨去稻子的外殼，稻殼回收之後用作煮飯的燃料。然後再舂米，舂米時脫下來的糠皮回收後可以做豬飼料。舂好的稻米擺出來出售後，沒想到很受大家歡迎，不少人都來他這裡買米。這讓他喜出望外，跑到自己的叔叔那裡借了一點錢，和妻子開了一個經營柴米油鹽的小商舖，以彌補家用。這個小商舖的開張，緩解了家中的困難狀況。

因為上學時讀的是商科，毛智明對會計知識非常熟悉。在學習會計知識的同時，他也養成了認真細緻的習慣。據毛炳權回憶，他小時候常見到父親的經營帳本，帳本上那一條條帳目記錄得清清楚楚，一絲不苟，讓人一目了然，給毛炳權留下了深刻的印象。父親不僅做事認真細緻，對幫助毛炳權學習也是如此。毛炳權回憶說，自己兒時的數學啟蒙教育是由父親來完成的，包括最簡單的四則運算到後來的開平方、開立方等，都是父親一手教的。

大概是受父親的啟蒙教育和所從事工作的影響，毛炳權讀書後對理工科很感興趣。可是，父親在學習教育上比祖父對毛炳權的要求還嚴格，因為他認為兒子肩負的不僅是自己的願望，能否讀好書、入大學更是關係到兒子前途的大事，萬萬馬虎不得。所以，他對毛炳權的偏科很不滿意。除了悉心教導毛炳權學好數學以外，他還監督毛炳權背誦古文。毛炳權的文化啟蒙是從私塾開始的，他一開始讀的書，是中國傳統的啟蒙教材，比如《三字經》《千字文》等等。年齡稍大一些，父親便要求他背誦經典古文，特別是《古文觀止》。對於一個十幾歲的孩子來說，《古文觀止》中收錄的古文要比《三字經》《千字文》難上百倍，可是毛炳權卻在父親的監督下背誦了大量經典古文：李斯的《諫逐客書》、司馬遷的《報任安書》、諸葛亮的《前出師表》《後出師表》、蘇東坡的《前赤壁賦》《後赤壁賦》以及歐陽修的《秋聲賦》等。《古文觀止》不僅僅是一般的學習教材，更是歷代中國散文總集，是清朝康熙年間選編的一部供學塾使用的文學讀本，在清代和民國初被稱為讀書人的啟蒙讀物。康熙三十四年(1695年)正式鐫版印刷。其共選經典文章222篇，這些不朽的經典中，蘊含著豐富的歷史知識、成熟的人生經驗、艱深的文章美學，乃至博遠的宇宙哲理，對青少年的學習成長尤其重要。中國當代著名文學家巴金在回顧自己的成長道路時曾說過：少年時代完整地背誦《古文觀止》，是走上文學道路的基礎。這是題外話。

為了讓兒子用心學習，毛智明煞費苦心，在苦口婆心教導的同時，也少不了棍棒教育。小孩兒都愛聽故事、看故事，毛炳權也不例外，自從從姑姑那裡聽來了《天方夜譚》裡的故事後，毛炳權一顆喜愛小說的心便泛濫了。他想方設法借一些小說來看，在姑姑家開的書店暫住時更是看小說看得廢寢忘食，一發不可收拾。毛智明對兒子愛看小說這一舉動非常不支持，他認為沉迷小說就是玩物喪志，影響學習，將來難成大事。毛炳權從姑姑家回來後，仍然經常背著父親到處借書看，這是冒著很大風險的，一旦被父親發現，免不了要受一頓皮肉之苦。每當看到兒子捧著一本小說讀得如痴如醉時，毛智明就會火冒三丈，接著毛家的院子裡就會出現經常上演的一幕：毛智明怒氣衝衝地抄發揮雞毛撣子追趕兒子，兒子在前面拚命跑，毛智明白髮蒼蒼的母親跟在父子倆身後，急急地喊道：「不要打了！不要打了！」一旦追上他們父子倆，老太太就會死死地護住孫子，仍舊喊著：「不要打了！不要打了！」一場戰爭就在老太太的阻擋下停歇下來。而那根代表著毛家家法的雞毛撣子也敗下陣來，垂頭喪氣。為了能夠徹底扼殺兒子讀小說的慾望，毛智明常會把兒子借來的書沒收，在非常生氣的時候，哪怕事後要賠償別人的書，他也會一口氣把書燒掉，以斷了毛炳權看小說的心思。

毛智明做事很仔細，動手能力也很強，這兩者相結合使他擅長製作各種小東西。毛炳權小時候，家裡用的小煤油燈罩全是父親親手製作的。在他記憶中，父親弄的煤油燈罩雖然體型小，但是因為紙的內部貼了錫箔紙，所以燈光比那些大煤油燈還要亮，用這樣的煤油燈看書也會看得更加清晰。毛炳權每當說到父親的這些逸事時，臉上總會浮現出笑容：「父親的手還是蠻巧的」。

毛智明的身體從年輕的時候就不算太好，人也長得高高瘦瘦的，常常咳嗽。毛炳權記得，父親有時咳出的痰裡還會帶一點血絲，症狀有點像肺結核，但一直都沒有確診。生病後的那些年，一直是按治療肺結核病的方法來醫治。直到多年以後才確定，毛智明患的哪裡是肺結核，而是鼻咽癌。得知這一消息後，全家人大吃一驚。在確診為鼻咽癌時，毛智明的身體狀況情況已經很不好了。一來是因為病情拖得時間太長，錯過了最佳治療時機；二來當時醫療條件也有限，癌症，別說在 20 世紀 50 年代，即使放到現在，也不能保證百分之百地治癒。

父親確診為患鼻咽癌之時，毛炳權正在蘇聯留學。他在得知父親病重的消息後，利用暑假時間趕回了老家。他除了守在病床前安慰父親，照顧父親外，也沒有其他好辦法。很快，返校的時間到了，毛炳權含著眼淚，一步三回頭地離開了父親，他知道，這一別也許就是和父親的永別了。1957 年，毛智明在經受了身體的極度痛楚之後，終因鼻咽癌去世，年僅 45 歲。

毛炳權回憶發揮父親來，評價說父親的一生是坎坷的一生，操勞的一生，為這個家付出了許多，盼著兒女成人，可還沒能享到兒女的清福，就英年早逝了。這是他個人的遺憾，更是作為兒子的毛炳權的遺憾。

毛炳權的姑姑毛小慧，從護士學校畢業後，一直從事護理工作。日寇侵占廣州後，她也逃難至香港，在一所私人醫院裡當護士。1942 年 12 月，日本鬼子攻打占領香港，她又從香港返逃回廣東，逃至萬頃沙村，跟毛炳權一家人一發揮生活。毛小慧屬於知識女性，也有一定的閱歷，毛炳權非常喜歡聽她講人生經歷或者聽說的故事。時間一久，姑姑記憶中的故事講完了，毛炳權聽故事的興趣卻絲毫不減，老是纏著姑姑。為了給他講故事，姑姑也不知從哪弄來一本阿拉伯民間故事集——《天方夜譚》，每天都會從裡面選一個故事講給毛炳權聽，讓他聽得如醉如痴。後來姑姑忙碌發揮來，沒時間天天給他講故事，乾脆把書放在家裡讓他自己看。從這時發揮，每天偷看《天方夜譚》便成了毛炳權的一大愛好，他特別喜歡《阿拉丁神燈》《阿里巴巴和四十大盜》等故事，有時候還在腦海中跟著這些童話故事幻想一番，一本小小的書，給毛炳權的學生生活帶來了許多樂趣。

姑姑出嫁後，和姑父賴國鈞在東莞縣橋頭鎮開了一間書店。1943 年，毛炳權小學畢業，因萬頃沙村沒有中學，只能到抗日戰爭時期從東莞縣城遷至橋頭鎮的私立明生中學讀書。讀書期間，他就住在姑姑家。所謂「近水樓臺先得月」，有了書店這個便利優勢，毛炳權在這一時期盡情享受了讀書帶來的快樂，涉獵了不少文學讀物。至今毛炳權還記得自己偷偷在煤油燈下閱讀中國古典四大名著之一的《西遊記》時的情景。姑姑雖然也不主張毛炳權多看小說，但畢竟不像毛智明那樣嚴格。但是，姑姑對毛炳權的管教很嚴格，如果遇到做得不對的事情，也會狠狠地批評他。

毛炳權在私立明生中學讀書尚不足兩個月，就傳來了日本鬼子要攻打橋頭鎮的消息。這一消息讓本來就擔驚受怕的橋頭鎮居民人心惶惶，中學很快便解散了，老師、學生紛紛逃離。姑姑為了保證毛炳權的安全，將他託付給一位老師，帶著他逃到東莞縣城，在親戚家住了幾天。形勢稍微穩定一些後，他被家人接回萬頃沙。從那之後，毛炳權跟姑姑的接觸就逐漸減少了。

姑姑是在 1950 年患肺結核病去世的，她去世時的年齡並不是太大，算得上是英年早逝。毛炳權說，姑姑去世跟她生孩子有一定關係，原本肺結核病患者是不宜生育的。可那時人們的醫學常識普遍比較缺乏，防範意識也不強。患病的姑姑生下二女兒後，便發病住院，不久便過世了。襁褓中的二女兒沒有母親的照顧，父親對照顧孩子手足無措，沒過多久，二女兒便夭折了。毛炳權姑姑的大女兒也就成為她唯一的孩子，這個表妹比毛炳權年幼許多，現在香港生活。因生活和工作環境不同，長期以來，毛炳權與表妹的來往不太多，很少連繫。只是有機會去香港的時候，曾與她見過一兩面。

毛炳權的母親詹麗華，生於1916年。她也是東莞人，跟毛炳權的父親不是一個鄉，但距離並不遠。詹麗華的家族在當地也算是書香門第，她的祖父是晚清的秀才，很有學問。她自己教育程度不高，只讀過幾年書，識得一些字，讀報紙、寫書信均不成問題。在那個文盲遍地的年代，這已經是難能可貴了。

毛炳權（左一）與父母親和弟弟們

當年毛炳權父母的婚事是由兩家長輩定下的，毛炳權的曾祖父盼著四世同堂，在婚事定下來之後，很快幫兩個孫輩辦了婚禮。結婚的時候，詹麗華年僅 16 歲，到了 17 歲便生育了毛炳權。自 16 歲嫁入毛家後，詹麗華相夫教子，為這個家操勞一生，是一位典型的賢妻良母。她平生沒有其他願望，一心一意照顧丈夫和孩子，只希望全家人平平安安。抗日戰爭時期，在與丈夫失去連繫的困難條件下，她帶著老人和孩子，踏上逃難之路，為躲避日本鬼子和土匪的侵擾，成天擔驚受怕，吃盡了苦。

抗戰勝利以後，她領著家人到萬頃沙村居住，算是在此定居。她們回到萬頃沙不久，毛炳權的祖父和父親也都逃到了這裡，一家人劫後重逢，百感交集。安定下來之後，他們夫婦二人開了一間小店鋪維持生計，還僱傭了一名工人。只有小學教育程度的詹麗華能寫字、會珠算，十分能幹，店鋪裡大大小小的事情都離不開她，尤其在經營方面的能力，詹麗華不比男人差。

新中國成立以後，從 1953 年開始，國家在全國範圍內組織開展了對農業、手工業及資本主義工商業的社會主義改造，這個過渡時期的總路線和總任務，就是要實現「一化三改」：「一化」即社會主義工業化，就是要發展生產力；「三改」就是要改變生產關係，即對農業、手工業實行合作化，對資本主義工商業實行公私合營。1956 年 10 月，北京首先宣布實現全行業公私合營。接著，上海、天津、廣州、武漢、西安、重慶、瀋陽等大城市以及 50 多個中等城市相繼實現全行業公私合營。也正是在這一年，在改造的大潮中，毛炳權父母經營的小店鋪也實行了公私合營。合營後，毛炳權的父母到村裡成立的合作社工作，收入雖不比自己經營店鋪時多，但也平平穩穩。

其實在這個時候，毛炳權的父親毛智明已經患了鼻咽癌。公私合營後，生活平平穩穩，他的病情也被確診，日漸加重，不到一年時間便病逝了。毛智明的病逝讓這個家庭失去了頂樑柱，照顧全家人的重擔全壓在了詹麗華身上。這也是她一生中最難熬的時期——丈夫病逝，婆婆年邁，子女尚小，大兒子正遠赴蘇聯求學。幸而有老二和老三的幫襯，老二在一所小學裡當老師，工資收入不高，但也會拿出一部分來貼補家用；老三在毛智明去世後接替其崗位，在合作社上班。老二和老三的幫助總算使詹麗華沒有陷入絕境，也促使她能夠肩扛重擔，終將幾個年幼子女撫養成人。

1957 年之後，中國逐漸進入「以階級鬥爭為綱」的政治環境，對家庭成分的劃分成為許多家庭繞不過去的坎。毛炳權聽家人講，「土改」時，他家被劃為「工商業兼地主」的政治身分，這種成分在當時的政治條件下，屬於改造的對象，受家庭成分的影響，毛炳權的四弟和五弟失去了讀大學的機會。好在當年毛炳權高中畢業前報名參加中國人民解放軍的時候，家中還沒有劃成分。否則，也許會是另外一種結局。即使如此，同樣的家庭成分，對四弟和五弟造成了影響，卻沒有影響到毛炳權，他能被選送到蘇聯讀大學，這在當時是非常了不發揮的事情。家庭中的這些事情，毛炳權多年之後才知曉。

毛氏七兄妹

毛炳權共有兄妹七個，他是家中長子，下有六個弟弟和一個妹妹，妹妹排行第六。因為孩子多，家裡的經濟條件不寬裕。但在艱苦的條件下，父母仍然對長子毛炳權寄予了厚望，尤其是父親，希望兒子彌補他自己沒考大學讀書的遺憾，更是全心全力地供他讀書。毛炳權也不負厚望，學習一直非常認真，成績也不錯。雖然讀高中的時候，主動報名參軍，成為一名軍人，但後來又脫穎而出，重新得到讀書的機會，並被選送去蘇聯留學，最終成為一位優秀的科學家。

毛氏七兄妹和母親

毛炳權的二弟名毛燦東，比毛炳權小 4 歲。在家裡眾兄妹中，毛炳權跟二弟的關係是最為親近的。他們年齡相差最小，兒時在一發揮的時間又最長，感情自然最深。毛燦東讀書比較晚，在毛炳權參軍之際，13 歲的毛燦東尚未小學畢業。後來父親考慮到供養子女的困難，就把他送進一所簡易師範學校讀書。簡易師範學校相當於初中程度的師範學校，主要就是培養小學師資。當時這樣的學校不僅不收學費，還有伙食補助，對於毛家這樣清貧的家庭再合適不過。畢業以後，毛燦東在一所小學當老師，每月的工資也不高，但是養活自己是夠了。他很喜歡教師這一行，雖然畢業學校的發揮點不高，並不影響他對專業的鑽研。功夫不負有心人，經過多年的教學實踐和不斷進修，毛燦東的各方面水平提高很快。最後終於進入了一所中學，成為一名很受歡迎的初中物理老師。

老三名叫毛煜堦，比毛炳權小 9 歲。毛炳權在東莞讀書的時候，毛煜堦與祖父母一發揮陪同毛炳權住在東莞縣城，哥倆兒相處得也很親。在毛家的幾個兄妹中，毛煜堦跟毛炳權長得最為相似。

毛炳權參軍後，他所在的部隊有一段時間駐紮在離東莞不算太遠的中山縣，母親曾帶著毛煜堦前去探望。那時毛煜堦剛剛 9 歲，來到部隊後，毛炳權的戰友們看到老三後，都驚呼他與哥哥真像是一個模子刻出來的，雖然不是雙胞胎，可弟兄兩個長得也太像了。這也成為毛炳權在部隊裡的一段佳話。

在毛家眾兄妹中，毛煜堦讀的書算是少的。他小學剛畢業，父親就去世了。家庭經濟上的壓力很大，他只好輟學回家，接替了父親的崗位，在合作社裡工作，挑發揮了家庭的重擔。毛炳權提發揮這個弟弟來是讚不絕口：「老三是老毛家的大功臣」。當時，大哥毛炳權遠在外地，二哥毛燦東在外地當教師，也很繁忙，根本顧不上管家。在這種情況下，全家大大小小的事情都由老三毛煜堦來張羅。他義無反顧地幫助母親照顧年幼的弟弟妹妹，使弟弟妹妹們得以健康成長，也減輕了母親的負擔，一直在老家生活的毛煜堦，成為了幾個弟弟妹妹們生活中的「老大哥」。一個品格高尚的弟弟，為了全家人的幸福，毅然做出了自我犧牲。

2012 年在東莞毛炳權(前排右四)與親人合影

除老二和老三外，毛炳權其他的幾個弟弟妹妹跟他年齡差距太大。毛炳權離開家時，他們有的年歲太小，有的還沒出生，所以毛炳權對他們的印象十分淡薄。至於幾個弟弟妹妹則因為跟大哥見面機會太少，幾乎對他沒有什麼印象。後來在毛家還發生過一件趣事。那是 1957 年，因父親患病，毛炳權第一次從蘇聯回家探親，當時他提著一個箱子邁進家門，迎面走來一個小女孩，小女孩眨著大眼睛問他：「你找誰呀？」這個小女孩就是毛炳權的小妹毛昭彤。真的就應了那首唐詩「兒童相見不相識，笑問客從何處來」。

20 世紀 60 年代初期，老四毛宇澄、老五毛煦槐高中畢業了，以他們的成績是有希望考上大學的。但因為受家庭成分的影響，他們沒有被批准參加高考，失去了讀大學的機會。當時的政策一直在宣傳是「有成分論，不唯成分論，重在政治表現」，但是許多具體執行政策的人，只記住了「有成分論」這一點，給很多人造成了影響。相比之下，毛炳權是幸運的，他所在部隊、他所在學校的領導們顯然有較高的政策水平，才使毛炳權這塊金子有了發光的機會。毛炳權的四弟和五弟，高中畢業後，也想工作，就跑去跟人學理髮，打算學個一技之長，為今後的生活打個基礎。在此期間，他們經歷了史無前例的「文化大革命」。在「文革」開始的幾年，人們忙著造反，忙著揪「走資派」，然後就是分成好幾派鬥來鬥去。什麼派別也不參加的老四和老五，倒是在這期間逍遙了幾年。一直到了「文革」後期，先是有知識青年的「上山下鄉」運動，後來又有城市居民提出「我們也有兩隻手，不在城裡吃閒飯」，有些城市居民也開始上山下鄉。在這種潮流下，老四和老五也被要求下放插隊，他們和老六、老七都來到農村插隊。據毛炳權幾個弟弟妹妹回憶，插隊的生活是很艱苦的，勞動強度大，手頭的糧食經常不夠吃，主要是沒有什麼菜吃，糧食自然消耗得多。詹麗華知道自己的孩子正在吃苦，卻也有心無力。雖然家裡的經濟情況也不是太好，但她還是買了很多鹹菜送到了孩子們插隊的農村，也算給孩子們提供一些幫助。

20 世紀 60 年代，從廣東東莞、深圳偷渡到香港的事情時有發生，廣東和香港的生活差異是導致偷渡時常發生的根本原因。當時香港經濟發展得非常迅速，而大陸的底子薄，經濟發展不平衡，廣東和香港只有一江之隔，兩地的人員來往也比較多，許多廣東人在香港都有親戚，對香港的情況非常了解。在香港經濟高速發展的同時，廣東的生活狀況卻很差，兩邊的對比太強烈，引發了大規模的偷渡。毛炳權的幾個弟弟妹妹插隊歸來後也分批偷渡到香港。偷渡的方法也極為簡單。老四是最先去香港的。當時他們有幾個知青合夥買了一艘小艇，趁著晚上潮水上漲的時候，他們從萬頃沙坐上小艇，順著潮水一路南下，抵達香港。他們能跑到香港去，還有個有利條件——萬頃沙離香港很近，又是個小海灣，只要了解潮水的規律，坐上船就能跑過去。不過偷渡絕非一件易事，江海是變幻莫測且充滿危險的，曾有一些從其他地方逃港的人在偷渡的過程中被淹沒在浩瀚無際的大海裡。不久，毛炳權的五弟也步了四哥的後塵，他偷渡到港的方法極其危險，先來到深圳，然後從深圳游泳偷渡到對岸。如果被邊防軍發現，是會被逮捕或者擊斃的。說發揮當時的經歷，他自己都有些後怕。

老四、老五先後去了香港，到港後他們先是到處尋找親戚，靠一些在香港的親戚幫助，哥倆兒總算有了落腳的地方。後來，毛炳權的妹妹昭彤也跟三個男孩子一發揮坐船偷渡到香港。妹妹說，一般偷渡的人都不願與女孩子同行，因為女孩子劃不動船，出不了力，大家都怕拖累自己。妹妹偷渡的過程也十分驚險，他們的小船行到途中發生了滲漏，只好就近停靠在珠江口的一個小島上。在島上等了幾天，小島周圍一直沒有船經過，眼看船上的糧食很快就要吃完了，大夥都感到有些絕望。所幸一天晚上，他們遠遠看到一點光亮，原來是有一艘船在慢慢往小島方向行駛。這時候，同行的幾人也顧不得考慮其他事情了，幾個人一發揮扯著嗓子向來船呼救。在當時的政治條件下，偷渡也就是叛逃，被抓回去後，處理是很嚴肅的。好在來船不是政府派來抓偷渡的船隻，只是一隻普通漁船。他們與漁民商量，到香港後支付給他們一定費用，請漁民把他們送到香港去。就這樣，毛炳權的妹妹一行人坐著這只漁船到了香港，投靠老四、老五，算是九死一生吧。又過了一段時間，毛炳權最小的弟弟也去了香港。

幾個弟弟妹妹相繼去了香港後，家中老母親詹麗華的日子很不好過，孩子偷渡到香港，這在當時的罪名是「叛國投敵」。所以每天都有工作組的成員來家中檢查，也許是這種情況在當地比較普遍，除了要經常接受調查後，詹麗華沒有受到太大的壓力。這個時候，多虧毛炳權的三弟一直陪在母親身邊，陪她渡過了一段最難熬的時光。弟弟妹妹們偷渡到香港的事件對這個家庭的其他人都造成了影響。「文革」期間，毛炳權還專門就此事寫了檢討，主動向領導交待了這些情況，承認自己有對弟弟妹妹們的教育缺失，犯了錯誤。毛炳權之所以主動交待此事是吸取了其他人的教訓。那時，毛炳權在成都工作，當時四川大學有個學生到東北串聯，趁機從東北偷渡到朝鮮，朝鮮政府將其遣送回國後，其在成都被以「叛國罪」公開槍決。此事對毛炳權震動很大，畢竟家中幾個弟弟妹妹「叛國投敵」，這可是很大的罪名，於是才主動交待了此事，避免了被追究。

老四毛宇澄逃到香港以後，先是找了一份工作，替人打工。後來他有機會學習畫油畫，慢慢在繪畫上形成了自己的特色，便開始以賣畫為生，經濟情況也逐漸好轉。他在香港結婚成家，婚後生了一兒一女，一家四口生活很美滿。在幾十年的時間裡，雖然生活上也有些波波折折，但都是有驚無險，過得還不錯。我國實行改革開放以後，大陸的經濟環境越來越好，毛宇澄也回來探過幾次親，並在佛山市的南海區開了一間餐飲店。他的晚年生活比較安逸，妻子去了美國，子女也都在美國讀書和發展，已無後顧之憂。

老五毛煦槐在香港的境況比老四要差一些，他一直靠給人打工來養家餬口，做些木匠、泥瓦工的工作。婚後生了幾個孩子，現在都已大學畢業，都在香港發展。老五生於 1947 年，現在已是 70 多歲的高齡了。

2008 年毛炳權(前排右 6)在香港參加侄女婚禮時與親屬合影

妹妹毛昭彤出生於 1950 年，那年毛炳權報名參軍，臨行前，母親就是抱著妹妹前去為他送行的。妹妹後來上學、插隊，再後來又偷渡到香港。她在香港也是靠為別人打工為生。1997 年，香港正式回歸祖國懷抱。在香港回歸之前，由於英國不甘心把這個「東方明珠」歸還給中國，港英當局在香港搞了許多負面宣傳和一系列小動作。在這種背景下，有不少香港人踏上了移民北美之路，有的去了美國，有的去了加拿大，毛炳權的妹妹也在這些人的中間。她來到美國以後，發揮初在一家餐館裡打工，工作很辛苦，收入還不高。她想改變這種局面，便先後參加了一些補習班，重點學習財會知識，邊學習邊不斷尋找機會多介入財會方面的工作。經過自己的刻苦努力，她最終進入一家醫院做發揮了專職財務工作，如今 65 歲的她仍工作在崗位上。

老七毛示本比毛炳權小 19 歲，出生於 1952 年。當年他偷渡到香港後投奔了毛炳權堂姑姑的兒子(即毛炳權的表弟)。當時，毛炳權的表弟開了一間公司，毛示本就在他的公司打工。他也在香港結婚後生子，有了兩個兒子。他的妻子和孩子後來都在毛炳權妹妹的幫助下到了美國。剛到美國的時候，他們的生活並不理想，沒有技術，不會英語，只能做些粗工。隨著兩個孩子長大，先後考上了大學，並且畢業後都找到了一份不錯的工作，家庭的經濟情況才真正好轉發揮來。前幾年，老七的妻子因患癌症病逝於美國。老七一直獨自一人在香港生活，兩個兒子會按時給他寄一些生活費，讓他可以安然地享受晚年生活。

第二章

亂世求生磨難多

1933 年 11 月 2 日(陰曆九月十五)，毛炳權在廣州出生後，隨母親和祖父母在這裡住了 3 年。當時，祖父在廣州工作，而父親剛剛在東莞找到一份工作，要住在東莞。姑姑還在護士學校讀書，母親詹麗華只能帶著他跟祖父母一發揮住在廣州。因家境不好，他們沒錢買房，只能拖家帶口地租房子住。年幼的毛炳權對於那幾年的生活幾乎沒留下什麼印象，家中的許多事情是從家人們口中得知的。

據家人們說，當時毛炳權一家租住的房子位於越秀區的中山五路。越秀區是廣州最古老的中心城區，自秦朝在越秀區境內設南海郡治發揮，西漢南越王趙陀建南越國宮署，南漢國劉龑建廣營宮室。自東吳設廣州發揮，歷朝所設軍事、行政中心均在越秀區域內。中山五路清朝稱惠愛街，民國 8 年(1919 年)建成馬路，稱惠愛中路。為紀念孫中山，民國 37 年(1948 年)後改名中山五路。中山五路幾乎算是當時廣州市最熱鬧、最繁華的街道，離它不遠處是廣東另一條繁華街道北京路，這條北京路見證了廣州的發展變遷，也是廣州城內第一條按照現代規格建造的馬路。清朝時，該路段名叫「雙門底」，辛亥革命後被改稱為「永漢路」，民國年間改稱「漢民路」，為的是紀念民國元勛、番禺人胡漢民。廣州解放後，復稱「永漢路」，1966 年易名「北京路」，一直沿用至今。

毛炳權一家租住的房子條件一般，所處的生活環境卻比較方便。附近遍布著經營各類商品的店鋪，生活購物非常方便。他們的房子鄰近廣州市當時最大的電影院——新華電影院，家人們有時還到影院看電影。新華影院是廣州市第一家影院，1932 年農曆年初一，正式開業，一直到新中國成立以後，其一直是廣州市最大的影院。1995 年，廣州市因為修建地鐵的需求，將新華影院原址拆除搬遷。

顛沛流離逃難路

1937 年 7 月 7 日，日寇製造了盧溝橋事變，抗日戰爭全面爆發。面對日本軍國主義的野蠻侵略，國共兩黨實行了第一次合作，聯合抗日。1938 年 10 月，日本侵略軍為封鎖中國的海上交通線，配合武漢會戰，發動了對廣州方面的進攻。當時國民政府抽調駐粵軍隊增援武漢等戰場，在廣東地區僅留 7 個師、2 個旅，兵力分散且裝備落後。身在廣州的毛家人聽到日本鬼子不久就要打過來的消息後，覺得廣州是個大城市，日本鬼子必先攻打這裡，故不宜久留，遠不如到小一點的縣城更加安全。因工作需求，毛炳權的祖父暫留廣州，而毛炳權在祖母和母親的帶領下來到了東莞，與在一家公共汽車公司裡做職工的父親會合。儘管當時人心惶惶，可人們的日常生活並沒有受到什麼影響。廣東人有喝早茶的習慣，父親每天早上都會帶著年幼的毛炳權去喝早茶。看著大人們喝著早茶，天南地北地聊著天，童年的毛炳權感覺很有趣。

毛家從廣州來到東莞縣城後住在邁豪街 11 號，這裡共有三間房子，住了三戶人家：一家姓翟，是毛炳權曾祖父的連襟；一家是毛炳權的叔公家；另外一家就是毛炳權一家。在日本鬼子尚未打到東莞的時候，這段生活還是非常穩定的。

毛炳權那時的玩伴就是隔壁叔公家的堂叔、堂姑們，他們有的比毛炳權大得多，有的只長毛炳權幾歲，毛炳權很願意跟他們一發揮玩耍。叔公家的幾個堂叔叔年輕時都很喜歡玩，他們最喜愛的遊戲莫過於鬥蟋蟀，每當叔叔們跟別人鬥蟋蟀的時候，毛炳權都會跑去看熱鬧，跟著其他孩子們一發揮喊「加油」。可是毛炳權的叔公不喜歡孩子們沉迷遊戲而耽誤了學業，一直反對孩子們玩蟋蟀，但孩子們對他的要求陽奉陰違，總是背著他偷偷玩。終於有一天，孩子們的小把戲被叔公發現，他頓時大發雷霆，要將孩子們的蟋蟀連同裝蟋蟀的器具扔掉。幾個堂叔叔為了保住蟋蟀，只好忍痛將蟋蟀送給了毛炳權，讓他好好照顧。年幼的毛炳權如獲至寶，貼心地照顧蟋蟀，曾經有一段時間，聽著蟋蟀的鳴叫入睡成為他的一種習慣。

2012 年在廣州與堂叔、堂姑合影

叔公家有一個女兒，只比毛炳權大半歲，他倆在一發揮玩的時間比較長。因年齡相仿，雖然按輩份毛炳權要叫她「姑姑」，可在一發揮玩的時候卻毫無輩份的概念。一發揮玩要的時候，也會因一言不和就發生爭吵，甚至打架。每次他們打發揮架來，各家的父母都會出面教育自己的孩子，而這種教育多是以棍棒教育為主。一遇上毛炳權和自己的小姑姑挨打，最著急的莫過於毛炳權的曾祖母，她要兩邊拉架，兩邊勸導，不讓各家的父母打孩子。

短暫無憂的時光就在與叔叔姑姑們鬥趣玩要、玩笑打鬧中度過了。在這期間，毛炳權還有一段在幼兒園的經歷，在他的記憶中，幼兒教師們每天領著孩子們做遊戲、唱兒歌，也就發揮了個照看小孩子的作用，沒有教過什麼知識，可提發揮這段經歷，毛炳權還是很開心的。1938 年 8、9 月份，毛炳權從幼兒園升入東升小學一年級。入校時間不長，大約只有兩個月，日寇的鐵蹄就踏進了這裡，他和家人被迫逃亡，學校也因為日寇的入侵而解散。1937 年 12 月，日軍攻占南京後，在南京製造了慘絕人寰的「南京大屠殺」，自此以後，中國民眾的反日情緒高漲。1938 年 10 月 10 日是當時的國慶節，東莞城內舉行了盛大的遊行和抗日捐款活動，許多民眾自發為抗日戰爭捐款。那一年，年僅 5 歲的毛炳權懵懵懂懂地被大人拉進了遊行隊伍。5 歲的他已經有了清晰的記憶，他的腦海中留下了這樣的畫面：大人們手中提著的燈籠一盞盞地越過自己的頭頂，一陣陣的口號聲慷慨激昂，長長的人流充滿激情地向前湧動。這個遊行既是為了哀悼在戰爭中被殘忍殺害的逝者，又是中國人民不做亡國奴，為了民族的生存而奮鬥的行動。雖然幼小的毛炳權對這些道理還不太懂，但是他在家人、老師及社會輿論的影響下也知道了日寇的可憎之處，一提到日本鬼子，心中總是充滿了憎恨。

戰火總是在人們毫無防備的時候說來就來，東莞縣城很快就遭到了日本鬼子飛機的轟炸。那天，毛炳權正坐在教室裡上課，就聽到了轟隆隆的爆炸聲響徹天際。他和同學們跑出學校回到家才知道，原來是日本鬼子往東莞縣城投擲了幾枚炸彈，東莞縣城的一些房子和工廠被炸毀，縣城裡燃發揮了大火，冒發揮了滾滾濃煙。其實，這是日寇在對廣州狂轟濫炸，東莞只是受到了波及。眼看戰火已經燒到了家門口，東莞人紛紛外出逃難。毛炳權的家人覺得，此刻只有農村才是最安全的去處，於是全家人趕緊往農村逃去。

這次逃難是一次艱難的旅程，當時的毛炳權還是個兒童，二弟尚在襁褓中，家中的主心骨是祖母和母親，還有為毛炳權二弟請的一位奶媽。此時，家中的男人們已經在外地自顧不暇。毛炳權的祖父仍在廣州，東莞 10 月 21 日被日寇占領，廣州 10 月 22 日淪陷。日本鬼子沖進廣州後，毛炳權的祖父開始隨著人們逃難。後來，祖父敘述說，在逃難途中自己的頭部受了輕傷，鮮血直流。但那時只想著逃命，根本沒有時間到醫院治療。匆忙中，自己弄了一些菸草灰敷在頭上，用來止血。毛炳權的父親這時正在江門工作，也隨著躲避戰火的人群踏上了逃難之路，直到後來逃到萬頃沙後，一家人才再次重逢。

戰爭來得突然，逃難也十分倉促。沒有男人的幫襯，一切都靠幾個女人張羅，女人們身單力薄，孩子們又小，所以肩擔手提的重活對她們來說非常困難。情急之下，只能簡單收拾一些現金、首飾和一些換洗衣物，以備路上不時之需。僅僅這些東西，已經使她們感到吃力了。從東莞逃往鄉下的路上，到處是逃難的人，根本找不到任何運輸工具，只能靠兩條腿走路。毛炳權的祖母和母親領著大的，抱著小的，一路餐風露宿，好不容易來到了母親的出生地下壩村。這時的下壩村也是人心惶惶，當他們來到毛炳權的外祖父和外祖母家時，外祖父、外祖母也已經收拾好東西，準備外出逃難。交談中得知，下壩村這個地方距離東莞縣城太近，村裡人都感覺不安全了，紛紛逃走。兩家人互相一交流，才發現彼此逃難的方向不一樣，只能分手，各走各的路了。

離開下壩村後，毛炳權的祖母和母親商量一下，打算先到祖輩世居的萬江區新和鄉邦凹村躲避一段時間，畢竟那裡還留著曾祖父傳下來的祖屋。邦凹村是一個很小的村莊，祖屋本是由毛炳權的祖父與叔公共同繼承，但後來二人都沒有在此地生活，房子也一直沒有人住。當他們來到邦凹村時，呈現在面前的幾間祖屋年久失修，已經十分破爛了。不過，在戰亂時期總算有了一個容身避難之所，他們總算鬆了一口氣。毛炳權的祖母和母親她們，把房子收拾收拾，全家人暫時住了下來。

全家人惴惴不安地住了沒幾天，又遇到了意外的事情。一天半夜時分，響發揮了急促粗暴的敲門聲。毛炳權的祖母和母親在驚嚇中，小心翼翼地打開了門。有幾個人立刻衝了進來，每人手上都拿著明晃晃的刀，口裡嚷著要她們交出財物。她們明白，這是遇上了土匪打劫，土匪們逼著兩個女人進了屋子，逼著母親將家裡的錢都拿出來，母親看了看兩個還在熟睡的孩子，對土匪們說：「要錢，全給你們，只求你們不要動我們的孩子！」用來逃亡和養家的錢財、首飾被土匪們一掃而光。

財物被搶後，他們只能依靠家中僅剩的一些餘糧度日，可這麼下去總不是長遠之計。毛炳權的祖母和母親商議再三，覺得這個地方不能再待了，為了生活下去，必須再次逃亡。這次她們決定要去的地方是一個名叫萬頃沙的村鎮，這個村在珠江口，鄰近香港，地理位置更加偏僻，最重要的是，毛炳權的叔公一家也居住在那裡，過去以後不至於無依無靠。

從邦凹村到萬頃沙路途比較遠，需坐船過去。在戰亂時期，她們只找到了一隻僅能容納兩三個人的劃槳小船，所以毛炳權的母親和祖母決定分批離開。最先離開的是毛炳權和他的祖母，他們先是坐小船到達一個名叫道滘鎮的地方，又從這裡換乘了可容納二三十人左右的航運船，一路直達萬頃沙村，也就是現在的廣州市南沙區萬頃沙鎮。相隔幾天後，毛炳權的母親帶著保姆和老二也來到了萬頃沙。

在萬頃沙住了大概一兩個月後，毛炳權的祖母得到了祖父已逃往香港的消息。原來，祖父工作的東莞明倫堂在香港有個辦事處，他逃到香港後可以繼續工作。此時，毛炳權的姑姑也已經逃到香港並安定下來，在一傢私人醫院做護士。當時整個廣東的形勢都很不好，日本鬼子在廣東各地燒殺搶掠，無惡不作，美麗的南粵大地變成了人間地獄。這時的香港還是英國的殖民地，日本還沒有與英國進入戰爭狀態，所以暫時沒有進攻。香港也因此成為了戰亂中的一處避風港。

1938 年年底，全家人決定去投奔祖父，毛炳權一家再次踏上了向香港的逃難之路。還是因為船的原因，全家人仍然是分批從萬頃沙逃往香港。毛炳權跟著祖母先行一步，母親帶著老二和保姆緊隨其後，那時，香港和大陸兩地來往運送的貨物是要收稅的。許多商人為了逃稅，私下偷偷運送貨物。時局混亂的年代，走私船越來越多。她們便是搭乘這樣的走私船去往香港的。到達香港後，先期到達的毛炳權和祖母，與毛炳權的姑婆和她的兒子會合，四個人租了一間小房子。毛炳權祖孫倆睡一張床，另一張床則給毛炳權的姑婆和兒子。母親他們到達後，全家人在香港的西營盤地區租了一間房子住了下來。這個地方以前曾是英國軍隊的軍營，故名西營盤。這裡位置比較偏僻，房屋條件也很差。也正是如此，這裡的房租比其他地方要便宜一些。因此有許多難民都選擇在這裡立足。儘管生活條件很差，畢竟不用顛沛流離了。這對於在戰亂中擔驚受怕、飽經風霜的毛炳權一家人來說，已經是難得的安寧了。

第一次到香港的毛炳權對很多東西都充滿新鮮感。其中給他留下印象最深的莫過於香港的有軌電車，電車鈴聲那清脆的「噹噹當」聲，至今迴盪在他的耳邊。香港的電車分為一等座和三等座，其實就是電車的上下層。上層屬一等位，價位高一些；下層屬三等座，價位便宜一點。

在香港住了不到半年時間，全家人的經濟情況越來越困難。祖父在明倫堂辦事處的工作也不太樂觀，收入很有限，一家人的經濟來源沒有保障。再加上當時的香港，因為戰爭的原因，內地有許多人逃到這兒躲避戰火，使當地的日常生活用品和食品都很貴。並且隨著難民的增加，房租也在漲價，這對於他們來說是一筆相當大的開銷，每天的生活是捉襟見肘。這時，他們聽說日本鬼子在占領區開始實行綏靖政策，不再到處亂殺人，廣東的形勢已經基本穩定下來，經濟上的過大壓力使毛家人有了離港的想法。商量再三後，他們決定返回廣州看看。

因日本鬼子的封鎖，這時香港到廣州沒有便利的交通工具，只能繞道澳門再返回廣州。當時澳門的情況非常特殊，它是葡萄牙的殖民地，而葡萄牙在第二次世界大戰中是中立國，日本也需求透過葡萄牙這些中立國來和同盟國交換戰俘和進行一些外交活動。所以，在日本侵華戰爭中，澳門沒有受到戰爭的波及。他們坐船來到澳門後，感到此地的社會環境還是很穩定的。在戰亂中難得有這麼一個地方，令人心動，鬆了一口氣的毛炳權叔公一家來到澳門後便不想再走了，後來更是長期居住在澳門，直到 1946 年抗戰勝利後才回廣州。

而毛炳權全家為了等待去往廣州的交通船，在澳門停留了一個多月，在此期間，全家人租了一間很破舊的房子，五六個人擠在一個小房間裡，天天算著日期過日子，直到找到了返回廣州的輪船為止。全家人是搭乘一艘日本商船返回廣州的，毛炳權對這件事記得很清晰，因為當時日本船隻都有一個共同點，船名都帶一個「丸」字，很好辨認。另外，那時坐日本船還有一個要求，上船前要先注射防疫針，具體是防疫什麼的毛炳權記不清楚，大概是霍亂、傷寒一類。雖然中國人坐日本船心中總有些忐忑不安，可總算順順利利回到了廣州。

當他們回到廣州時，這座熟悉的城市卻讓他們感到了陌生。這時的廣州，雖說已沒有了槍炮聲和廝殺聲，沒有了戰火和硝煙。但生活在這裡的人仍然時時有一種壓抑感，在日本侵略者的統治下終日提心吊膽。過去十分熱鬧的廣州街道冷冷清清，寥寥無幾的行人也都是滿面緊張，腳步匆匆。毛炳權一家走在既熟悉又陌生的街道上，心中也有幾分緊張。母親想發揮自己逃難時還有些東西留在廣州家中，想收拾一下順便帶走。沒想到回家一看，家中的家具、衣物和值錢的東西全被搶空，至於是日本人所搶還是流匪或難民所搶就不得而知了，只剩下了兩間空蕩蕩的房子。全家人只能在兩間空房子裡暫時落腳，再去其他地方。

在廣州停留的幾天裡，全家人一直在為向何處去而猶豫再三。老家邦凹村雖然有祖屋，可房間又小又舊，這麼多人根本住不下。何況，這一帶還經常有土匪出沒，上次遇到劫匪的事情，讓全家人仍然心有餘悸，不想再次受到土匪的侵擾。毛炳權的母親提出，可以先投奔自己的哥哥，也就是毛炳權的舅舅。毛炳權的舅舅當時是東莞萬江區下壩村的村長，下壩村是毛炳權母親的老家。當村長的舅舅在村裡說話還是很管用的，毛家人感覺投奔他也算有個依靠。於是，一家人從廣州乘小船抵達下壩村。舅舅先將他們安置在騰空的柴草房裡暫時落腳，算是有了一個遮風避雨的地方。

究竟在下壩村能住多久，毛炳權不知道，毛家的長輩們也說不清楚。生活終究安穩下來，其他的都是小事了。不知不覺間，他們已經在下壩村住了半年。這期間，村裡利用祠堂開辦了一間小學。毛炳權的母親跟舅舅商量了一番，決定將毛炳權送入小學讀書。學堂裡學生不多，雖然分為大班和小班，但大家都在同一間教室上課。毛炳權被分在小班，主要學習《千字文》等古代啟蒙經典，對於大班學習的《桃花源記》及《五柳先生傳》等古文也略有所聞，年幼的毛炳權雖聽不太懂其中的意思，但對於古文卻表現出濃厚的興趣，有故事性的古文更是非常吸引他。

在下壩村的半年中，除了日復一日地學習外，毛炳權最開心的事情莫過於跟著幾個表姐弟四處遊玩。不用戰戰兢兢地奔跑在逃難的路上，不用忍受饑餓的煎熬，每天讀讀書，彈彈玻璃珠、打打銅板、滾滾鐵環，這些簡簡單單的幸福時光，成為毛炳權年幼時最美好的記憶之一。

在心中播下科學的種子

自 1938 年年底至 1939 年年底，一年多的時間裡，毛炳權和家人不斷在外奔波逃亡，從廣州到香港，跑澳門，再回廣州，最終落腳在毛炳權的舅舅家，停留了半年。1940 年年初，毛炳權的父親回到了萬頃沙，自己開辦了一間私塾，生活逐漸趨於穩定。全家人也都從下壩村回到萬頃沙，過發揮了相對安穩的生活，這時，家中只剩毛父、毛母、祖母、弟弟與毛炳權 5 人。

此次回萬頃沙與前次逃難至此情況不同，前次逃難至萬頃沙實屬萬般無奈，只為逃避戰火。當時借住在叔公家中也是權宜之計，對今後的生活何去何從很茫然。此次回萬頃沙，叔公一家在逃難中已經落戶於澳門，沒有回來，毛炳權一家人則是打定長期居住的心思。他們在萬頃沙的商舖街上，建發揮了屬於自己的茅草房。茅草房是全家人一齊動手搭建的，雖然條件簡陋些，但總算有了自己的家。老話說，金窩銀窩不如自己的草窩，在外漂流了幾年後，終於有了安身之所，毛家人不再因為四處漂泊而擔心了。

毛炳權一家居住的商舖街上，有各種名目繁多的商舖，百貨雜貨一應俱全。這眾多商舖中，只有少量建得稍微好一些的磚瓦房，多數都是茅草屋。屋頂是用稻草堆發揮的，牆壁是用稻草與稀泥和成的土坯圍蓋而成，再用數根竹竿固定發揮來。這樣的茅草屋修蓋發揮來雖然很簡單，卻存在相當大的安全隱患，一旦發生火災，後果將不堪設想，毛炳權的曾祖母就是喪生在茅草屋的火災中。

毛炳權父親創辦的私塾就在他們自建的茅草屋裡，家裡的三個房間，其中一間用來上課。因條件有限，學生們上課都要自帶桌凳。毛炳權也記不清當時父親教私塾是收學費還是收糧食，只是依稀記得每逢八月十五中秋節之時，學生們都會給父親送來月餅。那時家裡的生活不算太好，能吃飽飯就已經不錯了，至於月餅這類點心，毛炳權平時是想也不敢想的。再加上月餅一年才能吃上一次，自家也買不發揮。廣東人自己製作的月餅都很精巧，也很好吃，對毛炳權來說，這是少有的美食。直到如今，毛炳權想發揮小時候吃的月餅時，仍然意猶未盡。

父親開辦私塾期間，毛炳權也同時跟著讀了一些書。私塾共有 20 多個學生，這些學生分為大、中、小三個班，都由父親一個人授課，三個班分開上課。毛炳權因讀過一點書，被分到了中班。這時的學習內容已不再是簡單的《三字經》《千字文》了，而是以《古文觀止》這樣的古文選本為重點攻讀對象。《古文觀止》中選錄的文章不乏文辭優美的篇章，卻也有些文章晦澀難懂，碰到無法理解的內容時，毛炳權也只能死記硬背，幾年時間裡，他背誦了大量古文。同時，父親還教會了他算術裡面的四則運算。童年時近 4 年背誦古文的經歷，使毛炳權具備了一定的文學素養，也培養了他熱愛文學作品的良好習慣。雖然他日後從事的是化學物質方面的研究，但對於文學和藝術的愛好卻一直保持下來。

幾年後，毛炳權的父親因身體不好，難以支撐教學，只好停辦了私塾，與毛炳權的母親一發揮開了一間店鋪。過了一段時間，毛炳權的姑姑與祖父也相繼從香港和澳門返回，一家人有了難得的團聚。因經營著店鋪，一家人的生活還算過得去，能吃飽，能穿暖，過年的時候還有肉吃，有新衣裳穿，比上不足，比下有餘。據毛炳權回憶，那時廣東人喜光腳，只有在冬天的時候才會買木頭拖鞋穿上，木頭拖鞋踏在地面上發出「嗒嗒嗒」的響聲，別有一番情趣。

萬頃沙並未給毛炳權留下什麼特殊的記憶，但是，他感覺在萬頃沙的生活是很快樂的。除了讀書之外，大部分時間都是和小夥伴們在江河裡玩耍。因為萬頃沙最初是由珠江水系的泥沙衝擊而形成的沙田，經過多年的沉澱後，沙田才可用於耕種。偌大的沙田要被分割成若干塊，每塊沙田裡都會有水閘，潮水上漲時就將水閘打開，引水入田，潮水退時再關閉水閘，確保沙田裡有足夠的水源。因此，田中經常有大片的水窪，裡面有小魚小蝦，和小夥伴們一發揮釣魚、捉蝦也就成為了毛炳權童年的樂趣之一。那種與大自然完全融合在一發揮的快樂，恐怕是現在的許多孩子都體會不到的。

在這段快樂的生活中，毛炳權學會了游泳。他從出生以來，基本圍繞著江、河和大海生活成長。對於生活在水邊的孩子們來說，學習游泳有著得天獨厚的條件。家中大人們常在河裡游泳，孩子們耳濡目染也就學會了。因江面與河面不寬，水也不算深，學習游泳也沒什麼危險。而且，游泳的時候也不管姿勢好不好看，只要能游發揮來，就是最簡單的狗爬式也行。毛炳權多是跟大人一發揮游泳，所以也並未發生過什麼危險的事情。童年的這段生活很有樂趣，沒有讀書的壓力，也不必像以前那樣到處奔波，還要成天擔驚受怕。能常常和同齡的孩子玩耍，戲沙玩水，過得十分開心。直到 1942 年前後，毛炳權從父親的私塾進入萬頃沙小學讀書，才結束了這段快樂的童年生活。

萬頃沙小學原名為「農民義務學校」，據說是由明倫堂出資創辦的。學校創辦雖有比較長的時間，但因該校的老師流動性比較大，在一定程度上影響了教學品質，所以生源有限。毛炳權入校後從四年級讀發揮，他還是像以前一樣，讀書很勤奮，這已經成為他的習慣。毛炳權在這所小學讀了兩年書，直到五年級畢業。這一年是 1944 年，抗日戰爭已經進入了後期。

毛炳權小學畢業後在家無事可做，這時候，到處都傳著日本鬼子快不行了，可究竟抗日戰爭還要打幾年，平常百姓們誰也說不好。父母覺得，不管時局怎麼發展，小孩子多讀些書總比在家裡閒逛好。他們計劃將毛炳權送入中學讀書。那時因受日本侵略者的侵擾，原東莞中學的師生四下逃散，好好的學校成了一個擺設。日本人在當地成立了偽政府，為了顯示他們所謂的「皇道樂土」，同時，也為了加強日寇的奴化教育，偽政府在原東莞中學的校址上組建了東莞第一中學，當地老百姓為了區別於以前的東莞中學，將這所學校稱為「偽莞中」，這也是當時東莞縣城的唯一一所中學。既然想讀書，只能進這所學校。於是，毛炳權進入了這所中學讀書。

從萬頃沙去東莞讀書，路途有些遠，學校又不提供住宿，只能自己解決住宿問題。正巧毛炳權的一個親戚住在東莞縣城，這就成了他落腳的地方。這家親戚是毛炳權母親的姑姑與姑父，即毛炳權的姑姥姥與姑姥爺。這位姑姥爺是一名骨科中醫，生活十分簡樸，毛炳權住到他家後，每日在家中吃兩頓飯，睡一覺。姑姥姥家的客廳即是就診的地方，也是休息的地方。白天有患者的時候，姑姥爺便在客廳中給人看病。晚上吃過晚飯後，毛炳權搬來兩個長板凳，在上面搭上一張床板，就在這兒睡覺。晚上照明用的是油燈，點燈用的油是當地盛產的桐油。桐油的煙很大，點的時間長了，不僅屋子裡有一層黑煙，就是人的鼻孔裡都是黑的。因此，人們一般只是把桐油燈用來在睡覺前照照亮。讀中學的毛炳權學業雖然不重，但也需求有複習時間。但是，姑姥姥家中沒有他學習用的桌凳，他又受不了晚上桐油燈的熏烤，平時的學習只能依靠在課堂上認真聽課和課後抓緊時間做作業。

這時的東莞縣城是日本鬼子的占領區，日寇在占領中國土地同時，也不忘對中國人的奴化教育，以方便他們長久占領中國。他們在學校裡硬性規定日語是必修課，不學不行。毛炳權在這所學校裡學過日語的50音符及平假名、片假名的寫法。但是，從小聽著岳飛、文天祥故事長大的中國孩子們都憎恨日本人，上日語課的時候自然也不認真。毛炳權的日語老師是一名女教師，雖然她是中國人，但因為教日語，很多人在恨日本人的同時也恨上她，私下都罵她是「日本婆」。抗戰勝利以後，這位被眾人罵為「日本婆」的老師便不知去處，恐怕是過發揮了隱姓埋名的日子。在東莞的這段日子，讓毛炳權深切感受到了什麼是「亡國奴」。在東莞的日本人到處橫行霸道，卻沒人敢管。走在街道上，日本兵看哪個中國人不順眼就過去檢查「良民證」，經常有中國人被打。不僅如此，日本鬼子在東莞規定：中國人見過日本人必須鞠躬，不鞠躬就要挨打。駐在縣城的日本人經常下鄉要錢要糧，不能滿足時就抓人、搶劫、放火燒村。所以，一聽到日本兵下鄉，村裡的人不論男女老少都跑得遠遠的。毛炳權的外曾祖父當時已經是位六七十歲的老人，日本兵闖進村子時，老人因為年紀大，走不動路而留在家裡。因為聽不懂日本兵的問話，受到日本兵的毆打，第二天就去世了。

毛炳權在東莞第一中學讀了一年書，期間放假時他都要回萬頃沙。1945 年 8 月份，從澳門傳來了日本投降的消息。而此時的毛炳權正在萬頃沙過暑假，因與外界沒什麼連繫，他和一家人還不知道東莞城已經發生了巨大的變化。東莞第一中學校長和老師在得知日本投降的消息後，害怕替日本人工作的事情被清算，都紛紛逃散了。原東莞中學的校長和老師們聞訊返回東莞，接管了學校，恢復了正常的教學秩序。出於對日本鬼子的憤恨，東莞中學不承認東莞第一中學這段歷史，對於曾在東莞第一中學讀書的學生也要進行重新甄別才決定是否錄取。遠在萬頃沙的毛炳權因消息渠道不暢，沒有接到重新甄別的通知。當他再次來到學校時，才知道錯過了甄別考試的機會，自然也就被東莞中學拒之門外。毛炳權就這樣莫名其妙地失學了。

正在他和家人為莫名其妙地失學而感到鬱悶地時候，原來橋頭鎮的私立明生中學也遷回了東莞城區。此時的明生中學校長是該校過去的教務主任，與毛炳權的姑父相識，也知道毛炳權這個過去的學生。大喜過望的毛炳權姑父便找到這位校長，將毛炳權安排在私立明生中學裡讀初中二年級。

抗日戰爭勝利後，私立明生中學接受國民政府的統一管理。因此，此時的私立明生中學便有了一個不成文的規定，凡是年過 15 歲的學生都要加入三青團。這在當時的政治環境下，是全國普遍存在的現象。毛炳權讀初二時年僅 12 歲，有幸躲過了這一規定。不過好多年紀比較大的同學就沒有這麼幸運了，包括毛炳權的一個堂叔，他們雖然不知道三青團是怎麼回事，可是學校對此有要求，就這樣糊裡糊塗地集體參加了三青團。雖然學校裡的三青團組織根本沒有舉行過什麼活動，可參加過三青團的同學，在新中國成立後的歷次政治運動中因此而受到牽連，就連要求加入中國共產黨都受到影響。

在私立明生中學讀書時，學習的科目與東莞中學差不多，但是，兩所學校的老師教學風格明顯不一樣。私立明生中學的老師非常年輕，他們多是從廣州的中山大學、嶺南大學過來的一些沒有畢業的大學生。因為當時廣州的大學還沒有正式開課，他們就被私立明生中學暫時請來當老師。因為年紀輕，這些老師很活潑親切，與學生的關係十分融洽，講發揮課來也生動活潑，激發了學生們的學習熱情，毛炳權至今還能清晰記得當年很多老師的名字。

開學的第一個學期，因明生中學的校舍在戰亂中遭到嚴重破壞，需求整修。學校師生們只好先到明生中學創辦者李揚敬的家中解決上課問題。據東莞民間傳說，明生中學是國民黨陸軍中將李揚敬以他父親的名義開辦的。他的家境富裕，家中有不少空餘的房子，解了學校燃眉之急。從第二個學期開始，師生們又重新回到明生中學的校舍上課，學校生活走上正軌。據東莞當地老人們講，明生中學在民國時期是東莞有名的學校。當時的明生中學還修了一座宮殿式風格的圖書館，名為「崇禮堂」，現在的崇禮堂已經成為東莞的一處名勝。

明生中學是私立學校，東莞中學是公立學校，在明生中學讀了一年後，學校的教學品質不錯，毛炳權自己也很喜歡老師們的教學風格，可他父母卻為了兒子未來的發展考慮，跟兒子商量：「私立學校不如公立學校好，你還是轉學吧。」1946 年，毛炳權參加了東莞中學組織的考試，成功轉入東莞中學讀初中三年級，他被分在了初三乙班。

當時東莞中學除校長外，另有三大主任主管全校事宜：教務主任主管教學工作，訓育主任主管政治品德教育，庶務主任主管事務工作。三大主任裡面，給毛炳權印象最深的就是訓育主任李覺清。李覺清為人非常嚴厲，常常訓罵學生，禁止學生做這做那。到了高中階段，他還經常有事沒事往學生宿舍跑，查訪學生中有沒有人參加共產黨的活動。因毛炳權當時年歲小，父親又自小教導他不要參與政治，只管好好讀書，他自己也信奉「學好數理化，走遍天下都不怕」的說法，所以向來不問政治。儘管如此，他對這位主任的做派也非常反感。

1997 年毛炳權(後排中)回母校東莞中學看望老師
(前排右發揮為何潮海、盧國興、盧鎣南老師)

在毛炳權的中學時期，共產黨的力量已經相當強大了。特別是抗日戰爭勝利之後，共產黨的力量更是發展得非常迅速。學校裡的共產黨活動還是很多的，有不少人私下說，學校的庶務主任盧熾輝就是一名共產黨員。他的親弟弟是毛炳權的中學好友。這位庶務主任兼任初三年級的外國歷史課程，他知識淵博，能舉一反三，授課方式深受學生們的喜愛。他對於外國歷史如數家珍，由他講述的古羅馬與古迦太基之間的布匿戰爭，和因爭奪世上最美女人海倫而發動的特洛伊戰爭令毛炳權印象深刻。有一天，盧熾輝突然被國民黨抓了發揮來，一會兒說他是親共分子，一會兒說他是地下黨員。只是一直找不到證據，後來被保釋出來。保釋後的盧熾輝不知去了什麼地方，直到廣東解放後，他才出現在廣州，並在廣東省最好的一所中學——廣雅中學擔任校長。這時候，原來東莞中學的師生們才知道，盧主任真的是共產黨員。他被保釋後，根據黨組織的安排，離開廣東前往香港，在香港的香島中學擔任校長。多年以後，毛炳權還曾向盧熾輝的弟弟打聽過他的消息，這才得知，他在前些年已高齡過世了。

在初中三年級這一年間，除了一些小插曲外，毛炳權的主要任務還是學習。在校期間，他的學習成績一直是中上等水平，他在學習上並不追求高分，而是存在著及格萬歲的想法，能保證每門成績都在60分以上就可以。那時的他學習全憑興趣，學習成績自然也跟對課程感不感興趣有很大關係。在幾門功課中，他最為頭疼的一科莫過於英語，一來老師注重語法，忽略應用，不免使人產生枯燥感；二來當時的條件落後，沒有錄音設備來輔助學習，老師上課教授的很容易被遺忘，再加上他對英語學習不感興趣，基本不太複習。所以，他的英語成績一直不好，能夠勉強維持在60分已經很不錯了。

一年的初三生活轉瞬即逝，毛炳權跟許多同學一發揮，參加了東莞中學高中部的入學考試。回憶發揮當年參加高中考試的經過，毛炳權津津樂道。他笑言，當年共考了國文、數學和英語三個科目。有意思的是，第一次國文考題發生了泄漏事件，所有人的成績作廢。然後，重新出題再次考試。兩次國文考試的題目均選自古文，第一次考試的題目為「士先端品然後文藝說」，第二次考試的題目是「無敵國外患者，國恆亡」論，對題目進行論述，闡明自己的觀點即可。

考試結束後，毛炳權順利升入東莞中學高中部，1947年，毛炳權正式開始了高中生活。為了方便照顧他的生活，他的祖父、祖母帶著他的弟弟也住到了東莞。毛炳權高中三年的學習信條與初中時相同，不求得高分，只求及格，仍然只對自己感興趣的科目下功夫。他的數學成績還可以，同時也對物理、化學比較感興趣，這些功課的成績自然也比較拔尖。課餘時間他仍然把時間用來閱讀古今中外的小說、名著。高中一年級的時候，他到圖書館借了一本法國大仲馬寫的小說「基督山恩仇記」，立即被書中曲折的故事情節所吸引。當他一口氣看完了這本書的上集後，迫不及待地跑到圖書館去借下集，卻得知下集被別人借去一直沒還。頓時，他感到非常失望，也成了他的一個遺憾。直到幾十年後，「文革」結束，大量的國內外文學作品出版發行。毛炳權在書店裡發現了這本書，如獲至寶地買回家，完完整整地看完。

當時幾個科目中，毛炳權最感興趣的莫過於化學，這是因為當時的化學老師劉老師帶給毛炳權影響很大。劉老師是從法國里昂大學留學歸國的，他之前曾在廣州一所大學任教，後來不知什麼原因來到東莞中學教書。他的化學課講得非常好，正式講課之前，他首先向同學們講述了化學的重要性，他告訴同學們，不管是對農作物至關重要的肥料的生產，還是軍事上用的炸藥的製作，都離不開化學知識，化學與工業生產息息相關，也是發展民生大計不可或缺的一個因素。毛炳權一聽，學習化學可以製造炸藥，非常興奮。剛剛過去的抗日戰爭，讓毛炳權一直對侵略者有刻骨的仇恨。他聽說學習化學可以製造炸藥，能消滅侵略者，頓時對學習化學產生了興趣，也是因為劉老師的這一席話，毛炳權後來從部隊調干讀大學的時候才選擇了化工專業，可以說，這是一個影響毛炳權一生的抉擇。這也證明，一位好老師對學生的影響有多麼深遠。這也應該是毛炳權最終成為化學家的基礎。

毛炳權讀高中之時，正值中國政治風雲變幻之際，進入了決定中國命運的關鍵時刻。尤其是 1947 年之後，國民黨軍隊在戰場上節節敗退，共產黨領導的人民解放軍乘勝追擊，國內各階層都感覺到形勢的變化。但毛炳權卻沒什麼政治敏感性，一門心思只管讀書。加之受家庭教育的影響，父母認為一旦涉及政治便需承擔風險，而搞科學、搞研究則能保障生命安全，所以從小就用愛迪生、居李維人、愛因斯坦等人的故事來教育他，希望他好好學習，將來考取大學，成為一名出色的科學家。毛炳權也沒有辜負父母的意願，上學期間，一直都是「兩耳不聞窗外事，一心只讀聖賢書」，從不過問政治。另外，他年紀小，個頭矮，很不引人注目，班上即使有些政治性的活動一般也不大會來找他參加。

除了學習之外，在東莞中學高中部這幾年裡，能夠給他留下深刻印象的事情寥寥無幾。他那時雖已十四五歲，卻是個個頭不足1.6米，體重不足40公斤的男孩，看發揮來就跟八九歲的小孩子似的。也因此，他少了很多這個年齡孩子的樂趣，籃球不能玩，單槓、雙槓不能玩，只能偶爾參加一點乒乓球活動。而且，他也不愛好文藝活動，自己五音不全，不愛唱歌，跳舞就更是一竅不通了。他把幾乎所有的時間都用在了學習上，每逢寒暑假時，毛炳權就會很開心地回到萬頃沙去看望父母，在那兒有他的親人和喜愛的大海。

1947年剛入高中時，因毛炳權年紀太小，家中長輩對他的學習總是有些不放心，擔心他的學習成績不優秀，將來考大學會很困難。為了打好基礎，將來更有把握地考大學，他的長輩在徵得學校的同意後，決定讓毛炳權重新再讀一年高一，這一年是1948年。而就在這一年，解放軍在國內戰場轉入了全面反攻，國民黨軍隊連連敗退。特別是解放軍打過長江，占領南京後，更是銳不可擋。國民黨政府不甘心失敗，仍然在拚命抵抗。到1949年10月，解放軍已經打進了廣東境內，廣東境內到處是國民黨撤退的軍隊還有政府人員。在解放軍攻入廣州後，國民黨軍隊在撤出廣州時，把海珠大橋炸毀。當廣州城還激烈戰鬥的時候，離廣州不遠的東莞縣城因為國民黨人員的撤離，已經處於無政府狀態。在這種情況下，東莞中學暫時停課，學校裡的師生都各自回家。學校停課後，毛炳權的父母擔心兒子的安危，要他立刻趕回萬頃沙，等待局勢穩定後再重返校園。

1949年10月1日，毛澤東主席在北京天安門城樓宣布：「中華人民共和國中央人民政府成立了」，並親手升發揮了第一面五星紅旗。一個舊的政權倒下了，一個新的政權誕生了，偉大的中華人民共和國成立了。當新中國在北京宣告成立時，千里之外的廣州還在激烈的戰鬥中。因為沒有實際的對比，尚在讀書的毛炳權對於新政府的成立並不是特別激動。他只是聽說共產黨占領了北京，成立了中華人民共和國，選定的國歌就是那首著名的「義勇軍進行曲」。但所有這些聽聞來的消息，對於毛炳權而言都是那樣的遙遠而陌生，他只知道共產黨的軍隊很厲害，總是打勝仗，到底共產黨是什麼樣的，他們能否帶領老百姓過上幸福的生活，對他來說都是一個未知數。

1949 年 10 月 17 日，解放軍解放了東莞，當時解放東莞的解放軍多是由兩廣地區的共產黨游擊隊組成的。解放軍占領廣州後，揮軍解放其他城市。駐東莞的國民黨軍隊一看大勢已去，也無心抵抗，紛紛逃散。所以東莞沒放一槍一炮，和平解放，毛炳權一些在東莞的同學還組織發揮來迎接解放軍入城。解放軍入城後，他們的紀律十分嚴明。毛炳權聽家人說，毛家在東莞城的家門前有塊空地，這些解放軍戰士為了不打擾老百姓，入城後沒有住進老百姓家中，有許多解放軍戰士統一露天睡在了毛家門前的那塊空地上，這讓見慣了大兵擾民的東莞人民稱讚不已。解放軍的這一舉動，使共產黨一下子就贏得了民心，也讓毛炳權對共產黨有了新的認識。

東莞解放後，共產黨迅速建立了政權，全面接收管理這座城市。制訂和實施了許多穩定人心的措施，時局很快就穩定下來。與此同時，東莞中學也恢復開學。在萬頃沙休息了一段時間的毛炳權重新回到東莞中學，繼續讀書。

解放後的東莞中學同樣發生了很大變化，原來由國民黨政府派遣來的校長、訓育主任、軍訓教官等官員紛紛逃跑。中共東莞縣委派人來校成立了校務管理委員會，任課老師基本沒換。這時，毛炳權的幾位同學也公開了自己是中共地下黨員的身分。東莞解放後的變化也給學生們帶來了一些影響，社會一變化，許多人的思想活躍發揮來，有的學生不安心學習了，有些人報名參軍，也有些人出去參加了工作。當時還是中蘇友好時期，政治上「一邊倒」。有些思想偏激的學生就鬧著不學英文，而要改學俄文。在這個社會的過渡時期裡，學生的思想比較活躍，過了好長時間才慢慢穩定下來。

高二暑假期間，當時的新民主主義青年團東莞縣團委組織了一個「暑期青年樂園」，有點類似於現在的「骨幹學習班」，將一些要求入團的積極分子組織發揮來學習。當然，並不是所有人都能參加這個「暑期青年樂園」的，參加學習者必須是革命立場堅定、表現積極、各方面都不錯的青年。參加這個「暑期青年樂園」的學生都被稱為「青年學員」，毛炳權就是這批「青年學員」中的一員。在「暑期青年樂園」裡，他們主要學習了艾思奇的《大眾哲學》和毛主席的《在延安文藝座談會上的講話》，還有一些其他學習資料。透過系統的學習，毛炳權對共產黨和新中國有了進一步的認識，堅定了政治信念，樹立發揮了認真學習文化知識，為建設強大的新中國而努力的決心。毛炳權歷史清白，表現積極，學習優秀，成為團組織的重點發展對象。在學習期間，他的同學、共產黨員張國僕找到他，鼓勵他積極要求入團，表示願意做他的入團介紹人。在學習班結束時，毛炳權向團組織遞交了入團申請書。

那時入團和入黨的標準都很嚴格，對入團申請書的要求同樣嚴格。毛炳權在寫入團申請書的時候被告知，在申請書中除了講明對團組織的認識外，還要認真寫好「自我檢討」部分。這一部分相當重要，如果對自己的分析認識不深刻，入團的希望還是比較渺茫的。於是，他認真回想了自己認為比較明顯的缺點和老師同學平時給自己指出的存在問題，在入團申請書上對這些缺點做了深刻檢討，並對照團章做了認真對比分析。對自己的自高自大、自由散漫、「冷熱病」等缺點都提到了政治的高度來認識，並承諾一定要以青年團員的標準嚴格要求自己，克服缺點，積極進步。他在申請書中寫道：(青年)團是一個先進性、群眾性的青年組織，是在中國共產黨領導下，以馬克思主義毛澤東思想來教育團員的組織。我為了能夠走群眾路線，為了思想上逐漸走向工業化，為了建設新中國，為了搞通思想，積極學習和能得到工作上的經驗，所以，我要參加團。申請書寫好後，根據規定，入團要有兩名入團介紹人。其中一名就是張國僕，她是毛炳權的同班同學，在廣東解放前就是一名地下黨員，她對毛炳權的情況十分清楚。毛炳權參軍離開學校後，張國僕也從東莞中學畢業考入華南工學院。華南工學院畢業後分配到北京，在第二機械工業部工作。1983 年，深圳大學成立後，她從北京調到這所學校工作直到退休。20 世紀 80 年代時，毛炳權還到她在深圳的家中看望過她。2013 年，張國僕因為患病於年末去世。

1950 年東莞中學學生會全體幹事合影(前排右發揮為盧鋈南、譚鑄堯、盧彭鏗、張士怡、譚亮等老師；最上排右一為毛炳權)

由於政治清白，老師同學的評價高，對青年團的認識深刻，毛炳權的入團申請書交上去之後，很順利地得到批准，並填寫了「入團志願書」。「入團志願書」是油印的，封面上有入團誓詞：我志願加入中國新民主主義青年團，堅決擁護中國共產黨的主張，努力學習馬列主義、毛澤東思想，遵守團的紀律，執行團的決議，全心全意為人民服務，在各種工作中發揮模範作用，團結廣大青年群眾為新民主主義中國的建設、全人類的徹底解放奮鬥到底。毛炳權鄭重地在誓詞下面簽下了自己的名字，並進入了5個月的候補期。他的候補期是從1950年9月至1951年2月，後因毛炳權於1950年12月參軍，縮短了候補期，參軍前提前轉正。

參軍是毛炳權人生中的一件大事，也可以說是改變他人生的一件大事。他參軍的時間是在高三的下半學期。1950年6月25日，朝鮮戰爭爆發，1950年10月8日，朝鮮政府請求中國出兵援助，中國根據朝鮮政府的請求，作出「抗美援朝、保家衛國」的重大歷史性決策，10月19日，第一批中國人民志願軍參戰部隊入朝，與朝鮮人民軍並肩抗擊侵略者，與此同時，中國全國各行各業轟轟烈烈行動發揮來，支援「抗美援朝、保家衛國」。這時，黨中央也號召知識青年積極投身抗美援朝戰爭。全國許多城市都在招收軍校學生，毛炳權所在的廣州地區也不例外。因為當時的中國士兵的教育程度普遍較低，國家急需大量的知識青年加入到軍隊中來。毛炳權對此積極響應，他以一名青年團員的身分，在全校學生中帶頭報名參軍。

對於自己報名參軍，毛炳權是做了一番思想鬥爭的。他親身經歷了日本鬼子占領廣東的時期，也親身經歷了那種「亡國奴」的羞辱。所以，當他得知以美國為首的外國軍隊打到了鴨綠江邊，威脅著新中國的安全時，他非常氣憤，想要報名參軍，保家衛國，絕不能再讓侵略者的鐵蹄踏上中國。同時，他又有幾分猶豫。雖然非常想為抗美援朝戰爭貢獻自己的一份力量，可也知道參軍後也許就要離開心愛的課堂，夢寐以求的求學之路也許會就此中斷。他從小受到的教育就是要好好學習，將來爭取當一名科學家，這也是他自己奮鬥的目標，要告別自己追尋了那麼多年的夢想，心中還有許多的不捨。另外，當了兵就要時刻準備上戰場，戰爭是殘酷的，隨時都會有生命危險。即使沒有上前線，當兵幾年後復員時，無法預料個人的去向，不知道還能不能繼續上學，這些事毛炳權都認真考慮過。而且，他報名參軍還有個最大的困擾，就是與祖父母的親情。毛炳權自小一直受祖父、祖母的照顧，中國的傳統就講究「隔代親」，祖母對這個長孫更是疼愛有加。如果參軍離家，祖母肯定會傷心不捨，毛炳權非常孝順老人，他不希望年邁的祖母因為自己而傷心。可參軍一事迫在眉睫，沒有多少考慮時間。最終，毛炳權克服了自己的思想矛盾，決定參軍。至於如何安慰祖母，他想到的是只能求助在萬頃沙的母親了，他迅速給母親寫了一封信，請母親來東莞給祖母做做思想工作，開導勸解一下。

廣州雖然不是革命老區，但青年們的參軍熱情仍然非常高漲。毛炳權回憶說，當時幾乎全校的學生都擁到了報名處，整個學校頓時空空蕩蕩。只是當地的許多人對參軍當兵還是有著各種考慮，特別是要參軍抗美援朝，要與當時的第一強國美國作戰，當地的不少老人們有著顧慮。縣委縣政府的領導們都是參加革命多年的老同志，對此種情況很有經驗。他們組織報名參軍的年青人的家屬觀看了一部話劇，這部話劇是講蘇德戰爭時，蘇聯青年如何參軍並打敗德國侵略者的，看完這部話劇後，家屬們覺得明白了許多道理，思想發生了轉變。同時，縣委和政府組織的親切慰問和照顧措施也給大家吃了定心丸，毛炳權的母親也觀看了這場演出。演出結束後，她對毛炳權說，放心去當兵吧，我會在家中好好照顧和開導祖母的。

毛炳權得到了家人的支持，帶著對未來的美好憧憬，開啟了自己的軍旅生涯。

2002 年參加東莞中學建校一百週年慶典

與中學校友何鏡堂院士合影

2012 年莞中校慶 110 週年校友合影

中學同學合影

第三章

錚錚男兒從軍行

1950 年 12 月 31 日下午，東莞中學廣場上人山人海。東莞 200 多名參軍入伍的年輕人帶著行裝在此集合，即將匯入中國人民解放軍的行列中去，年僅 17 歲的毛炳權也在隊伍之中。他向四周望去，只見這 200 多名新戰士中間，有自己相識的同學，也有從未謀面的陌生人。但他們的臉上都洋溢著自豪和激動的神情，為即將成為解放軍中光榮的一員而興奮。在東莞中學集合後，他們就要離開學校，離開東莞，到珠江軍分區所在地中山縣集中。

以這支 200 多人的隊伍為中心，圍滿了前來送行的人群。200 多名子弟參軍，這在東莞是前所未有的大事，家屬們扶老攜幼地前來送行。人越聚越多，有人對自己的孩子千叮嚀萬囑咐，希望他們在部隊好好表現，為國家作貢獻；有的則拽著孩子的手不肯鬆開，流下不捨的眼淚……。毛炳權的家人也來送他，母親攙扶著年邁的祖母來到他的面前，說不完的送行話。祖母一想到自己疼愛的孫子要離開身邊，不禁老淚縱橫。送君千里，終須一別，人們總是擋不住離別的腳步。

隨著一聲聲口令發出，聚焦在學校廣場上的送行人群，讓出了一條路，200 名青年邁著整齊的步伐在聲聲呼喚和叮囑中走出學校，向東莞碼頭進發，準備在此乘船發揮程。碼頭上停泊著兩艘大船，青年們按序上船，按規定坐好。登船不久，天色便漸漸黑了下來，隨著黑暗的到來，船上和碼頭上陸續亮發揮了閃閃的燈光，帶給人溫馨的感覺。同時，也悄悄地觸動了青年們離別的心。面對著船上和碼頭上，還有那些遠處的燈火，不知是誰輕聲唱發揮了蘇聯歌曲「共青團員之歌」，優美的旋律和充滿感情的歌詞引發揮了大家的共鳴，船上的青年們不約而同地高歌發揮來：

> 聽吧，戰鬥的號角發出警報，穿好軍裝，拿發揮武器，共青團員們集合發揮來。踏上征途，萬眾一心，保衛國家。我們再見吧，親愛的媽媽，請你吻別你的兒子吧。再見吧，媽媽，別難過，莫悲傷，祝福我們一路平安吧！

歌聲總有凝聚與安撫人心的力量，它讓這些年青人在這參軍隊伍中顯得不再孤單，他們有了集體的歸屬感。他們雖然告別了家鄉，離開了親人，但是他們是帶著堅定的信念出發的，他們有一個共同的目標，這就是將自己的滿腔熱血用在保衛祖國和人民上，為祖國貢獻自己的一份力量。

夜色越來越深，大家唱得累了、困了，漸漸沉入夢鄉……

第二天醒來時天色已大亮，青年們精神抖擻地迎接新一天的到來。這一路上，大家一面相互交談，一面欣賞沿途的風景。經過一夜一天的航行，臨近傍晚時分，終於抵達中山縣。這時，許多原先的陌生人已經成了熟悉的好朋友。

下船後，毛炳權和其他人一發揮，先被安排在中山縣的一所中學落腳待命，暫時住在教室裡，所有的人都是打的地鋪。在中學住了一兩天后，他們又得到命令，前往中山縣一個名叫竹秀園的村莊並正式駐紮在此。竹秀園村的村民大多數是華僑，村子裡的的條件非常不錯，房屋建得也比較好。這時節，廣東才解放一年，村裡不少人或者對共產黨不了解，沒有留下來；或者有人遠在海外還沒有回鄉。因此，村裡的許多房屋都是空的，這些空房子也就成為了毛炳權他們這些新兵的宿舍。在這裡，毛炳權他們真正成為人民軍隊的一員。新戰士們在這裡開始接受最基礎的訓練。訓練之前，部隊領導給他們每人發了一套軍裝。對於這些年輕戰士來講，軍裝是身分與榮譽的象徵，所以大家拿到軍裝的那一刻，別提有多興奮了。大家興高采烈地換上軍裝，挺發揮胸膛來到操場參加訓練。開始的訓練並不辛苦，只是最基本的隊列訓練，齊步走、正步走。而且，這時的正步走沒有後來要求得那麼嚴格，因此也沒有太大的運動量。但是教官的要求比較嚴格，要求新戰士們的動作一定要標準到位。除了參加訓練之外，還要參加各種各樣的勞動，也算是對這些新兵的一種鍛煉。

訓練一段時間後，部隊開始組織對這支200人的隊伍進行體檢。體檢過後，對新兵重新分配：一部分體檢達到標準的人直接被送往軍事幹部學校，其他人則繼續留在中山，參加珠江軍分區的青訓隊。在青訓隊經過兩個月左右的訓練，來自東莞的新戰士們分配到了新的單位。青訓隊中一批讀過高中的年輕戰士被分配至教導隊，做為儲備幹部培養，毛炳權也是教導隊的一員。聽部隊領導說，經過教導隊的訓練後，這些高中生一般會分配到連隊當文化教員或文書。到了教導隊之後毛炳權才知道，他們這 200 多名東莞新兵在接受體檢時，是按陸、海、空三軍的不同標準進行的。輸送到軍事幹部學校的新兵，在畢業後有可能成為飛行員，也有可能成為海軍戰士。所以，對這些新兵的體檢就比較嚴格。他們走後，毛炳權等新兵就自然成為了陸軍的戰士。

毛炳權軍裝照

2002 年回東莞時與一發揮參軍的中學同學合影(前排左發揮為毛炳權、方苞等)

教導隊也駐紮在廣東省中山縣，教導隊所有的隊員為清一色的小夥子，朝氣蓬勃。在教導隊期間，毛炳權和其他戰士們一發揮，每天的任務就是操練與學習，他們的學習主要是政治學習，以學習毛主席著作為主，學習毛主席關於人民軍隊忠於黨、人民軍隊建設等方面的論述。針對教導隊以學生兵為主的特點，還重點學習了毛主席《在延安文藝座談會上的講話》，強調知識分子要向工人農民學習，要與工農群眾打成一片，要加強世界觀的改造，成為真正的革命軍人。

1951 年在部隊任文化教員

1951 年，從教導隊結業後，毛炳權被分配到了基層連隊，他來到了位於下柵村的華南軍區獨立十五團三營七連。這支部隊的前身是廣東人民抗日遊擊隊東江縱隊，在抗日戰爭時期，東江縱隊堅持在敵後浴血奮戰，與日寇展開殊死搏鬥。1946 年 7 月 5 日，根據中國共產黨和國民黨政府達成的協議，廣東人民抗日遊擊隊東江縱隊主力等部隊北撤至山東煙臺，進入山東解放區，歸新四軍和山東軍區領導。1947 年 3 月，中共中央決定以東江縱隊為基礎組建兩廣縱隊，隸屬華東野戰軍。1949 年 3 月轉隸第四野戰軍，兩廣縱隊成立後，從華東轉戰至中原再回到華南，在戰鬥中發展壯大，鍛煉保存了一批兩廣籍骨幹，為華南的解放和建設作出了貢獻。

1949 年 10 月，兩廣縱隊由襄城南下至贛南與粵贛湘邊縱隊會師，參加廣東戰役，經和平、河源沿東江挺進珠江三角洲，解放惠陽、博羅、東莞、寶安、番禺、順德、中山縣城及橫琴、三灶等島嶼。1950 年 1 月 1 日，兩廣縱隊列入華南軍區建制。2 月，組建珠江軍分區，縱隊及 2 個師番號撤銷。大部分部隊編成軍分區所屬的 3 個步兵團，1 個砲兵團，一部分編入華南軍區。其中，包括毛炳權所在團。

在與教導隊的戰友們分別時，大家都依依不捨，還相互留下了通訊地址，相約保持連繫。在剛分到連隊後，大家彼此之間還有著書信連繫，可後來部隊多次調整，到毛炳權離開部隊時，原教導隊的戰友們基本都連繫不上了。

毛炳權到了七連以後，一開始是擔任連隊的文書。雖然文書有專門的職責範圍，但在連隊裡照樣也要參加軍事訓練。當時是新中國成立初期，百廢待興，部隊的生活條件也是艱苦的。但是主要的艱苦還是體現在訓練上。在七連，每天的訓練都安排得特別緊湊，不僅有常規的隊列訓練，還有專門的軍事技能訓練，比如投擲手榴彈、射擊、緊急集合、急行軍等。毛炳權一開始進行投彈訓練時，遇到了困難。因為身體弱、個子矮，他每次投彈訓練都無法在距離上達到要求，投彈訓練的成績常常不及格。這一點讓他非常苦惱，也激發了他不服輸的勇氣。他堅信「世上無難事，只怕有心人」，他平時認真向老兵們請教，抓住一切機會拚命鍛煉，加強訓練，比其他的戰友付出了更多的努力，不知吃了多少苦，終於達到了投彈標準距離。

而相對於行軍訓練的考驗來說，投彈訓練簡直不值一提。行軍訓練考驗的是人的綜合體能，特別是在全副武裝的條件下。全副武裝要帶的東西很多，包括被褥、糧食帶、背包、水壺等，最主要還是武器裝備。當時毛炳權所在連隊使用的步槍主要有兩種：一種是日式三八步槍，其子彈半徑為 6. 5 毫米；另一種是漢陽生產的七九步槍，其子彈半徑為 7. 9 毫米。除了步槍，每人還配備一把刺刀、4 枚手榴彈、80 發子彈以及鋼盔等，全部裝備十分沉重。在行軍訓練中，有些老兵看毛炳權個頭小，常常會伸出援助之手，幫他背背包，減輕他一部分負擔。但是連隊也有硬性規定，行軍時，任何人武器不能離開自己的身體，所以再苦再累，毛炳權也不讓其他人幫助自己背武器。

毛炳權第一次行軍的經歷，如今回憶發揮來仍歷歷在目。當時行軍是以下柵村為發揮點，一口氣要走 80 里路。從來沒背著沉重的東西走過這麼遠路的毛炳權叫苦不迭，到達目的地的時候，他感到精疲力盡，兩個腳掌上全是血泡。對於當時中國人民解放軍來說，練走路是很重要的訓練。從紅軍開始，共產黨領導的軍隊就練出了「鐵腳板」，在抗日戰爭和解放戰爭時期，更是用「鐵腳板」戰勝敵人的汽車輪子。解放軍拿手的運動戰就是憑走路調動敵人，打擊敵人並戰而勝之。在行軍過程中為了鼓舞士氣，連隊領導會帶領大家唱唱歌，比如《八路軍進行曲》(後改稱《解放軍進行曲》)、《我是一個兵》、《志願軍戰歌》等等，大家在歌聲中大步前進。到了駐地，連隊首長和老兵們像戰爭年代一樣，幫助新兵打洗腳水，幫他們挑腳上的血泡。

行軍訓練雖然很累，卻很好地磨練了新兵們的意志。毛炳權說，自己非常感謝這段當兵的經歷，它教會了自己什麼叫勇敢、什麼叫堅強、什麼叫堅持。如果沒有平日的行軍鍛煉，沒有磨了血泡也要堅持前進的拚勁，真上戰場的時候，就會拖戰友們的後腿。所以，每次行軍對毛炳權來說，都是一次身體與靈魂的雙重洗禮，透過不斷的訓練，他的身體更強壯，他的意志更堅強。

連隊的生活是有規律的，白天軍事訓練，晚上站崗放哨。站崗放哨實行輪班制，夜間每人站兩個小時的崗。毛炳權在一次站崗時還鬧了個笑話，那是部隊參加剿匪時期的事情。當時正值「鎮反」時期，鬥爭比較激烈。當地連隊所在地區土匪比較多，經常製造事端。部隊就對一些重點部位加強了保護，其中包括駐地的水井，以防止被土匪投毒。毛炳權站崗的這天晚上，天比較黑。他忽然看到有一團黑影正向自己緩緩逼近，他立刻舉槍警告：「前面是誰？停下，不停下開槍了！」沒想到，他的警告絲毫不發揮作用，黑影仍在靠近。為確保安全，毛炳權朝黑影開了槍。夜半槍聲特別響亮，一些負責巡邏的戰士聞聲趕了過來，詢問發生了什麼事情。在聽了毛炳權的敘述後，大家立即跑到發現黑影處查看。這一看大家都哭笑不得，原來被打死的是村民養的一頭豬。慶幸沒有出現大問題，不過連隊肯定要賠償老百姓的損失了。後來毛炳權站崗打死豬的事成為了戰友們之間的笑談，很久才被人淡忘。

除了軍事訓練、站崗放哨之外，作為連隊文書，毛炳權還有大量的具體工作要做，他每月都要將連隊人名及出勤情況上報，還要將連隊的訓練成果及具體的工作情況總結呈報，說明連隊有無發生違反紀律或出現事故的現象等。對於毫無文書工作經驗的毛炳權來講，發揮初接手這個任務，對他幫助最大的就是指導員與連長了，一般就是聽指導員的指導，他說怎麼寫，毛炳權就怎麼落筆。

到連隊兩個多月後的一天，團部裡派來一位幹事，找毛炳權談話，了解了他的情況。這位幹事聽說毛炳權是高中的時候參軍的，如獲至寶，笑著說，這可是咱團裡學歷最高的人呢，像這種高學歷的人才，就應該多為部隊貢獻些自己的力量。於是，他提議讓毛炳權在做好文書工作的同時兼任文化教員。不久，團政治處在離下柵村不遠的會同村辦了一所幹部學校，他和同是東莞中學一發揮參軍的張勇懷又一發揮調到幹校，做了兩個月左右的文化教員，主要任務是給幹校學員講授文化知識，甚至包括基本的文字掃盲。到了幹校他才知道，他的學生全部是軍官，其中包括團長、政委及各營長、股長等。

教領導們學習文化知識對於毛炳權來說並不是什麼難事，不少內容，他不用課本照樣講得學員們愛聽，學習效果很好。當了兩個多月文化教員，他跟團裡的領導們都相處得比較融洽。當時的團長名叫邱特，年紀長毛炳權二十多歲，是位來自東南亞的華僑，在國家存亡之際毅然回國參加抗戰，成為一名鐵血軍人。2000 年，毛炳權去廣州時還向當年的戰友們打聽他。戰友們說，老團長早已從陸軍轉到空軍，已經離休多年。毛炳權和戰友特地趕到廣州空軍干休所看望了邱特。看到當年的新兵成了如今的科學家，老團長也是興奮不已。

在團部幹校教了兩個月課後，毛炳權又返回連隊，繼續擔任文書兼文化教員。在連隊裡，文化教員的工作與文書略有不同，文化教員的職責一方面是教那些教育程度低的軍人識字，教他們能夠讀書寫信，另一方面也要注意豐富連隊的精神文化生活。七連指導員曾經對毛炳權說過這麼一段話：「不能讓軍人閒著，這些軍人都年輕，一空閒下來就會想東想西，情緒不穩。所以要讓他們時刻有事做，不管是打槍、認字，還是唱歌、訓練，要儘量把他們的時間安排得特別緊，讓他們沒有閒工夫想其他的事情，這樣的部隊才好帶」。文化教員就是為了帶好部隊做具體工作的。

1951 年，在連隊擔任文化教員的毛炳權

在這個連隊裡，除了平時的訓練外，毛炳權參加過最重要的軍事行動就是萬山群島戰役了。萬山群島位於廣東省珠江口外，居香港與澳門之間，是扼守廣州的策略要地。群島總計有 48 個島嶼。1950 年 5 月 1 日海南島解放後，國民黨海軍總司令桂永清到垃圾尾島部署萬山群島防禦，決定組成「萬山防衛司令部」，企圖控制進出香港、澳門的主要航線，封鎖珠江入海口，阻止人民解放軍解放萬山群島。人民解放軍第 15 兵團根據中共中央軍委和中南軍區關於解放萬山群島的指示，決定「力求早打快打」，集結部隊，乘守軍立足未穩，奔襲泊地，逐島攻擊，穩步前進，全殲守軍。解放軍集中位於中山縣沿海的兵力 1

萬餘人於 1951 年 5 月 25 日凌晨打響了萬山戰役，戰役於 8 月 7 日結束，歷時 75 天，萬山群島得到解放。毛炳權所在連隊也參加了這次戰役，作為戰役的預備隊備戰待命。軍人們都想在戰場上殺敵立功，指戰員們求戰心切。全連隊指戰員每天盼星星，盼月亮，盼著戰鬥命令早日下達，可直到戰役結束，他們連隊也沒能參戰。在整個戰役過程中，毛炳權和他的戰友們一直留守後方，為前線作戰提供後勤保障，直到戰役結束

在兩年多的部隊生活中，毛炳權與許多戰友結下了深厚的友誼，其中關係最好的戰友是張勇懷。他們都是從東莞中學參軍的，毛炳權比張勇懷高一年級。而且，兩人一發揮被調到團部做文化教員，接觸的機會比其他戰友更多了些。兩人來自同一所學校，有相同的經歷，共同語言也多。在一發揮聊天的時候會常常回顧在東莞中學讀書時的情景，也會暢想一下未來。他們當時並沒考慮過復員轉業這些事情，覺得部隊也許就是他們人生的最終歸宿了。兩個人互相鼓勵，要在部隊幹出個樣子來，不負青春。

俗語說，「鐵打的營盤流水的兵」，他們並沒有意識到部隊只是他們人生旅途中的一站而已。幾年後，兩人先後離開部隊，開始了新的生活。發揮初二人還有連繫，後來隨著頻繁的調動，再加上那時的通訊也不那麼方便，就逐漸失去了連繫，只能各自從同學和戰友口中了解一些對方的情況。直到 20 世紀八九十年代，在湛江工作的張勇懷到北京出差，打聽著找到了在北京定居的毛炳權。老友離別數十年後再次重逢，特別高興。因毛炳權很少回老家，再加上科學研究工作繁重，所以與張勇懷的連繫一直不多，但心中一直掛唸著他。前幾年，毛炳權委託自己的女婿幫忙打聽張勇懷的情況，他的女婿是湛江人。消息是打聽到了，卻是不好的消息——張勇懷已經逝世了，毛炳權聽後半晌沒有說話，兩位有著跨世紀友誼的老人最終沒能見上最後一面。

第四章

從軍人到學生

1952年春天的一天，毛炳權所在的華南軍區獨立十五團三營七連接到新的命令，調往安東(即現在的遼寧省丹東市)，支援抗美援朝戰爭。當時，抗美援朝戰爭已經打了將近兩年，中國人民志願軍在有力打擊了所謂的「聯合國軍」的同時，也付出了巨大的犧牲，有許多志願軍指戰員犧牲、負傷。作為兵力兵源，華南軍區的一些部隊被調到前線，準備入朝參戰。

從廣東到安東是從中國的最南邊到最北面，行軍時間是漫長的。部隊調動乘坐的是悶罐車，這是那個時代部隊調動常用的方式。悶罐車是封閉式的，空氣品質非常差，加上又是長途跋涉，火車速度很慢，毛炳權和戰友都感覺非常疲憊。悶罐車從廣東出發，行至武漢時再換乘輪渡渡江，中途先後經過了幾個大城市，一路向東北方向行進。這時的廣東仍然是溫暖如春，繁花似錦。可隨著列車的北進，毛炳權和戰友們感到越來越涼爽，沿途的風景雖不像廣東那麼綠樹繁花，卻因為春天的緣故，到處春意盎然。因為此次行軍是保密行動，所以戰士們不允許下車，毛炳權所在部隊的指戰員們一直在悶罐車裡憋了幾天幾夜。戰士們都知道部隊是要前去支援抗美援朝，是要上前線的。打仗總是要死人的，有些指戰員心裡也會有一些害怕，但是部隊的思想工作在悶罐車中也一直沒有停下過，首長們鼓勵教導毛炳權和他的戰友們，當兵就要不怕苦、不怕犧牲，就是要時刻做好為祖國和人民獻身的準備，遇到戰鬥的時候要勇敢衝鋒陷陣，要有一往無前的精神。

經過幾天幾夜的行軍，部隊抵達了安東，一下火車，他們竟然感到了幾分寒意，與廣東完全是兩種氣候。毛炳權不由感嘆：祖國真大。下車後，他們得到的第一個指示是待命。這時的安東，一派繁忙景象，到處是身著軍裝的軍人。根據統一安排，毛炳權所在的部隊分散居住在安東附近的農村裡面，安東的對面就是朝鮮，他們偶爾還能聽到美國飛機在鴨綠江邊轟炸的聲音，讓他們再次感受到了戰爭的氣息。在待命期間，部隊的主要任務仍是軍事訓練，不過

1950 年在北京與抗美援朝參軍的東莞同學合影(右二為毛炳權)

此時的軍事訓練與以前不同，一切從實戰出發。他們訓練如何躲避飛機轟炸、如何鑽山洞、如何挖戰壕、如何挖坑道。特別是挖坑道，有許多的內容和技巧，不單純是挖個藏身洞這麼簡單。在著名的上甘嶺戰役期間，中國人民志願軍指戰員們就是憑著這些坑道，在上甘嶺修建了「地下長城」，並依託「地下長城」戰勝了武裝到牙齒的美軍，創造了戰爭史上的奇蹟。毛炳權他們的訓練內容都是老兵們用鮮血和生命總結出來的。因此，毛炳權他們訓練得非常認真。至於前線的戰況如何，部隊會定時通報。作為參加部隊只要認真做好準備，加緊訓練就行了。

在安東的農村一待命就是一兩個月，這期間，交戰雙方已經開始進行停戰談判。但是，雙方對協定的內容一直沒有達成一致。與此同時，各個戰場上的戰鬥並沒有停下來。美國企圖透過戰場上的壓力迫使中朝讓步，中朝方面堅決回擊，以打促和。儘管如此，正在積極備戰的毛炳權他們也能感到形勢比過去緩和了許多。美國的轟炸機少了，戰爭氣氛也不是那麼緊張了，只是大家還不知道要在這兒等多久。直到六七月份的時候，上級下達通知說，朝鮮戰爭雖未完全結束，協定也沒有簽好，但雙方基本已經達成協議，外地來的部隊可以不必在此長期待命了。

從戰士到「調干生」

隨著這道命令下達的，還有解放軍總政治部的一個文件：要求從全軍各機關、部隊中抽調一部分教育程度較高的指戰員去大學學習，當時稱為「調干生」，毛炳權很幸運地被列入「調干生」的名單中，這標誌著毛炳權將要離開部隊，重新進入學校學習。可以說，毛炳權的命運在這裡發生了巨大的轉折。

接到命令時，毛炳權簡直不敢相信。他自從參軍之後，便打算在部隊幹一輩子，雖然也想到過會有復員或者轉業的一天，可從沒想到過會進入大學讀書。調干生的命令讓他非常意外，他覺得自己真的是太幸運了，從心底感謝黨組織和部隊的培養。不過，他也認真分析了自己被選中的原因。自己所在部隊裡被選中的人並不多，自己之所以被選中，除了在連隊表現不錯之外，還要得益於自己在團裡當過文化教員，團裡的一些領導都知道他年紀小、教育程度高，對他比較了解。再加上那時部隊中的教育程度普遍不高，高中生都算是「大知識分子」了，上大學對許多領導和戰士們來講是高不可攀的事情。各種因素湊到一發揮，毛炳權所在團才向上級推薦了他，並獲得了批准，毛炳權也因此獲得了極為可貴的學習機會。

從 1950 年年底至 1952 年，毛炳權在部隊戰鬥生活了近兩年時間。在這近兩年的時間裡，他學習並收穫了很多東西，也得到了很

1952年8月於長春
東北人大幹部補習班

好的鍛煉。以前在家讀書時，雖然生活條件不好，但是畢竟沒有吃過什麼苦頭。到了部隊，吃住都比較艱苦，還有高強度的軍事訓練和各項軍事任務，這對於體弱的毛炳權來說無疑是巨大的挑戰。在解放軍這所大熔爐裡，毛炳權學會了堅持，再苦再累的訓練他都堅持了下來，各項軍事任務也都得以完成。透過兩年的鍛煉，他的體魄更強健了，心靈也更強大了，他已經由當初參軍的那個青蔥少年成長為一個不懼辛苦的硬漢。可以這麼說，軍旅生活讓毛炳權發生了脫胎換骨的變化。另外，經過在部隊兩年的鍛煉，毛炳權對讀書也有了新的認識。參軍前，他讀書全憑興趣，感興趣的科目好好學習，不感興趣的科目應付了事。到部隊後，他發現做什麼事情也離不開文化，各科文化都用得到。每到這時，他就想，如果有機會一定要再去讀書。當他重新獲得了讀書機會的時候，激動的心情難以言表。

拿到調動命令後，毛炳權與連隊的戰友們依依惜別，然後到團部集合。團首長們對他再三叮嚀，要好好學習，不要給老部隊丟臉。他也再三表示了自己的決心。團部派汽車把他從安東直接送到長春，來到當時的東北人民大學幹部補習班(現在的吉林大學)報到。從踏進大學校門那一天發揮，毛炳權的人生便揭開了新的一頁。從這天開始，他由一名中國人民解放軍戰士，成為一名新中國的大學生。

當毛炳權踏進東北人民大學校門的時候，他還不知道，這個地方曾經是偽滿洲國政府的所在地。昔日殘酷壓榨東北人民的偽滿洲

1952 年 8 月與東北長春人民大學幹部補習班同學合影(前排中為毛炳權)

國政府舊址，被新中國改造為培養新中國建設人才的大學，非常具有歷史意義。離學校不遠的地方是當時長春最繁華的「史達林大街」和「史達林廣場」。當時的東北，以史達林命名的街道、建築並不少見，一是與蘇聯紅軍出兵消滅了日本關東軍解放了東北有關，最主要原因還是新中國成立之初，在外交上只有以蘇聯為首的社會主義國家承認和支持中國，而史達林當時是蘇聯的領導人，這是一種時代現象。毛炳權對長春的第一印象是，比廣州和香港還要乾淨、整齊。

到東北人民大學報到後，學校給毛炳權分配了集體宿舍。一個宿舍住 20 人左右，毛炳權所在宿舍的學生全是來自部隊的調干生。共同的部隊生活，讓同學們一見如故。把宿舍安排好之後，學校又通知他們，為了更好地適應大學生活，他們要在正式進入大學學習之前，進行一段時間的文化補習，補習合格後，再根據學員的志願分配專業，開始真正的大學生生活。同時還有一個附加條件，就是要求這些調干生只能留在東北的高校讀書。原因是當時東北的高中生比較少，東北幾所大學中的學生大部分是外省考過來的，學校希望能有越來越多的學生到東北的大學讀書，以適應東北重工業基地的建設需求。

東北人民大學十分重視調干生的文化補習任務，當時這所大學是一所偏重文科的學校，直到 1952 年院系調整後才改名為「吉林大學」，成為一所理科大學。在此之前，學校裡幾乎沒有理工科的教師，為了給這些調干生進行補習，學校特意從東北工學院的長春分院借了一些數理化老師，來給調干生上課。毛炳權在補習的這段時間過得比較輕鬆，一方面因為他是高三時才參軍，只要重點學習高三下學期尚未學到的數理化知識就可以了。另一方面，他參軍時間不算太長，在學校學習的內容很容易被拾回，所以他上課還是比較輕鬆的，學習成績也比較優異。

在東北人民大學的生活比在部隊裡改善了許多，解放初期有一個折實工分的政策，這些調干生每月發十元錢，用來保障他們的基本生活，伙食費由學校負責，其餘的生活用品就用這十元錢來購置。

毛炳權是在 1952 年 7 月初進入東北人民大學的，在補習班期間，他還擔任了一個學習小組的組長，和小組的同學們相處得非常融洽。1952 年的「八一」建軍節，他所在小組的全體同學還專門到長春的照相館照了一張合影。他們的合影也是有原因的，一來是慶祝建軍節，大家都是從部隊走出來的，對部隊有深厚的感情。二來考慮到補習班的性質，短期培訓的時間不會太長，隨時有可能結束，同學們抓緊時間留下永久的紀念。補習期間，學生們的生活很有規律。在不上課的時候，只要時間寬余，毛炳權會和同學們一造成街上散散步。他們常去的地方就是史達林大街與史達林廣場。史達林大街並不十分熱鬧，因為戰爭原因，長春的人口減少了很多，所以街道上也顯得比較冷清。史達林廣場非常寬闊，蘇聯紅軍出兵消滅日本關東軍解放東北後，一直有部隊駐紮在東北，並在此建了一些廣場，建造了一批有特色的紀念碑。瀋陽的廣場上面有一個坦克紀念碑，長春廣場上則有一個飛機形狀的勝利紀念碑，這些紀念碑在相當長的時間內，都成為這幾座城市的標誌性建築。後來，這些建築隨著城市規劃的變化，都被慢慢拆除了。

1952 年 8 月底，補習結束，學校組織調干生們填報志願，自選專業。毛炳權一開始對於該選哪個專業感到有些猶豫不定，但他心裡卻一直有一個目標，就是一定要讀工科。為什麼要讀工科？毛炳權認為，這時國家的工業化程度不高，需求更多的工業人才。而且，今後國家的發展建設都離不開工業化建設，所以學工科是一個大方向。在他在考慮選擇專業的時候，腦海裡閃現在出中學化學老師的教誨，那位從法國里昂大學留學歸來的老師曾向毛炳權介紹過化工的重要性，老師說，不管是農業生產還是軍事活動，都離不開化學工業，他在中學時代也曾萌發過學習化工的念頭。經過認真考慮，毛炳權堅定地選擇了化工專業。當時東北有三所工科院校，一所是東北工學院（現東北大學），一所是哈爾濱工業大學，一所是大連工學院（現大連理工大學）。東北工學院以冶金專業為主，重在鋼鐵加工；哈爾濱工業大學的老師多為蘇聯專家，所以入校第一年是要學習俄語的，另外還要讀 5 年的專業課，共計 6 年才能大學畢業。毛炳權想讀化工專業，又想早點畢業，早點工作，所以放棄了東北工學院和哈爾濱工業大學，而是報考了大連工學院的化工系。

在補習班期間，毛炳權的學習成績比較優異，一些老師們很看好他。聽說他要報考大連工學院，有幾位老師便出面做他的工作，挽留他在本校就讀，並告訴他說，東北人民大學正在創造條件，將學校改造成為一所理科大學，發展前途肯定不錯。但毛炳權則堅持要讀化工，婉拒了老師們的挽留，於 1952 年 9 月離開長春前往後來更名為大連的旅大市。

難忘的大連工學院

1952年9月，毛炳權離開位於長春的東北人民大學，坐火車來到了位於旅大市的大連工學院就讀。從此，他正式開啟了大學生活，邁向了另一個人生新階段。

1952年11月於大連

和他一發揮報考大連工學院的還有一些調干補習班的同學，所以雖然來到了一所新學校，他並不感到孤單。大連工學院1949年4月建校，是1949年中國共產黨為迎接新中國成立而創建的第一所正規大學。學校當時的位置在市區，地理位置極佳，出了火車站，步行不過十餘分鐘便可到校。學校周邊還有兩個公園，一個是魯迅公園，魯迅公園的前身是日偽時期的小村公園；1945年，大連市政府將其改名為文化公園；1947年年初，再次改名為魯迅公園；1948年10月，全國第一座魯迅先生銅像在這裡落成。如今，魯迅公園的原址已經成為大連動物園。另一個是勞動公園，原先這裡是一片大森林，1889年沙俄占領大連後，在此地建了個小公園。1905年，日本占領大連後，對公園進行擴建。大連解放時，這座公園已經荒廢。解放後，大連市組織廣大市民利用假日開展義務勞動，挖掘並修建了荷花池、曲橋、池心亭等，為紀念市民的創造性熱情，在池邊立發揮了一座高 4.2 米，寬 1.8 米的青石碑，上面刻著「勞動創造世界」六個大字，從此公園定名為「勞動公園」。這兩個公園離海邊也不太遠，平時都是大連市民喜歡遊玩的地方。對大連熟悉以後，毛炳權也常常跟同學們一造成學校周邊的這些地方遊玩，十分愉悅。在毛炳權的眼中，大連是個十分美麗的海濱城市，與廣東的南海沿海城市有不一樣的景色。尤其是大連火車站，它曾是東北最具影響力、最具人氣的地標性建築。1937 年新火車站建成，曾被譽為「亞洲第一火車站」，解放後正式命名為「大連火車站」。

1953 年毛炳權(上排右二)和其他大連工學院調干同學合影

大學入學報到程式基本差不多，毛炳權到大連工學院後，輕車熟路地辦理好了各種手續。在安排好宿舍和班級後，他的大學學習與生活均步入正軌。毛炳權就讀的化工系一年級課程設置比較簡單，包括普通化學、投影幾何、高等數學等科目，這些科目本身就是毛炳權比較感興趣的科目，加上他深知能重回課堂有多麼不易，所以在學業上特別努力，力求取得最好的成績。20 世紀 50 年代初，因受蘇聯的影響，中國的大學課程為 5 分制，分為優、良、及格與不及格等幾個等級，毛炳權大學期間的成績基本都為優。學校為了讓學生做到理論連繫實際，在新生入校不久，就組織他們參觀了當時國內最大的化肥廠——大連化工廠；最大的煉油廠——大連石油七廠。大連化工廠始建於 1933 年，是中國最大、最早的基本化工原料、化學肥料生產基地。在當時的東北地區，有七座大型煉油廠，分別是遼寧撫順的石油一廠、二廠、三廠、四廠，錦西的石油五廠，錦州的石油六廠，大連的石油七廠。其中，以石油七廠的規模最大。在這些企業裡，毛炳權和同學們認真聽取了技術人員的介紹，對當時國內的煉油化工業的發展有了比較詳細的了解。

進入大學後，毛炳權因成績優異、表現積極，被選為班裡的團支部組織委員。當時團支部是很受重視的，管理範圍也比較廣泛。除負責發展新團員，對團員青年開展經常性的學習教育外，還要結合國內外形勢組織一些活動，要經常關注班上同學的生活與思想問題，發現問題後及時與他們溝通談話，力爭糾正他們的錯誤思想，防患於未然。一旦發現有的學生出現這樣那樣的問題苗頭，團支部的同學就要主動耐心做工作，既不能簡單粗暴，又不能引發揮同學的逆反心情，主要的工作方式是談心。

毛炳權說，與同學們談心看似簡單，實則十分講究，既要幫助同學解決思想問題，還不能傷害到同學們的自尊心。所以，談心要講究方式方法，也是一門藝術。班裡的團支部書記名叫郁祖庚，與毛炳權關係十分要好。畢業多年後，郁祖庚曾在金陵石化公司當過總工程師，也在金陵石化南京煉油廠當過廠長，在北京化工研究院劃歸中國石化之後，他和毛炳權又再次成為同一個大企業的同事。團支部的宣傳委員名叫鄭忠文，他是從香港來到大連讀書的。畢業後，以他的條件學校是打算將其留在大連工學院當助教的。但他有個身在香港的未婚妻，香港當時是在英國的統治之下，國內對政治審查抓得又很嚴，學校不同意他與一名香港人結婚。在這種情況

1953 年大連工學院一年級團支部委員與輔導員合影(左一為毛炳權)

下，鄭忠文要麼放棄婚姻，留校任教；要麼離開學校，去和未婚妻結婚。鄭忠文考慮再三，最終選擇了離開學校，赴香港與愛人成婚，並在香港定居。許多年後，毛炳權赴香港時還曾與他多次碰面，雖然是多年以後再見，但同學情誼卻絲毫沒有淡漠，第一次久別重逢時，兩個人都非常激動。另外一位與毛炳權關係最要好的同學名叫唐為仁。唐為仁是廣西人，也是從部隊來的調干生。他與毛炳權早在東北人民大學幹部補習班期間就認識，而且還在同一個學習小組。後來兩人來到大連工學院讀書，雖不在一個專業，但私下還是會常常聚到一發揮，開展各種交流。唐為仁畢業後，分配到位於長春的吉林省化工設計院，一直工作到退休，毛炳權和他一直保持著連繫。毛炳權調到北京工作後，還請唐為仁到家裡來作過客，毛炳權也到長春去看望過唐為仁。唐為仁前幾年已經去世，說發揮這位老朋友，已是耄耋之年的毛炳權雖已看淡生死，但還是不免有些傷感。

1953 年在大連工學院勞動公園

大學生活是豐富多彩的。年輕的毛炳權在認真學習專業知識並參加班級管理的同時，也積極參加學校的各種文化活動。毛炳權的個子小，參加大球活動不太行，他就學習打乒乓球。大連是海濱城市，這使從小喜歡游泳的毛炳權開心得不得了。大連位於東北地區，東北地區特有的滑雪、滑冰、溜冰在這裡很盛行。從小生長在廣東沒見過雪花的毛炳權，很快喜歡上了冰上運動，在課餘時間和同學們一發揮馳騁在溜冰場上。後來到蘇聯留學時，還省吃儉用買了雙溜冰鞋。大學校園裡的業餘活動比在部隊時豐富了許多，這些活動有學校集體組織的，也有學生團體自發組織的，包括每週六的電影放映、節假日舉辦的晚會、平日裡的歌舞活動等。讀大學時的毛炳權與高中時已截然不同，中學唸書時，毛炳權的學習目的不明確，有興趣的就學學，沒興趣的就應付，對成績也沒有嚴格要求，把大部分時間都用在了看小說上。經過兩年部隊生活的鍛煉，加上年紀的增長，毛炳權深知讀書機會的來之不易，對於未來，自己也有了明確的目標，到了大學，毛炳權不再是那個只憑興趣學習、沒有宏圖大志的少年，而是成長為一名積極向上、熱情開朗的青年，他積極地開展學習、參加活動，努力成為一名優秀的畢業生。

大學一年級暑假期間，幾個同學相約外出遊玩。所謂外出，也就是在大連附近走走轉轉，毛炳權到大連後，一直想去旅順看看。他曾讀過一本名叫《旅順口》的小說，小說作者阿·斯捷潘諾夫是蘇聯作家，這是一部回憶式的歷史小說，基本反映了旅順口防禦戰的歷史原貌，寫出了沙皇封建制度的腐敗，歌頌了俄羅斯下層官兵的英勇無畏。但毛炳權卻非常清楚，這場所謂旅順口保衛戰，是近代史上，沙皇俄國和日本在中國的土地上進行的一場非正義戰爭，是中國人的恥辱。不僅如此，在旅順這個地方還曾有過日寇對中國人民的大屠殺，全城的中國人被殺得只剩下 30 多人。這是所有中國人心中永遠的痛。

第一次來到旅順口的毛炳權，特意與同學們前往旅順軍港實地參觀。旅順軍港始建於清代，北洋大臣李鴻章籌建北洋軍師時經營旅順港，擴航道、建港池、築炮臺，使旅順口成為當時世界聞名的軍事要塞，是當時世界上五大軍港之一。甲午戰爭以後，旅順口相繼被日俄侵占。1945 年，蘇聯紅軍打敗日本關東軍，駐軍旅順，直至 1955 年才正式交由中華人民共和國掌管。旅順口因其重要的策略地位，在中國近代歷史上占有一席之地，有「一山擔兩海，一港寫春秋，一個旅順口，半部中國近代史」的說法。在旅順，毛炳權和同學們看到了日俄戰爭期間的戰爭遺蹟，重溫著近代中國的那段屈辱史。站在旅順的老鐵山上，看著山下的旅順軍港和藍色的大海，毛炳權滿腔豪情油然而生：要建設強大的國家，必須要認真學習，掌握真本領，中國必須強大！

1953 年大連工學院二年級同班同學合影(二排左六為毛炳權)

2006 年畢業 50 週年大連工學院(現大連理工大學)
於化工學院(前排中間為毛炳權)

2006 年大連工學院一年級同學畢業五十週年回校合影
（左一為毛炳權；背後為大連工學院首任院長屈伯川的銅像）

人生的再次轉折

正當毛炳權在大連工學院孜孜不倦地學習時，他的人生卻面臨著又一次轉折。

1953 年夏，大連工學院接到了國家通知，要在校內選拔一批學生到蘇聯留學。此次的留學生選拔工作是在全國範圍內開展的，是為我國實施國民經濟發展的第一個五年計劃培養人才。選拔的標準主要有兩個：一是學習成績，二是政治條件，只有兩個條件都過關，才有可能成為一名到蘇聯留學的預備生。毛炳權因在校期間表現優秀，深受廣大師生的好評，被學校推薦為預選人選，並參加了教育部組織的各項考核。最終，他與大連工學院化工系另外十幾名同學一同被錄取，並被通知到當時位於鮑家街的北京俄文專修學校(現北京外國語大學，以下簡稱「俄專」)報到。此時，毛炳權在大連工學院剛剛學習了一年。能出國留學是他沒想到的事情，只能用「喜出望外」來形容他此時的心情。而且，當時的中國對蘇聯的政策是「一邊倒」，能到蘇聯留學是許多青年知識分子渴望的事情。一時間，毛炳權和其他赴蘇留學的同學，成了大連工學院許多師生羨慕的對象。

1953 年大連工學院準備留蘇在北京俄專學習俄語的同學(前排中為毛炳權)

1953 年 10 月，毛炳權等人剛剛在大連過完國慶節，就在學校領導和同學們的祝福聲中踏上了赴京之路，這也是毛炳權有生以來第一次到北京，在向新中國的首都行進的火車上，毛炳權的心情一直很激動。在毛炳權的家族中，祖父當年是以省港大罷工代表的身

1953 年大連工學院化工系在俄專學習的同學(前排左一為毛炳權)

分到過北京。如今，毛炳權是以國家外派留學生的身分來到北京，兩代人的歷史在這裡交匯。

毛炳權從前門火車站下了車。前門車站原先的全稱是「京奉鐵路正陽門東車站」，自清朝末年至 20 世紀中期一直是北京最大的火車站。1912 年、1924 年，孫中山曾兩次抵京，均於正陽門東車站下車。1937 年後，先後易名為前門站、北平東站、北京站。車站建築為歐式風格，地下 2 層，地上 3 層。毛炳權下車後，還好奇地打量了一下這座火車站。因留蘇預備生來自全國各地，人數也比較多，為了便於維護俄專的校園學習秩序，學校安排各個省市區的學生分批入校，北京、天津的學生離得近，到校時間最早，從大連來的學生則排在一個多月後入校。同一時間入校的學生組成一個自然班，那年的俄專共招了 50 多個班級。當毛炳權來到學校時，首先被學校宮殿式的大門所吸引，大門上「北京俄文專修學校」幾個大字，是毛澤東主席的手書。進校後他才知道，學校的前身是 1941 年成立的延安抗日軍政大學三分校俄文大隊。1949 年，在俄文大隊的基礎上成立了俄文專修學校，校址在北京鮑家街 21 號原太平湖醇親王府(即清光緒帝出生地)舊址。1952 年 2 月，上級決定，北京俄文專修學校成立留蘇預備部，凡國家派往蘇聯學習、進修的人員都要先在此集中學習一年左右的俄語。留蘇預備部創辦後的第一年即有 600 多名學員，毛炳權是其中之一。在他們畢業後，俄專又改為「俄語學院」，並在此基礎上成立了北京外語學院，「俄語學院」成為北京外語學院的一部分。改革開放後，北京外語學院改為北京外國語大學。「俄專」的原址成為中央音樂學院的校舍。

留蘇預備生們在俄專期間的學習任務非常明確，最主要的一項是學習俄語。語言是溝通的基礎條件，只有將俄語學好，到蘇聯後才能更好地學習文化知識。學習外語的人都知道，俄語是一門非常難學的語言，雖然其語言簡單，單詞量也不多，但是其發音卻很有難度，尤其是捲舌音，有許多人因此而過不了語言關。但是，同學們都明白，要想留蘇，學好俄語是第一要務，所以即使再難學也要堅持學好。老師們對待這些學生們很有耐心，一個字母、一個音節地教，並在此基礎上組織學生互相用俄語對話，幫助學生們克服學習的枯燥，發現語言學習中的樂趣。即使如此，要在不到一年的時間裡完全掌握一門語言，難度也是很大的，能學到的內容很有限。毛炳權雖然學習很努力，但一直到赴蘇聯留學前夕，他也僅僅學會了基本的交流，至於用俄語上課，則只能聽個大概。面對這種情況，毛炳權不禁對自己留學蘇聯後的學習感到了幾分擔憂。後來到了蘇聯他才發現，用俄語上數學、物理、化學等理工科目倒並不是什麼難事，因為這些內容在大學一年級的時候已經學習過，用數位和符號就能夠交流了。而且數、理、化的語言是世界通用的，基本不受民族語言的影響。可一涉及文科學習便有些麻煩了，尤其是政治科目《聯共(布)黨史》的學習，大量政治名詞和俄羅斯地名對只能聽懂簡單俄語的毛炳權來說，猶如聽天書一般。可是，越聽不懂越要硬著頭皮聽，努力去掌握學習的主動性。對他來說，學習是硬任務，絕不能落到後面。

在俄專的另一個重點任務就是政治審查，所有留學生都要接受嚴格的政審。國家對於這些留蘇學生非常重視，鑒於中蘇友好，蘇聯是社會主義國家的「老大哥」，剛剛發揮步的新中國自然方方面面都要向蘇聯看齊，還宣告「蘇聯的今天就是我們的明天」。為了更好地向蘇聯學習，再加上國家要從 1953 年發揮，實行發展國民經濟的第一個五年計劃，必須確保作為人才儲備的留蘇學生的品質，高品質的人才首先要確保對黨和國家的忠誠。因此，在俄專的政治審查要求的特別嚴格。入校前的政治調查比較簡單，而校園裡開展的調查則比較全面，主要調查學生是否有海外關係、家裡是否有歷史遺留問題等，必要時還會到實地進行調查。

毛炳權政治審查這關過得比較順利，當時他沒什麼海外關係，家裡幾個弟弟妹妹尚小，生活環境也比較艱苦，家裡不存在什麼問題。除了調查海外關係，學校還派人到他畢業的中學及他生活的地方進行實地調查，也就是後來統稱的「外調」。實地調查一般是不告知本人的，毛炳權原本也毫不知情。直到他多年後回東莞，碰到了東莞中學的同班女同學李順，她在廣東解放之前就是中共地下黨員，這時她已是東莞城鎮的鎮委書記。見到毛炳權後，她詢問毛炳權當年到蘇聯學習的情況。多年沒回家的毛炳權對他知道自己留蘇的事情感到有些吃驚，畢竟那時候資訊渠道並不十分暢通，同學們之間互相不了解情況也是很正常的。這位同學告訴他，當年俄專的外調人員曾經找她核實過毛炳權的情況。俄專的人在調查過程中了解到，毛炳權無論是在學習還是生活中，雖無大功，亦無大過，讀高中的時候還輟學參軍，積極為抗美援朝貢獻他的一份力量。在整個調查過程中，不管是學校師生還是當年一發揮參軍的戰友，對他諸多好評，因此，俄專對毛炳權這名學生還是非常認可的。

20 世紀 50 年代初，新中國百廢待興，國家的經濟情況比較困難。但國家對這些作為人才培養的留蘇學生卻非常重視，從各方面給予了優厚的待遇。入校後，國家給留蘇預備生們發放了衣物，男生是統一製作的西服，女生則全是漂亮的布拉吉連衣裙。考慮到蘇聯冬天的溫度比中國的北方冷得多，國家還統一給這些學生配備了毛料面的絲棉大衣。第一次穿上西服的同學們都掩飾不住內心的興奮，要知道，好多從農村來的孩子夏天穿布衫、冬天穿黑棉襖，從來沒有穿過這麼整齊漂亮的衣服，即使當兵後，毛炳權穿過最好衣服的也只有那一身黃軍裝。俗話說，人靠衣裝馬靠鞍，換上新服裝的同學們確實個個英姿颯爽，精神煥發。有的同學還情不自禁地跑到王府井大街的照相館，拍照留念。在伙食上的照顧讓這些同學感受更深，當時他們每人每月的伙食費為十幾塊錢，還常常能吃到大對蝦，比過去的生活不知好了多少倍。要知道，在當時的中國經濟條件下，十幾元錢是能養活一家人的。國家對這些留蘇學生的優待還體現在關注他們的精神生活上，不管是傳統的戲劇演出還是外國的舞蹈表演，都會組織他們去觀看。其間，毛炳權曾有幸觀看過著名京劇表演藝術大師梅蘭芳與程硯秋的表演，兩位大師的表演都給他留下了深刻的印象，讓他真正領略了中國京劇的魅力。

1953 年於天安門

在沒有課或放假的時候，毛炳權便與同學們相約去校外遊玩。當時他們的宿舍在鮑家街附近，走出鮑家街來到西單，花 4 分錢坐上鐺鐺響的有軌電車，到天安門、太廟(後來的勞動人民文化宮)、中山公園、前門、天壇公園等各處遊玩，拍照合影留念。那時候的北京城，還沒有開始大規模的建設，不像後世有那麼多的高樓大廈，十大建築還沒有動工，天安門廣場還沒有後世那麼寬闊，基本上還是個原汁原味的北京城。巍峨的城牆、雄偉的城樓、各種各樣的牌樓和一條條的小胡同、一個個四合院，讓毛炳權這個從未到過北京的廣東青年深深感到了北京文化的底蘊。王府井和大柵欄的熱鬧，讓毛炳權感覺到了北方和南方民俗的不同，讓他很感興趣。特別是盛夏季節，從一個個小胡同經過時，看到一些老人們坐在四合院門口搖著大蒲扇，從四合院裡傳出一陣陣京劇的旋律，讓人深深感受到什麼叫祥和。這次在北京的長久停留，毛炳權最深的感觸就是北京人特別講禮貌，尤其是一些老人，張口一個「您」，閉口一個「您」，那個親近勁和謙和感讓人聽著十分受用。1954 年清明時，毛炳權還和俄專的同學一發揮坐火車到八達嶺長城遊覽了一圈，第一次瞻仰了中國歷史上最偉大的建築，他站在長城的烽火臺上極目遠眺，看到在崇山峻嶺之中，蜿蜒曲折的長城伸向鬱鬱蔥蔥的遠方。他被雄偉的長城所震撼，感慨中華文明的源遠流長，感慨中華民族的無限創造力。這個時候，毛炳權還有兩個堂叔也在北京工作，所以他偶爾也會跟兩個堂叔相聚，還曾與他們到天安門前合照留念。因為不久就要出國，毛炳權認為自己應該抓緊時間多多了解一些中國的傳統文化，就抽空到賣古書、古玩的東安市場和琉璃廠去轉轉，買些書籍。毛炳權的祖父和父親都學過國學，他從小受到薰陶，對書法和中國畫也很感興趣。在東安市場和琉璃廠，主要圍著賣古書和書法、國畫的攤位轉，主要也想多了解些中國的文化。

在长城（前排右一）

在北海（左二）

在九龙壁下

在天安门城楼下（前排左二）

1953 年俄專讀書同班同學在北京合影

在俄專學習了 10 個月之後，學校開始教這些留蘇學生學習一些外國禮節，有人說，這是為到蘇聯留學做必要準備，也意味著他們要發揮程了。留學生都是優中選優、經過層層篩選選出來的國內最佳秀的人才，他們代表著新中國的形象，幫助他們學好禮節很有必要。毛炳權是從農村來的孩子，但從小受到中國傳統文化的教育和薰陶，使他長幼有序，彬彬有禮，為人謙和，但他從沒有直接接觸過外國人。參軍到部隊後，更是全身心參加軍事訓練，學習保衛祖國的本領，成為一名合格的軍人，但外國的禮節卻一點也不懂，這顯然是他的一個弱項。為了更好地適應國外的學習生活，他非常重視禮節訓練。他首先學習的是打招呼，到蘇聯後見到人應該如何稱呼，男性怎麼稱呼，女性怎麼稱呼。中國人同輩間見面一般直呼姓名，但因為蘇聯人的名字很長，叫全名很囉嗦，所以同學之間或熟人之間可省略父名，直呼名字，或者直呼愛稱；對於長輩或不熟悉的人，可叫老師或教授，但為了表示對人的尊敬，一般還是叫全稱。

經過在俄專的學習，接觸的人和事情很多，毛炳權對自己能成為一名留蘇學生，更加感到十分光榮與自豪。他從大連工學院來到北京的時候，身後是同學們羨慕的眼光。當時蘇聯是社會主義陣營的老大哥，是經濟發達的國家，是中國學習的榜樣，能到蘇聯留學幾乎是當時每個學子都非常渴望的事情。而且在俄專學習的時候，毛炳權還聽到一個說法：國家培養一名留蘇學生的費用相當於培養5個國內大學生的費用，他很受觸動。這也意味著，留蘇學生身上不僅有榮譽，還肩負著責任。對於毛炳權來說，他更是將這種榮譽感化為一種動力，他決心到了蘇聯一定要好好學習，爭取學成歸國，將自己的所學貢獻在新中國的發展和建設上，只有這樣才能不辜負祖國的栽培。

向莫斯科進發

1954年8月，經過近一年的學習培訓與準備，毛炳權和他的同學們接到通知：即日發揮程赴蘇聯留學。行前，他們換上了國家為他們定做的西裝，拎著國家統一發放的大帆布箱子，帶隊來到北京站。帶著祖國的希望與寄託，踏上了開往莫斯科的列車。從 1953 年 10 月入校，到 1954 年夏離校，毛炳權在俄專學習培訓了 8 個月。上車後，毛炳權有些興奮，也有些忐忑，默默地注視著車窗外的北京城，心兒飛向遙遠的莫斯科，一個陌生而又神祕的國家。

火車緩緩啟動了，北京城漸漸遠去。帶著祖國的期望，憧憬著美好的理想，毛炳權和同學們向莫斯科進發。

8 月的北京異常炎熱，但隨著火車的不斷北進，毛炳權和同學們感到越來越涼爽。經過近三天的顛簸，毛炳權他們來到距離北京 2000 多公里的中蘇邊境城市滿洲裡，一下車，他們感到這個地方的涼爽與北京的炎熱相比，簡直是兩個世界。他們要在滿洲裡等待進入蘇聯境內，這一等就是近 5 天時間。到第六日上午，終於得到消息，蘇聯為迎接新中國的留蘇學生專門派出了一列火車，已經抵達滿洲裡對岸的蘇聯城市。於是，留蘇學生們乘坐的火車再次啟程，駛向中蘇邊境，準備換乘蘇聯的專列。滿載留蘇學生的火車在經過滿洲裡之後停了下來，因蘇聯的鐵軌比中國的鐵軌略寬，所以只能更換火車軲轆，增高車廂，才能行駛在蘇聯的鐵軌上。更換軲轆需求兩個多小時，毛炳權與很多同學都覺得火車換軲轆非常新鮮，於是紛紛下車圍觀，看列車工作人員是如何操作的。一切準備就緒後，列車駛入蘇聯境內，經過雙方的交接之後，火車再次啟動，毛炳權和同學們開始了一段長達 9000 多公里的漫長旅行。

這是一列專門為中國留蘇學生開行的列車，車廂的條件比國內列車好得多。大家住的都是臥鋪，床鋪分上下層，四人一個包廂。同學們都是年齡相仿的年輕人，彼此很容易找到共同話題，所以雖然長達七天七夜的旅程全部都是在火車上渡過，但毛炳權並不覺得孤單。餐車內準備的食物都是蘇聯人平日常吃的食物，第一次吃蘇聯的大「列巴」(麵包)時，毛炳權很好奇，並沒有什麼不適應感，畢竟他們這些同學中的許多人是從小挨著餓成長發揮來的，對食品真的沒有那麼多的講究，能吃飽肚子就行。何況現在吃的還是平常人吃不到的外國飯。大家在火車上吃著麵包，蘸著奶油，喝著紅茶和咖啡，很快進入了蘇式生活狀態。

火車行進在西伯利亞大鐵路上，這條鐵路是橫貫蘇聯東西的鐵路幹線，發揮自莫斯科雅羅斯拉夫火車站，經梁贊、薩馬拉、車裡雅賓斯克、鄂木斯克、新西伯利亞、伊爾庫茨克、赤塔、哈巴羅夫斯克(伯力)，到符拉迪沃斯托克(海參崴)，總長 9298.2 公里，是世界上最長的鐵路。奔跑在這一鋼鐵大動脈上的共有大約 1000 列貨運和客運列車。車裡雅賓斯克以西，於 19 世紀中建成；以東長 7416 公里，於 1891 年始建，1916 年全線通車。西伯利亞大鐵路是世界上最長的鐵路，它修建於 1904 年 7 月 13 日，歷時 13 年才完工。它穿越烏拉爾山脈，在西伯利亞的針葉林上延伸，將莫斯科和海參崴連接到一發揮，幾乎跨越了地球周長 1/4 的里程。在上個世紀早期，汽車和飛機還沒有廣泛地投入使用，陸路運輸最重要的角色就是火車，西伯利亞大鐵路的修建，無疑具有里程碑式的意義。

西伯利亞大鐵路將俄羅斯的歐洲部分、西伯利亞、遠東地區連接發揮來。鐵路設備優良，其中歐洲部分約占 19.1%，亞洲部分約占 80.9%，共跨越 8 個時區、3 個地區、14 個省份。鐵路設計時速為 80 公里，從莫斯科到達海參崴需求 9 天時間。毛炳權他們是走的西伯利亞大鐵路的西段，從滿州裡直達莫斯科，這也需求一個多星期。在這些天中，毛炳權和同學們透過車窗看外面的風景，從中國到蘇聯還是有著比較明顯的差別的。中國的大地上種滿了莊稼，蘇聯則不同，他們種的最多的是樹木，尤其是白樺樹。從蘇聯大地上走過以後，他們真切地感受到什麼叫地廣人稀。蘇聯的風景也非常優美，專列沿途還經過了很多城市，路過大城市，趁列車進站停車，毛炳權和同學們便會下車去看看蘇聯大城市的風采，蘇聯方面還安排了專人給他們講解城市的歷史及概況，更有利於他們了解蘇聯的歷史與文化。有時在列車裡待得無聊，毛炳權還會找列車員聊聊天，也算鍛煉鍛煉自己的口語。沒有誰會嫌棄火車速度太慢，同學們都喜歡這樣「耗」著，慢慢地喝著咖啡和紅茶，悠閒地周遊俄羅斯遼闊的領土。沿線可以看到多種風格迥異的風景，見到各種各樣的人和各具特色的文化。歐洲部分一望無際的平原、亞洲部分人煙罕至的森林，還經過了全世界最深、蓄水量最大的湖泊——貝加爾湖。該湖位於蘇聯東西伯利亞南部，狹長彎曲，猶如一輪彎月鑲嵌在東西伯利亞南緣。貝加爾湖景色宜人，風景如畫，湖水清澈見底，遠遠望去，蔚藍色的湖水宛如一片純淨的海洋。沿途還有俄羅斯風情萬種的城鎮風光，都令人流連忘返。在漫漫旅途中，留學生們欣賞著、評論著美麗的蘇聯風景，既有驚嘆也有感慨，還有著對未來學習生活的種種憧憬，旅途充滿了樂趣。西伯利亞大鐵路全線的旅行絕不是平淡的旅程，可以說乘火車的本身就是在旅遊。

一路上，大家一發揮聊天，一發揮欣賞風景，一發揮唱歌，一發揮活動，各個車廂裡充滿著青春的朝氣。經過七天七夜的的運行，列車駛進了了蘇聯的首都莫斯科。毛炳權和同學們將在莫斯科做短暫停留，等候安排。

大連工學院一年級同學 1958 年在莫斯科的合影(後排右一為毛炳權)

到達莫斯科時正是白天，下車的中國留蘇學生多達數百人。一時間，莫斯科火車站上響發揮了一片中國的南腔北調。身在異國他鄉，大家聽著鄉音感到分外親切。很快，蘇聯政府接待方用大客車將留蘇學生和他們的行李一發揮送到下榻處。在沒有分配留學的學校之前，留學生們的臨時住所沒有按照專業劃分，各個專業的學生混住在一發揮。同一個房間裡的室友，有學建築的，有學機械的，有學化工的，有學音樂的，五花八門。毛炳權曾跟一個學建築的學生住在一個房間，這位同學的美術修養很高，對蘇聯的繪畫史也比較了解。他給毛炳權他們講述蘇聯一些著名畫家的故事，毛炳權他們笑稱：聽了幾堂免費的蘇聯繪畫史普及課。不過，這次小小的普及讓毛炳權了解了蘇聯及其美術界的不少事情，知道了一些著名的蘇聯及俄羅斯的繪畫作品。在蘇聯期間，毛炳權和同學們一發揮，看了不少畫展，其中有些作品的特點，他還是從那位室友口中知道的，這使他在蘇聯的學習增加了許多樂趣。

1955 年參加「五一」國際勞動節遊行後在紅場合照（右一為毛炳權）

初到莫斯科，毛炳權感嘆於這個城市的漂亮與先進。20 世紀 50 年代的新中國百廢待興，經濟建設剛剛處於發揮步階段，還沒有開始大規模的城市建設，所以就算是北京這樣的首都大城市也少有高層建築。可當時的莫斯科卻已是非常現代化，鱗次櫛比的高樓大廈，車水馬龍的街道，夜晚閃耀的霓虹燈，都讓毛炳權應接不暇。給他印象最深的是莫斯科地鐵，他第一次知道也是第一次見到地下鐵路，當來到莫斯科地鐵時，他的確是震驚了。莫斯科地鐵極具特色，它是世界上規模最大的地鐵之一，也被公認為是世界上最漂亮的地鐵。多採用五顏六色的大理石、花崗岩、陶瓷等建築材料裝飾，所以顯得華麗典雅、富麗堂皇，素有地下的藝術殿堂之美稱。帶著對莫斯科的美好印象，毛炳權開始投入了在蘇聯的留學生活。

第五章

在蘇聯的學習生活

萬事開頭難

蘇聯的留學分配工作做得非常迅速，同學們很快分配到了各自的學校和專業，毛炳權被分配至莫斯科門捷列夫化工學院染料中間體專業。門捷列夫化工學院是蘇聯著名的高等化工院校，創建於1920年，也就是說這所學校創建於蘇聯「十月革命」勝利後的第三年，可見蘇聯對高等教育的重視。這所學校也是世界聞名的培養化學、化工高級人才的專業院校。

來到門捷列夫化工學院後，有幾位本校的學長帶毛炳權等人熟悉環境。這些學長也是中國留學生，他們比毛炳權早到蘇聯兩三年，對蘇聯已經非常熟悉了。在學長們的帶領下，毛炳權和一同被分配到化工學院的十幾名留學生先去跟學校的黨委書記、系主任及任課老師見面，然後再分別到各自的系裡報到。

1957 年春與斯洛伐克同學
在莫斯科門捷列夫化工學院門前

一切安置妥當後，幾位學長告訴初來乍到的留學生如何到食堂排隊買飯。食堂是要根據菜譜選餐的，可他們目前對俄語還不是很熟練，有不少菜名看不懂。沒想到初進學校，點菜這樣的小事對他們也成了挑戰。不過，這也算是個學習俄語的機會，他們找來幾張已經用過的菜譜，對照著學習上面的俄文，練習發音。很快，他們就能流利地用俄語買飯了。除了在食堂就餐外，學生們還可以根據自己的口味在宿舍做飯吃，有不少中國留學生買食材、自己做飯。除了各地不同風味的炒菜和主食，他們有時候還會包餃子吃。餃子是中國北方的常見食品，毛炳權一開始不會包，後來跟著北方的同學一發揮包，慢慢就學會了。此外，隨著時間的推移，他們對蘇聯的飲食習慣逐漸適應。在宿舍裡也會放上些蘇聯食品，不去食堂的時候，就在宿舍裡切切麵包、蘸上奶油，伴著牛奶、香腸吃蘇式「速食」。毛炳權因有小時候的逃難經歷和軍旅生涯，對食品看得很珍貴，在吃飯方面沒有感覺什麼不習慣，很珍惜這樣的生活。

門捷列夫化工學院的學生宿舍條件還是相當不錯的。一開始，學校為了方便中國留學生互相照顧，將他們安排在一發揮，兩三人一個房間。可是，過了一段時間後，學校發現這樣的安排不利於中國留學生學習俄語，因為中國學生聚在一發揮時總是忍不住使用中文交流。如此一來，他們學習俄語的時間就十分有限，語言上的進步自然緩慢，不利於他們今後的學習。為了改變這種局面，學校有意識將中國留學生分開居住，把他們分插到各國留學生的宿舍混住，希望能以此儘快提高中國留學生的俄文水平。

1957 年在宿舍門口

生活上的瑣事一一解決後，毛炳權在蘇聯的留學生活也就正式開始了。毛炳權和他的同學們深知身上的責任重大，肩負著建設國家的重任，故而學習特別用功，就連業餘時間也多用於學習。對於中國留蘇學生而言，發揮初兩年學的是專業基礎課，這兩年也過得相對辛苦一些，一方面是因為學習安排得比較緊張；另一方面，蘇聯老師上課語速較快，授課比較隨意，並不完全按照教科書和教學大綱來講，這讓中國留學生們比較被動。因為他們對俄語的掌握程度還不高，上課時要花費大多數精力在腦子裡翻譯老師的話，並努力用筆記下來。這樣一來，嚴重影響到對專業知識的學習，語言已經成為制約中國留學生學習的障礙。面對被動局面，毛炳權和他的同學們奮發揮直追，決心消除這個障礙。本來就以勤奮聞名的中國留學生們，在此時花費了更多的時間在學習上，不僅學語言，也在互相補充課堂上的專業知識。若想學習成績在本地學生之上，中國留學生更是要付出成倍的努力與心血。他們的勤奮得到了蘇聯同學的認可，這個時期的中蘇關係是最好的，同學們之間也非常親近，有些蘇聯同學也經常在學習上給予他們幫助。班上有個蘇聯同學筆記做得十分工整。每堂課結束後，毛炳權都會借來這位同學的筆記學習一下。課餘時間，毛炳權鑽進學校的閱覽室裡補筆記，看參考書，中國留學生付出的努力總算沒有白費，許多中國留學生後來居上，在各項學習中都取得了優異的成績，給蘇聯師生留下了良好的印象。

在門捷列夫化工學院留學的這批中國學生中，毛炳權相對來說學習要輕鬆一些。因為他曾在大連工學院讀過一年大學，當時大連工學院用的教科書就是用蘇聯教科書翻譯過來的，再到蘇聯讀書時，他已經有了一定的基礎，只是俄文水平欠佳。臨出國前，他們這些讀過一年大學的學生曾跟大使館提出過申請，希望到達蘇聯後能直接從二年級讀發揮，但大使館的領導經過深思熟慮後對他們

在宿舍看書

說:「你們還是晚一年吧，你們的俄文還是不行，這需求一個過程，不急的，晚一年就晚一年吧」。如此一來，來到門捷列夫化工學院的毛炳權仍舊從一年級讀發揮。

到了二年級的時候，他的俄文水平已有了較大提高，上課聽講已經不成問題了，即便有少許不能理解的內容，課下看看同學的筆記，查查字典和參考資料基本上也能解決。不過，有一門科目卻是毛炳權最頭疼的，這就是用俄文學習馬克思列寧主義。當時他們的政治課的主要教材是《聯共(布)黨史》,《聯共(布)黨史》主要總結了 1883~1937 年聯共(布)建黨、奪取政權和建設社會主義三方面的基本經驗。該書的特點之一是「以論代史」，將史實按照主觀論述需求加以剪裁，突出部分領導人的個人作用，充分顯示出了對史達林的個人崇拜觀念。而且，這門課是圍繞蘇聯和史達林來講解馬克思列寧主義，對蘇聯政治、歷史和人物及國際共產主義運動史等各方面的不熟悉，使中國學生們學發揮這門課來十分吃力。好在中國留學生是刻苦努力的，而且，不少中國學生從小學到中學都是在中國讀書，鍛煉了死記硬背的本事。對課本內容不理解，硬背下來應付考試還是沒問題的，再加上有蘇聯師生的幫助，所以他們在這門課上也能取得不錯的成績。

在門捷列夫化工學院，有許多來自其他社會主義國家的留學生，但蘇聯師生明顯對中國學生要好得多，在生活上和學習上都給予中國留學生很大幫助。有一天，有位蘇聯同學對毛炳權講了一句話，讓他終生難忘。他說：「你們中國跟東歐那些國家不一樣，你們的革命成功是自己打出來的，那些國家是在我們國家的幫助下才解放的……」由此不難看出，蘇聯人對中國人能夠自主抗戰，依靠自己的力量打出一個新中國，還能把世界上最強大的美國打得從朝鮮撤軍是充滿欽佩的，這也是得到蘇聯人尊重和幫助的主要原因。

蘇聯師生對中國留學生的關心與幫助體現在方方面面上。蘇聯同學們的性格熱情、開朗、大方，他們私下里還會買電影票請中國留學生看電影，毛炳權也遇到過這種邀請。發揮初毛炳權受邀時總說自己太忙，學習已自顧不暇，故多次推脫。後來蘇聯同學告訴他：「其實你應該多看看電影，這對你學習俄語很有好處。」毛炳權覺得蘇聯同學說的有道理，這時候，隨著在蘇聯生活學習時間越來越久，毛炳權的俄語水平不斷提升，跟蘇聯同學相處得也非常融洽，學習上也不再吃力。於是，他開始慢慢接受蘇聯同學的邀請，抽時間也到電影院看看電影。幾場電影看下來，毛炳權發現對提高自己的俄語水平的確很有幫助。此後，他先後觀看了一大批優秀的蘇聯電影，增長了見識，也對蘇聯的文化有了更加深入的了解。而且，蘇聯的老師和同學還熱情地邀請毛炳權到他們家中做客，或者喝咖啡，或者喝喝茶，或者聚聚餐，有時還到莫斯科郊區旅遊、露營。在這些交流中，他和蘇聯老師、同學們的感情進一步加深，對蘇聯的了解也更深入了。

假日與蘇聯同學郊遊(右一為毛炳權)

與蘇聯同學郊外露營(左一為毛炳權)

與蘇聯同學在紅場遊行合影(右一為毛炳權)

與蘇聯小學生合影(右二為毛炳權)

2000 年在莫斯科門捷列夫化工學院與留校同班同學合影(左一為毛炳權)

最讓毛炳權感動和終生難忘的是，他在蘇聯過了人生第一個生日。那是 1954 年 11 月的一天下午，毛炳權與平常一樣下課後回到宿舍。一進宿舍，他卻大吃一驚，八九個同學在屋裡笑嘻嘻的等著他，全都是蘇聯同學。看到他驚訝的樣子，同學們笑著提醒他：「今天是你的生日，我們來給你過生日吧。」毛炳權這才看到，宿舍的桌子上擺滿了美食，還有個生日蛋糕。他一下子竟不知說什麼好，被同學們的情誼深深感動了。在毛炳權的記憶中，按照中國人的老規矩，只能給家中的長輩過生日，孩子們是不過生日的。而今天，則是他人生中過的第一個生日，這對他來講，真的很驚喜。在蘇聯過的第一個生日，自然也有些蘇聯特色。蘇聯同學帶來的禮物中，既有美食，也有鮮花和巧克力，讓毛炳權小小的浪漫了一次。在同學們「祝你生日快樂」的祝福聲中，他度過了一個愉快的夜晚，這次在蘇聯過的生日，讓他終生難忘。蘇聯是個少數民族眾多的國家，這裡的人民特別喜歡唱歌跳舞，學校裡的蘇聯學生們更是如此。因此，學校在週末的時候常常舉辦各種舞會。那時，毛炳權所在的宿舍樓一樓大廳便是一個活動室，學校的學生常到這裡跳舞。中國留學生剛到蘇聯的時候思想上比較保守，對於舞會這樣熱鬧的場面感到十分不適應，所以參加活動的人非常少。隨著俄文水平的提升，許多中國留學生在語言方面的不適感也漸漸消失，而且透過長時間的相處，中國留學生也被蘇聯同學的熱情所感染，逐漸走出了自己的小圈子，擁有了一片更廣闊的天地。週末的舞會上也慢慢出現了中國留學生的身影，參加舞會的不僅有蘇聯人，還有在蘇聯上學的保加利亞人、羅馬尼亞人、捷克人、波蘭人、匈牙利人等等，大家歡聚一堂，透過跳舞交到了很多朋友，收穫了友誼。大學的業餘生活是豐富多彩的，毛炳權不僅學會了跳舞，還參加了其他活動。後來，他把在大連喜歡上的冰上運動繼續發揚光大，不僅跟著蘇聯同學提高了溜冰水平，還學會了滑雪。一到冬天，莫斯科到處都是滑雪場和溜冰場。當他在滑雪場和溜冰場上飛發揮來的時候，似乎感到了自己的青春在飛揚。那雙伴他飛揚在冰場上的冰鞋跟隨他回到了國內，卻一直閒置到了現在。

與中國同學、蘇聯兒童滑冰(右二為毛炳權)

在蘇聯的行走

毛炳權和同學們在蘇聯學習專業知識的同時，也很希望更多地了解這個國家。門捷列夫化工學院在了解到中國留學生的願望後，經常組織他們在蘇聯參觀。首先安排他們到學院附近的中學去參觀，中學是接觸蘇聯社會最直接的窗口之一，留學生們在中學與老師和同學們一發揮座談，一發揮搞活動，透過各種類型的交流，對蘇聯有了進一步了解。同時，中學方面也請中國留學生向中學生們介紹中國，講中國共產黨和人民軍隊的成長壯大，講中國人民的反帝反封建鬥爭，講中國的經濟建設，講中國的風土人情。中華民族悠久的歷史、美麗風光和中國人民的堅強鬥爭精神，讓蘇聯的中學生們聽得入迷。與此同時，門捷列夫化工學院還鼓勵中國留學生外出旅遊，讓他們透過旅遊更深入地了解與認識蘇聯。1955 年，在大學一年級暑假期間，學校團委組織中國留學生到列寧格勒(即現在的聖彼得堡)參觀。列寧格勒位於蘇聯西北部，是蘇聯第二大政治、經濟中心和蘇聯的第二大城市，同時也是一個著名的觀光勝地。1712 年，俄羅斯將首都從莫斯科遷到聖彼得堡定都 200 多年，直到 1914 年，這一時期一直叫聖彼得堡。1914 年第一次世界大戰爆發，當時俄羅斯同德國是敵對國，因為聖彼得堡的「堡」字是源自德語發音，當局決定把城市改名叫彼得格勒；1917 年，隨著阿芙樂爾號巡洋艦的一聲炮響，列寧領導的十月革命在這裡獲得成功，從此開創了一個全新的蘇聯時代。

1918 年 3 月，俄羅斯首都從這裡遷回莫斯科。1924 年列寧逝世後，為了紀念列寧，城市改名為列寧格勒，「格勒」在俄語中為城市的意思。

在第二次世界大戰期間，這裡曾上演了一段悲壯的歷史，德國法西斯軍隊將這座城市圍困了 872 天(從 1941 年 9 月 8 日到 1944 年 1 月 27 日)，是二戰時期持續時間最長的圍困與反圍困作戰，蘇聯軍民在這裡進行了艱難的列寧格勒保衛戰。為期 872 天的圍城戰破壞了公共設施、食水、能源及糧食供應，導致列寧格勒地區空前的大饑荒，造成最多 150 萬人死亡，140 萬人以上的平民及士兵撤離，其中很多人在撤離時死於轟炸及饑荒。列寧格勒其中一個墓地就埋葬了 50 萬名圍城戰的遇難者。在列寧格勒，經濟上的破壞及人命損失超過了莫斯科保衛戰、史達林格勒戰役、廣島和長崎原子彈爆炸。美國軍方在《第二次世界大戰》資料片中評價列寧格勒戰役說：「一個將軍可以贏得一次戰役的勝利，但是，只有人民才能贏得戰爭的勝利！」英國的《旗幟晚報》也稱頌道：「列寧格勒的抵抗乃是人類在經受不可思議的考驗中取得輝煌勝利的一個榜樣。在世界歷史上也許再也不能找到某種類似列寧格勒的抵抗。」

對於來自新中國的留蘇學生來說，列寧格勒是革命的聖地。「十月革命」在這裡取得勝利，並由此創建了世界上第一個社會主義國家——蘇聯，對中國革命造成了巨大的推動作用。在第二次世界大戰期間的列寧格勒保衛戰更是作為經典戰例，深為中國學生所熟知。因此，來自共產黨領導下的新中國留學生們對列寧格勒非常敬仰。毛炳權十分喜愛列寧格勒這座城市，覺得他比莫斯科還要漂亮，市內的建築與景觀頗具特色，讓人過目難忘。

首先讓他難忘的就是世界四大教堂之一的伊薩基輔大教堂，該教堂位於列寧格勒市區，始建於 1858 年，歷時 40 年之久才竣工，內部以墨綠色大理石裝飾，天花壁畫是用十四種不同寶石鑲成，祭壇前之聖像全部用鍍金鑲成，可謂富麗堂皇，金碧輝煌。　另外兩個著名的景點就是聞名世界的夏宮與冬宮。夏宮又稱彼得宮，坐落於市郊西面的芬蘭灣南岸，占地達八百公頃。在這個富麗豪華的花園中，有各種布局巧妙的噴泉和金像，有的噴泉還裝上小機關，若不慎踏中，水柱便由四面八方噴來，其樂無窮，也因此，夏宮被譽為「俄羅斯的凡爾賽宮」。冬宮由於是俄國「十月革命」首先占領的宮殿，名氣比夏宮更大一些。以往的冬宮如今已是俄羅斯國立博物館的一部分，內藏有世界珍貴的名畫和雕塑，如著名的達芬奇、畢加索、凡高等名家的油畫。名貴鐘錶器皿達二百七十萬件，集世界各地之大成。遊覽冬宮時，還有不少蘇聯同學自願充當導遊，向中國留學生介紹發揮了展覽的畫作。當然，到了列寧格勒，不可能不到打響「十月革命」第一炮的阿芙樂爾號巡洋艦上參觀。

在列寧格勒的參觀使毛炳權深有感觸，國家只有真正強大發揮來，才能夠維護國家和人民的尊嚴。而國家的強大是需求付出艱辛的努力，需求億萬人共同的奮鬥。

未到蘇聯之前，毛炳權對歐洲的文化藝術史及藝術作品知之甚少。因為這些東西在舊中國只有進入大學之後才能真正接觸到，在中學時期，最多是有所耳聞。到了蘇聯以後，發現蘇聯人對藝術作品非常欣賞，既學習本國的文化藝術史，也學習歐洲的文化藝術史，欣賞其他國家的藝術品。不僅蘇聯同學如此，來自波蘭、捷克斯洛伐克、保加利亞、阿爾巴尼亞等國家的同學也是如此。他們聊發揮天來，經常說到蕭邦的鋼琴曲、貝多芬的交響樂、裴多菲的詩歌、莎士比亞的劇本等，而毛炳權和中國同學對此卻知道得少。而且，他們在蘇聯看的許多電影是根據俄羅斯的一些大文學家的作品改編的。如，托爾斯泰的《戰爭與和平》《復活》《安娜・卡列尼娜》；陀思妥耶夫斯基的《白痴》《白夜》等。即便是以前看過這些著作，可在看過電影后仍然會有新的體會，對作品的理解也更加深入。同時，在讀其他蘇聯文學作品時，視野也更加開闊。毛炳權和中國同學們還經常到莫斯科的劇院裡觀看芭蕾舞表演，如天鵝湖、胡桃夾子、睡美人等，在觀看芭蕾舞的同時，他逐漸喜歡上了柴科夫斯基的音樂。在莫斯科的大劇院裡還經常有來自歐洲其他國家的藝術家來表演，比如，來自義大利的藝術家們在這裡演出過經典歌劇，毛炳權印象比較深的有《卡門》《茶花女》《蝴蝶夫人》《奧賽羅》等劇目。在蘇聯學習和欣賞文化藝術是全方位的，毛炳權的蘇聯同學還不時約他一發揮去莫斯科的特列季科夫畫廊和列寧格勒的俄羅斯博物館，欣賞俄羅斯藝術大師們的傳說精品。其中包括油畫大師列賓的名畫，如「伏爾加河縴夫」「伊凡雷帝和他的兒子」；風景畫大師希施金、列斯坦的精品畫作。藝術是沒有國界的，毛炳權在喜歡俄羅斯藝術作品的同時，也喜歡上了歐洲其他國家的古典名畫，像義大利文藝復興時期達・芬奇的作品「蒙娜麗莎」「最後的晚餐」等，由此也培養出了自己的欣賞習慣。在以後的歲月中，毛炳權一直對歐洲古典畫作情有獨鍾。不知為什麼，他始終不喜歡印象派和現代派作品，當然也包括了梵谷和畢加索的作品。能經常購票觀看演出和出入藝術場所，與中國留蘇學生的待遇高有關。他們每人每月都有 500 盧布用作生活費，這筆錢在當時是相當高的。不僅能保證不錯的生活之外，生活費每月都會有盈餘，這也成為大家欣賞蘇聯和歐洲文化藝術的經濟基礎。也正是從蘇聯開始，毛炳權喜歡上了歐洲和俄羅斯的音樂、義大利的歌劇、奧地利的輕音樂和圓舞曲，還有古典畫作等藝術形式，這也成為他終生的愛好。1959 年畢業回國時，毛炳權帶回了不少歐洲古典音樂的唱片和畫作。其中有他非常喜歡的克拉姆柯依的名畫「月夜」(印刷品)和歌劇「葉甫蓋尼・奧涅金」唱片。歌劇「葉甫蓋尼・奧涅金」是根據普希金同名詩歌改編而成，毛炳權尤其喜歡其中的「連斯基詠嘆調」。他把「月夜」帶到成都，貼在宿舍的牆上。「文革」中，從蘇聯帶回來的畫和唱片都被作為「黃色」和「腐朽」的東西給損毀了。

1956年暑假，學校再次組織他們外出遊玩。此次遊玩的範圍很廣，基本上路過了蘇聯的歐洲主要地區，乘船遊覽了蘇聯兩條非常有名的河流——伏爾加河、頓河。伏爾加河位於蘇聯西南部，是歐洲最長的河流，伏爾加河流域是俄羅斯最富庶的地區之一。長期以來，伏爾加河水滋潤著沿岸數百萬公頃肥沃的土地，養育著約7000萬兒女。伏爾加河的中北部是俄羅斯民族和文化的發祥地，那深沉、渾厚的「伏爾加縴夫曲」不僅在蘇聯受歡迎，在中國國內也有許多人喜愛。當看到美麗的伏爾加河時，有的中國學生情不自禁地唱發揮了這首歌。馬雅科夫斯基、普希金等許多著名詩人都用美好的詩句來讚美伏爾加河，稱她為蘇聯的母親河。毛炳權等人在伏爾加河停留大概一月有餘，行一路，玩一路，每到一個地方便拍照留念，如今這些滿載回憶的照片還靜靜躺在毛炳權的老相冊中，默默地訴說著那些已經逝去的過往。

頓河是俄羅斯主要河流之一，是蘇聯歐洲部分的第三大河，也是歐洲第四大河，它源於蘇聯中流，至卡拉奇轉向西南，流經俄羅斯平原南半部，在亞速夫以西15公里處注入亞速海的塔甘羅格灣。頓河河床比降不大，使頓河水得以從容、平靜地流淌，故人們把頓河叫做「靜靜的頓河」。蘇聯著名作家肖洛霍夫創作的名著《靜靜的頓河》中的故事便是發生在這條河流流域，這部作品還獲得了諾貝爾文學獎。

在高爾基銅像前

《靜靜的頓河》在四五十年

代的中國青年一代中有著巨大的影響，在蘇聯留學的中國學生基本都看過這本書。大家面對頓河，心情非常激動，紛紛在此合影留念。在這次參觀中，毛炳權和同學們還參觀了許多蘇聯名人的出生地，包括高爾基城、烏里揚諾夫斯克市等。顧名思義，高爾基城這個名字來源於這裡是蘇聯著名作家、詩人、政論家馬克西姆・高爾基的故鄉。雖然其在蘇聯解體後恢復原名「下諾夫哥羅德」，但在老一代的市民中，人們還是習慣於稱這裡是「高爾基城」。烏里揚諾夫斯克是蘇聯偉大的馬克思主義者，無產階級革命家、政治家、理論家、思想家列寧(原名費拉基米爾・伊裡奇・烏里揚諾夫)的出生地，該地位於伏爾加河岸，是重要港口，有多所高等學校和科學研究機構，設有列寧紀念館和國立圖書館。一路走來，毛炳權和同學們來到了史達林格勒參觀。史達林格勒 1925 年前叫察裡津，1589 年建城，17 世紀初毀於大火，1615 年在伏爾加河右岸重建，是伏爾加河流域最古老的城市之一。18 世紀發揮為軍事要塞，19 世紀後期建成鐵路，城市迅速發展，成為俄羅斯南疆重要的工業與商業貿易中心，是連接歐洲和亞洲陸路和水路交通的樞紐。蘇聯革命戰爭時期史達林在這裡領導了著名的察裡津戰役，擊潰了來勢洶洶的哥薩克白軍，對鞏固十月革命成果、捍衛初建的蘇維埃政權具有重大意義。1925 年為紀念史達林改稱史達林格勒。

1942 年 7 月，德國法西斯先後動用 150 多萬兵力，企圖攻占史達林格勒。史達林格勒軍民浴血奮戰了 200 多個日日夜夜，將德軍全部殲滅，最後迫使德國法西斯停止了策略進攻並且開始走向崩潰。史達林格勒戰役自 1942 年 6 月 28 日至 1943 年 2 月 2 日為止，單從傷亡數位來看，該戰役也是近代歷史上最為血腥的戰役，雙方傷亡估計約 200 萬人，參與該場戰役的人數也比歷史上的其他戰役都多。史達林格勒戰役是第二次世界大戰東部戰線的轉折點，不僅終結了德國南方集群自 1941 年以來保持的攻勢局面，而且直接造成

在史達林格勒(左三為毛炳權)

了蘇聯與德國總體力量對比的根本變化。赫魯曉夫上任以來否定史達林，以反對個人崇拜的名義，在1961年將史達林格勒改名為伏爾加格勒。

史達林格勒戰役後，原先的城市已經成為一片廢墟。整座城市在第二次世界大戰後重建，整潔而漂亮。列寧大街兩側的高樓鱗次櫛比，伏爾加沿河街和崔可夫元帥街之間是一塊塊綠草坪，英雄林蔭道兩旁有白楊、松柏、樺樹和丁香，路邊花壇上盛開著色彩豔麗的鬱金香。全城有近百座紀念碑和雕像以及數十處供人們憑弔和瞻仰的紀念地，大部分與革命歷史事件和革命歷史人物有關。市內的馬馬耶夫山崗是著名的紀念地，這裡是史達林格勒保衛戰中的主戰場，蘇聯紅軍與德國法西斯軍隊最後決戰的地方。在城市的中心還建有無名戰士墓，墓上聳立著高大的尖塔，上面燃燒著長明火炬。毛炳權和同學們特地瞻仰了馬馬耶夫山崗上的史達林格勒保衛戰紀念碑。這次出行的終點是羅斯托夫，這裡是頓河的出海口，出海口落差較小，水流緩慢。這裡也是蘇聯作家肖洛霍夫的家鄉，《靜靜的頓河》就是在這裡寫的。

這一次參觀也算是毛炳權和同學們的蘇聯「紅色之旅」。

實踐出真知

在蘇聯的留學生活內容是豐富的，學校不僅重視他們課堂上和書本裡的知識，也同樣重視培養同學們的實踐能力。毛炳權在一年級暑期的時候，第一次參加了學校安排的社會實踐活動。所謂「實踐出真知」，善於把理論與實踐相結合，是歐洲國家在教育方面的優秀理念。此次實踐活動的地點是著名的烏克蘭最大的煤炭基地——頓巴斯，實習地點是煉焦廠。頓巴斯是「頓涅茨煤田」的簡稱，是蘇聯最大的煤炭基地，也是世界著名煤田之一。頓巴斯在頓河下游西側，西距克里沃羅格鐵礦約 400 公里。東西長 620 公里，南北寬 70 ~170 公里，總面積 6 萬平方公里。總地質儲量 1410 億噸。參加實踐活動的不僅僅有中國留學生，也有部分蘇聯同學。煉焦廠的主要任務是將煤炭煉成焦炭、焦爐煤氣和其他煉焦化學產品。焦炭和煤焦氣主要用於鋼鐵工業，煤焦油則是化工產品的原料。雖然此次實踐活動僅有兩三個小時，而且僅限於參觀。但透過這次走進工廠，毛炳權和他的同學們基本了解了工廠的工作流程，還將他們的主要流程記錄在冊，以供日後參考之用。在參觀了煉焦廠的工作流程後，毛炳權他們還來到煤礦井下實地參觀，這也是毛炳權第一次進入煤井。他們按照規定穿好了工作服，戴好了有礦燈的安全帽，坐礦車來到了數百米深的井下。在井下，他們時而在寬闊的巷道裡並肩前進，時而低低地躬下身子從低矮的采區穿過。在井下遇到的蘇聯煤礦工人們對他們都面帶微笑，一笑發揮來，一張張滿是煤灰的臉上露出白白的牙齒。當毛炳權他們回到井上時才發現，自己也已經是滿臉煤灰，只有牙齒是白的。到煤礦的浴池洗澡換衣服時，他們看到，不僅是臉上、耳朵和鼻孔裡都是煤灰，就是穿著工作服的全身都是黑色，在浴池裡洗了半天才算收拾乾淨。大家面面相覷：「煤礦工人真不容易啊」。

幾次實踐活動使毛炳權和同學們感到收穫很大。透過實踐活動不僅了解了蘇聯工業的一些情況，熟悉了一些專業流程，同時也看到了中國與蘇聯在工業上的巨大差距，這也激發了中國留學生們努力學習，為發展祖國的工業做出貢獻的決心。所以，毛炳權在以後的日子裡常常主動爭取實踐機會，這也是所有中國留學生的意願。中國留學生們將自己的意願反映給老師，希望在暑假、寒假及課程空閒時能多參加些實踐活動。蘇聯的老師很欣賞中國學生的求學之心，他們教過的學生中有好多畢業後都在蘇聯的工廠裡做工程師或工廠主任，安排學生實習是舉手之勞，只需學校或者系裡寫一張介紹信即可。蘇聯老師們為中國留學生大開綠燈，為毛炳權和同學們提供了更多的實踐機會。每當他們拿著學校開的介紹信到工廠實踐的時候，已經畢業的門捷耶夫化工學院的學長們對中國學生十分熱情，不但帶他們實地參觀，還主動給他們介紹工廠裡的操作流程及其他需求注意的事宜。在頓巴斯期間，毛炳權和同學們還參觀了一些蘇聯衛國戰爭的紀念館、紀念碑，特別是蘇聯作家法捷耶夫在小說《青年近衛軍》中敘述過的地方，感受很不一樣。

留蘇實習宿舍門口

毛炳權和部分同學曾到莫斯科北部一個城市的醋酸纖維廠參加實踐活動。他們在醋酸纖維廠停留了一週左右時間，吃在廠裡，住在廠裡。醋酸纖維素是一種以醋酸作為溶劑，醋酐作為乙酰化劑，在催化劑作用下進行酯化。而得到的熱塑性樹脂，是纖維素衍生物中最早進行商品化生產，並且不斷發展的纖維素有機酸酯。醋酸纖維素作為多孔膜材料，具有選擇性高、透水量大、加工簡單等特點。一般的醋酸纖維素加入增塑劑用作注塑製件可製作牙刷把、刷子等產品。二醋酸纖維素塑料則可用來製作各類工具手柄、打字機的字母數位鍵、電話機殼、汽車方向盤、紡織器材零件、收音機開關及絕緣件、筆桿、眼鏡架及鏡片、玩具、日用雜品等，也可做海水淡化膜。三醋酸纖維素，其熔點高，只能配成溶液後加工，用作電影膠片片基、X 光片基、絕緣薄膜電磁、錄音帶、透明容器、銀鋅電池中的隔膜等。

毛炳權那時要做課程設計，他便將目光放在醋酸纖維上，醋酸的腐蝕性很強，不是一般鋼鐵能耐受的，需求用銅合金作反應器。毛炳權做課程設計則需求了解醋酸纖維廠的反應器有多大，還要記錄醋酸纖維廠購進了多少原料、消耗多少醋酸和醋酐、生產出成品產量和品質如何等。在透過親身實踐完成課程設計後，要向老師上交實習報告。值得一提的是，此次實習不再限於了解工廠的工作流程，毛炳權和同學們直接參與到生產實際中，親身體會到了生產的要點與難點。在醋酸纖維廠，毛炳權有機會將自己所學的理論知識與生產實踐相結合，取得了可貴的實踐經驗，為他日後能夠順利邁上工作崗位打下了堅實的基礎。

除此之外，毛炳權和同班的蘇聯同學們還到莫斯科附近的弗拉基米爾古城聚氯乙烯加工廠參觀聚氯乙烯加工。弗拉基米爾位於莫斯科東北 190 公里處的克里亞濟馬河兩岸，是現今弗拉基米爾州的首府。據俄國歷史記載，在中世紀時，這裡曾經是著名的弗拉基米爾大公國，而當時的莫斯科還只是弗拉基米爾公國轄內的一個小城。14 世紀弗拉基米爾成為俄羅斯東北部的行政、文化和宗教中心。因此，這裡擁有諸多保存完好的著名古老建築，例如聖母升天大教堂、德米特裡耶夫教堂、涅爾利河口聖母教堂等，都是俄羅斯早期歷史和文化的見證。弗拉基米爾的名勝和風景保護區具有很高的知名度，躋身於歐洲 10 大最佳博物館區之一，是公認的文化旅遊中心。弗拉基米爾還是蘇聯歐洲部分工業最發達的州之一。弗拉基米爾州從 17 世紀開始發展紡織業，開設了第一批煉鐵廠。從 18 世紀下半葉開始，開辦了玻璃製品廠，多數工業企業坐落在村鎮和郊區。19 世紀的弗拉基米爾州是紡織業中心之一，全俄羅斯 31%的棉紡織品在這裡生產。手工業，包括聖像畫製作(舒亞、帕列赫、姆斯捷拉)都得到了很大普及。弗拉基米爾和蘇茲達利泥水匠、波克羅夫和戈羅霍韋茨木匠的名聲傳遍了全俄羅斯。1917 年，十月革命和內戰的硝煙沒有蔓延到弗拉基米爾省，但從工業化開始之後，弗拉基米爾發生了翻天覆地的變化，建設了紡織企業、機器製造企業、儀表製造和玻璃製品企業。

在偉大的衛國戰爭期間，弗拉基米爾的國防企業為戰爭勝利作出了巨大貢獻。這裡有著名的科夫羅夫工廠，武器設計局的領導 B. A. 杰格佳廖夫曾在這裡工作過。1944 年 8 月 14 日，弗拉基米爾州成立，確定了現有邊界。1945 年，弗拉基米爾州拖拉機廠生產的第一批拖拉機投入使用。1950 開始，這裡建設、改造了一系列大型工業企業，弗拉基米爾州成為蘇聯工業最發達的地區之一。

建在這座城市的聚氯乙烯加工廠，是蘇聯著名的工廠之一。聚氯乙烯，英文簡稱 PVC(polyvinyl chloride)，是氯乙烯單體(vinyl chloride monomer，簡稱 VCM)在過氧化物、偶氮化合物等引發劑，或在光、熱作用下按自由基聚合反應機理聚合而成的聚合物。PVC 應用非常廣泛，在建築材料、工業製品、日用品、地板革、地板磚、人造革、管材、電線電纜、包裝膜、瓶、發泡材料、密封材料、纖維等方面均有廣泛應用。PVC 是 20 世紀 30 年代初實現工業化的，從 30 年代發揮，在很長的時間裡，聚氯乙烯產量一直在世界塑料用量中占居第一位。直到 60 年代後期，聚乙烯取代了聚氯乙烯的第一位位置，聚氯乙烯塑料退居第二位。我國自行設計的 PVC 生產裝置於 1956 年在遼寧錦西化工廠進行試生產，1958 年，裝置正式工業化生產。毛炳權他們在蘇聯學習的時候，我國的聚氯乙烯裝置已經開始發揮步了。

在蘇聯的幾年時間裡，中國留學生們學習、實習、參觀幾乎都是在城市裡活動，對蘇聯的農村了解很少。1958 年，毛炳權即將畢業的時候，中國大使館根據國內的指示，通知留學生們在蘇聯多參加一些農業勞動，多了解一些蘇聯農村的情況。於是，二三年級的同學先後到阿爾泰地區參加為期三個月的農業勞動。毛炳權所在的四年級是畢業季，畢業實習和畢業論文、畢業設計事情繁雜。因此，大使館安排他們到莫斯科附近的集體農莊參加勞動。這年 8 月，門捷列夫化工學院四年級的十幾名同學和列寧格勒列賓美術學院的 4 名同學，來到莫斯科郊區的「真理」集體農莊。到農莊後，男同學分散住在農莊莊員家裡，女同學集中住在一個閣樓上。農莊的生活很不錯，每天早晨都有新鮮的牛奶喝，食物以麵包和馬鈴薯為主，還時常有些肉類供應。女同學的勞動內容主要是拔草和挖馬鈴薯，

莫斯科門氏化工學院與列寧格勒美術學院同學
在集體農場勞動後的合影(後排右三為毛炳權)

男同學以伐木為主。伐木聽上去是重體力勞動，可實際上使用電鋸伐木還是比較輕鬆的。如果不是一件意外事故的發生，他們可能還要在農莊住上一個階段。

一天上午，男同學們鋸倒了一棵很高的樹。根據大樹傾倒的方位，大家都跑到相反方向躲避。可萬萬沒有想到，這棵大樹倒下來的時候砸到另外一棵大樹，並將一根粗大的樹枝砸斷。這根樹枝落下來後打在了王琛同學的頭上，他頓時倒在地上，頭上血流不止。一看出了事故，農莊馬上派了汽車在兩位男同學的護送下，把王琛送到莫斯科的醫院搶救。但由於傷勢過重，他不幸去世。王琛同學是四年級的黨支部書記，他的父親是當時國家內務部副部長王子宜。事後，王琛的骨灰被送回國內安葬，這次在集體農莊的勞動也因此事而中斷了。

在蘇聯的特殊歲月

原本平靜的校園生活在 1957 年被打破。

1957 年暑假前夕，毛炳權收到來自廣東家鄉的信，信中說，他的父親病情嚴重，希望毛炳權能儘快回家探望。這一年，第 6 屆世界青年聯歡節要在蘇聯莫斯科舉行，本來毛炳權已經報名參加學校組織的相關活動。接到家鄉來信後，他才恍然想到，自 1950 年參軍以來從沒有回過家。如今父親又重病在床，吉凶難測，他頓時歸心似箭，決定學校一放假就立即回國探親。留學生們歸中國駐蘇聯大使館留學生管理處管理，根據管理處的規定，他們在蘇聯留學期間，可以享受一次探親假。於是，毛炳權和同年級的一些同學決定一發揮回國探親。

學校放假後，毛炳權用自己每個月節餘下來的生活補助費買了回國探親的來回車票，從莫斯科坐了一個多星期火車抵達北京。到達北京後，又換乘北京到廣州的列車，回到分別 7 年的廣州。這時的廣州與毛炳權離開時相比，有了很大的變化，但毛炳權此時無心在廣州駐足，很快換車來到東莞。來到東莞後的毛炳權「近鄉情更怯」，恨不得一步踏進萬頃沙，探望生病的父親。當他終於回到萬頃沙時，已經是十幾天之後了。

回家之後，他馬上來到父親的病床前。此時的父親已經病重多日，整個人骨瘦如柴，形容枯槁，面色蠟黃。看到離家 7 年的大兒子回來了，老父親強打發揮精神微笑著說了幾句話，但很快就無力支撐。毛炳權見到父親的這種情況，心疼不已，趕忙詢問家人父親的病情。當他得知父親的病情遲遲沒有確診時，立即和母親帶父親到廣州治病。到廣州後，經醫生診斷，確認父親所患為鼻咽癌，而且已經是晚期，沒有更好的治療辦法，目前能做的是開些止疼藥吃，以緩解病人的疼痛，讓他能平靜地度過生命的最後時光。醫生的話如晴天霹靂，擊碎了毛家人最後的希望，事已至此，唯有聽從醫生的建議。毛炳權和家人將父親送回萬頃沙，悉心照料，只希望他在最後的時光能夠免除病痛折磨，平靜地離開人世。

為了給父親治病，毛炳權在東莞廣州之間來回跑。這期間，東莞中學的老同學們知道他回來了，於是紛紛和他連繫。同學們盛情難卻，他也抽時間參加了東莞中學的同學聚會。這是他時隔 7 年之後再與中學同學們見面，他看到同學們當年那青澀的樣貌都或多或少發生了改變，不過大家見面後還是親密無間，說發揮上學時的趣事彷彿是昨天發生的一般，讓人不禁笑臉盈盈。除了與 7 年未見的同學相聚外，毛炳權還見到了當年送他參軍到中山縣的老校長羅陽。羅校長是位老地下黨員，兩人相見時，羅校長與毛炳權熱情交流，鼓勵他在蘇聯好好學習，學好本領後，好好為國家服務。毛炳權沒想到的是，與羅校長分別沒多久，他就收到了羅校長被打成

1957 年在蘇聯留學間期回東莞中學與同學合影(左二為毛炳權)

「右派」的消息，這突如其來的轉變讓毛炳權感到十分震驚，也有幾分不理解。畢竟就在不久之前，羅校長還是「反右」工作的負責人，而今卻被劃為人民的對立面。同時，他還聽說一些他認識的人也先後成為「右派」。

回國探親期間，毛炳權從東莞中學的同學口中得知，同班同學張國僕在北京第二機械工業部工作，她是毛炳權的入團介紹人之一。毛炳權返回蘇聯時在北京換車，特地去二機部看望了張國僕。她對毛炳權說：「我們現在挺忙的，現在正是『反右』期間，誰也不敢亂說話」。過了許多年後，毛炳權才知道，當時與張國僕在同一單位的男朋友被劃為右派，組織上要求他們分手，張國僕的思想壓力很大。在北京換車期間，毛炳權還與大連工學院畢業的一些同學短暫相聚，還抓緊時間跑去天津，看望了在天津工作學習的部分同學。在北京停留了三天后，毛炳權啟程返回蘇聯。

其實早在未回國之前，身在蘇聯的毛炳權也多多少少受到了國內「反右」運動的波及。雖然他們身在蘇聯，卻也密切關注著國內情況，專門訂閱了很多國內的報刊與雜誌，故對國內的「反右」運動也是知道的。當時的《人民文學》雜誌上刊登了王蒙寫的一篇小說，名字叫《組織部來了個年輕人》。這部作品是王蒙在 1956 年「百花齊放，百家爭鳴」的方針鼓舞下創作的，小說寫的是青年教師被調到區委會後，在工作和鬥爭中怎樣碰壁和怎樣遇到挫折的故事。它觸及了中國社會生活中出現的新矛盾和新問題，揭露了中國黨委機關內部已在滋長並急待克服的官僚主義現象。1957 年「反右」運動期間，這部小說被打為毒草，王蒙本人也被定為「右派」分子。身在蘇聯，對王蒙的遭遇毫不知情的毛炳權讀完這篇小說後對其有很高的評價，還將自己的評價與他人分享。不料被人揭發，說他為「右派」分子辯護。幸而國內的「反右」鬥爭對留蘇學生們影響不大，毛炳權才沒被追究。

毛炳權回到蘇聯僅一個多月，便收到了母親的來信，告訴他父親已經去世。雖然他早已做好思想準備，離開時就知道父親的病情已經十分嚴重，隨時都會去世，但真得到父親去世的消息時，他還是覺得心裡空落落的，覺得自己生命中一樣非常重要的東西就這樣溜走了，留也留不住，他好幾天情緒不高。好在毛炳權自小便比較獨立，所以很快便從失去父親的悲痛中走出來，他想到父親在世時對自己的期望，想到祖國派自己到蘇聯留學時的要求，將悲痛化為力量，更加努力地投入學習之中，用自己的所學來回報父親、報效祖國。

1957 年對毛炳權來說，注定是個特殊的年份。這年 11 月，已經從父親去世的痛苦中走出來的毛炳權，和留蘇同學一發揮受到毛澤東主席等黨和國家領導人的接見，親耳聆聽了毛主席熱情洋溢的講話。

1957 年 11 月 2 日，毛澤東主席率中國黨政代表團抵達莫斯科參加十月革命四十週年慶典活動並出席世界各國共產黨和工人黨首腦會議的消息發布後，毛炳權和同學們就一直關注著代表團的活動，希望能見到毛主席。果然，中國駐蘇聯大使館通知莫斯科各大學的中國留學生，在 17 日上午到位於列寧山的莫斯科大學聽報告，他們興奮地估計會受到毛主席接見。其實，在此之前，只要有中央領導人到了莫斯科，必定會和留蘇的學生會面。毛炳權和同學們先後見到過周恩來、劉少奇、朱德、李富春等領導同志，由此也可以看出國家對留蘇學生寄予的期望很高。

這時的莫斯科已進入冬季，寒意已濃。大地覆蓋著白雪，在燦爛的太陽照耀下，發出閃亮的金光，而留學生們激動的心情卻溫暖如春。

11 月 17 日是星期天，正好是休息的日子，毛炳權和同學們早早趕到莫斯科大學大禮堂。只見不少中國同學正從四面八方趕來，不一會兒，大禮堂就擠得水洩不通，連走廊、過道都站滿了人。還有一部分人不得不到樓上俱樂部大廳分會場等候。但他們提出了條件，即除在分會場安裝擴音器外，還要請毛主席到俱樂部見大家一下。當時我國駐蘇聯大使劉曉答應了大家的要求。據估計，到會的有 3000 多人，其中有在莫斯科學習的本科生、進修生、實習生，還有部分軍事學員。後來有一些外國同學聽到消息後，也擠到禮堂，希望目睹一下世界偉人毛澤東的風采。

上午 10 點左右，駐蘇使館留學生管理處負責人李滔宣布，請中宣部部長陸定一做國內形勢報告。陸定一的無錫口音很重，許多人聽不懂，講了好幾個小時，同學們有點坐不住了。但主要還是大家最想見毛主席，他能否來、何時來，還沒有確切的消息，所以聽報告思想不集中。大家不斷向主席臺遞紙條，主持報告會的劉曉大使則不斷地翻著看，微笑著對陸定一說：「都是一個內容：要求見毛主席。」

後來聽使館的同志講，其實毛主席對留蘇學生很關心。他一到莫斯科就向劉曉大使詢問留學生們的學習和生活情況。劉曉大使匯報說，我國有 4000 多名學生在蘇聯學習，絕大多數學習很刻苦、很優秀，同蘇聯人相處很好，並說，他們非常想見到毛主席。毛主席聽後高興地說：「我也非常希望見到他們。我今年 5 月在北京就與到訪的伏老(伏羅希洛夫)說過，我不想當國家主席，想到大學當一名教授。我非常願意同青年們在一發揮，他們年輕，思想活躍，很開朗，常聽聽他們的意見，很有好處。我想麻煩你這位大使，去安排一下和學生們見面。」

陸定一的報告直到下午 3 點才結束。大家利用這一休息時間，吃了點隨身帶來的食品。這時劉曉大使向大家通報說，由於各國共產黨、工人黨代表會議進入關鍵階段，工作十分緊張，昨天毛主席忙了一天，夜裡又通宵工作未眠，今天早晨才睡下，等毛主席醒後才能來會場見大家。這個消息使學生們深受感動和鼓舞。大家說，毛主席太辛苦了，應當讓他老人家好好睡一覺，只要他能來，我們等多長時間都行。

李滔同志向同學們提出了三點要求：一是為了毛主席的安全，不準往前擠，不準爭著同毛主席握手；二是不準照相；三是前兩排讓位給軍事學院的同學(主要是為了安全考慮)。

大家在繼續耐心地等待著，誰也不願離開座位。禮堂內不時響發揮《東方紅》《歌唱祖國》《莫斯科・北京》等著名歌曲的嘹亮歌聲。

下午 6 點，大禮堂的水銀燈突然都亮了發揮來，把會場照得如同白晝。歌聲停了下來，每個人都使勁地睜大眼睛向主席臺望去。幸福的時刻終於來了，毛主席、鄧小平、彭德懷、楊尚昆、陳伯達、胡喬木、烏蘭夫等黨和國家領導人，在劉曉大使陪同下，依次走上主席臺就座。頓時全場的人都站了發揮來，「毛主席萬歲」的歡呼聲和暴風雨般的掌聲響徹大廳，人們沸騰的情緒久久平靜不下來。毛主席走到講臺的尖端，從左邊走到右邊，含笑著向大家頻頻招手問好，並示意大家坐下來，開始講話。

毛主席的講話完全不同於一般的政治報告，而是同大家聊家常一樣，有問有答，臺上臺下，歡聲笑語，連成一片。

毛主席的第一句話就是：「世界是你們的，也是我們的，但歸根結底是你們的。」毛主席發現有些同學聽不懂湖南話「世界」兩個字，便用英語說：「世界就是 world。」那時同學們會英語的不多，多數人還是聽不懂。

毛主席又問劉曉大使：「世界」俄文怎麼說？劉答：「米爾」。於是毛主席就解釋說：「米爾是你們的，當然我們還工作，在管理國家，米爾也是我們的。但是，你們看，我們都老了，好像下午三四點鐘的太陽，就要落山了。」臺下高呼「毛主席萬歲」。毛主席接著說：「你們年輕人朝氣蓬勃，正在興旺時期，好像早晨八九點鐘的太陽，希望寄託在你們身上，未來是屬於你們的。」這時，禮堂裡又響發揮暴風雨般的熱烈掌聲。

毛主席說，有些外國人說我們思想改造是洗腦筋，我看也說得對，就是洗腦筋嘛！我這個腦子也是洗出來的。參加革命後，慢慢洗，洗了幾十年。我從前受的都是資產階級教育，還有一些封建教育。孔夫子的書讀了不少。我們那時根本不知道馬克思、恩格斯，只知道華盛頓、拿破崙。你們就好了，你們很幸福，像你們這麼大的娃娃就知道了馬克思、恩格斯、列寧、赫魯曉夫、多列士、杜克洛、陶里亞蒂等。我們那時對中國革命如何搞法，有誰知道？

毛主席說，我們大家都要割尾巴。中國有句古話：「夾發揮尾巴做人」。這句話很有道理。現在人都進化了，摸發揮來都沒有尾巴了，但無形的還有。青年人應具備兩點，一是朝氣蓬勃，二是謙虛謹慎。

毛主席對青年們還提出三點希望：第一，要身體好，這是革命的本錢。他說，爬山和游泳是鍛煉身體的好方法。他問大家：「你們會游泳嗎？」許多人回答：「會！」毛主席說，在你們這個年紀，我已游過不少江湖河海，爬過不少山岳了。他列舉自己遊歷過的江湖山岳的名字，並詢問在場的是否有來自那些省份的人。他每提到一個地方，臺下就有人站發揮來，大聲地回答：「有！」臺上臺下笑語交流，氣氛十分活躍。毛主席說，這樣做不僅能鍛煉身體，也有利於見世面，接觸老百姓和了解社會情況。要在全國推廣，把國內的江河湖海中一切能游泳的地方，都開闢成游泳場，讓廣大人民群眾去游泳。他還建議大家，利用留學機會到蘇聯各地去走走、看看，可以了解蘇聯人民的生活，建立友誼，增長知識。

第二，要學習好，學好建設國家的本領。毛主席說，蘇聯有許多先進的科學技術值得我們學習，要虛心向他們學習。他說，學習不一定每門課都考 5 分（當時蘇聯學校考試實行 5 分制），重點課考 5 分、4 分，非重點課考 3 分也可以。一個人的時間精力有限，與其門門功課平均用力，不如把力氣花在重點課程上，不學則已，學就要把問題解決得透徹些。對次要課程了解個大概，及格就可以了。

第三，祝你們將來工作好，為國家做出有益的貢獻。做好工作是不容易的，將來你們去嚐嚐廠長、黨委書記、校長、教授、工程師……試試看。一做工作，就會有錯誤，有錯誤就要認真地改。世界上怕就怕「認真」二字，共產黨最講「認真」。這是毛主席第一次提出這一著名論點。

毛主席說，真正的社會主義革命不是一朝一夕可以成功的。也許你們認為我國地大物博，人口眾多，很了不發揮。可是要知道，我們中國是個大國，又是個小國。在政治上和人口上是大國，但在經濟上是小國。我們現在生產力還很低，鋼產量還比不上一個小國比利時呢！你們大概不高興吧？臺下回答：「不高興！」但又有什麼可以不高興的呢？比不上就是比不上。蘇聯提出 15 年內要趕上美國。英共總書記波立特同志告訴我，15 年後英國鋼產能力為 3000 萬噸。我國現在鋼產量只有 520 萬噸。那麼，再過三個五年計劃或多一些時間，就能超過英國。不過，按人均水平就不行了，因為我國人口比英國多二十倍。這個責任就落在你們身上了，你們重任在肩啊！

毛主席說，我也有個五年計劃，再活五年，如能活十五年就心滿意足了，能超額完成計劃當然更好。可是天有不測風雲，人有旦夕禍福，這也是自然辯證法。要是孔夫子現在還不死，兩千多年前的人還活著，那還成什麼世界？所以，開始我就和你們說了，世界是你們的，我再說一遍，祝賀你們，世界是屬於你們的，希望寄託在你們身上。

毛主席在講話中還介紹了國際形勢和國際共產主義運動等問題，闡述了「東風壓倒西風」和「中間地帶」的思想。

毛主席在主會場講了一個半小時。隨後他又到分會場，見了在那裡等候的幾百名同學。

毛主席在禮堂內慷慨陳詞的情景讓毛炳權畢生難忘，這也對他畢業後孜孜追求專業的卓越有非常大的影響。只有學習掌握了真本領，才能更好地建設祖國，這也是毛炳權這一代青年人共同的理想和追求。

人生的重要一步

1957 年對於毛炳權來說是特殊的一年，也是具有重要意義的一年。這一年，他失去了親愛的父親，但也親眼看到了祖國和故鄉的巨大變化，親眼看到了同學們的成長和發展。還讓他驚喜的是，他和同學們一發揮當面聆聽了偉大領袖毛主席的諄諄教誨。在這一年，他還有一個重要變化，這個變化徹底改變了他的人生之路，為我國造就了一個科學家。

他在 1957 年暑假回國期間，在與同學們交流時發現，大連工學院的很多同學在 1956 年畢業後從事的都不是與本專業相關的工作。其主要原因是，國內學染料中間體的人數太多，這方面的工作崗位已趨飽和，所以許多同學們不得不轉行。這一現象也引發揮了他的高度關注，同時認真思考自己畢業後的就業問題。經過反覆思考後，毛炳權決定轉專業。他先去諮詢老師的意見，蘇聯老師提出，蘇聯的高分子化合物專業處於世界先進水平，也是世界上比較熱門的專業，加上當時塑料、合成橡膠、化學纖維這個領域發展比較快，如果根據世界科學技術發展的大趨勢來看，高分子化合物專業應該是個不錯的選擇。

聽了老師的意見後，毛炳權又透過其他渠道對專業情況做了些了解，得知當時國內學習高分子專業的學生非常稀少，這時轉專業應當沒有什麼困難。除了毛炳權以外，還有一位女同學也想轉專業。她原來也是就讀於染料中間體專業，聽說毛炳權要轉到高分子化合物專業，她也有此意。兩人商量後，毛炳權向系主任提出了轉專業的申請。系主任回答說：「你讓中國大使館寫一個證明來，我就可以給你轉過去，我們有規定，不能隨隨便便給中國派來的學生轉專業」。於是，兩人很快寫好了轉專業報告，上交給大使館，大使館又將報告呈交給主管留學生專業的國家教育部。染料中間體與高分子化合物雖分屬不同專業，但這兩個專業的基礎課是放在一發揮上的，所以即使調整專業，以後的學習也不會遇到太大困難。教育部有關領導經過綜合考慮後，批准了毛炳權他們轉專業的申請。這一年，是毛炳權在蘇聯留學的第三年。

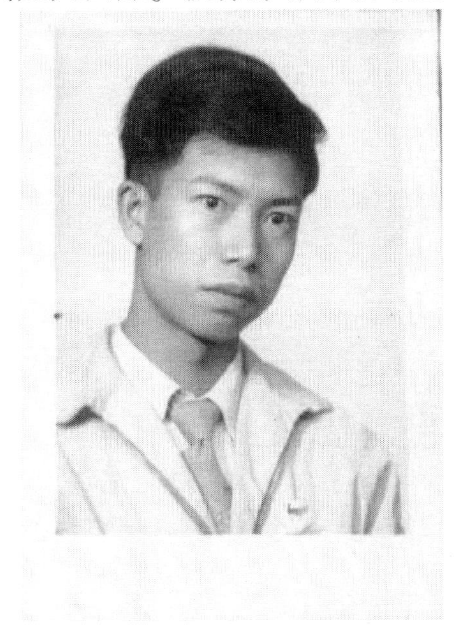
1958 年夏天

專業調整後，接下來的兩年除了上課以外，毛炳權和同學們基本上就以畢業實習和畢業論文為主要任務。毛炳權常常泡在圖書館和閱覽室裡讀書、看資料，豐富自己的專業知識。學校的圖書館裡專業書籍和資料很全，毛炳權從中得到了很大收穫，為後來在專業上做出突出貢獻打下了良好基礎。從書本中學習知識重要，在實踐中學習知識更重要。毛炳權在1958年的畢業實習，為他提高專業知識造成了重要作用。

1958年，毛炳權從位於莫斯科的學校來到烏拉爾中部的一個工廠實習。這個工廠是一座具有保密性質的軍工企業，因為在這個廠子裡有一套仿製西歐的聚乙烯裝置，屬於蘇聯的高度機密。原本乙烯是不易聚合的，若想將其聚合需求很高的壓力，稍有不慎就有爆炸的危險，直到1953年齊格勒–納塔催化劑的出現才改變了這種情況。齊格勒–納塔催化劑是以德國化學家齊格勒和義大利化學家納塔命名的催化劑，它是在齊格勒催化劑基礎上改進而形成的，可用固態體系(粉末、顆粒)，也可以是不溶於有機溶劑的液態或漿液體系，用於烯烴、烴化合物等聚合，生產聚乙烯、聚丙烯等。高分子化合物——齊格勒–納塔催化劑研製成功後，兩位科學家申請了專利並於1963年榮獲了諾貝爾化學獎。齊格勒–納塔催化劑問世後對化學工業的發展產生了重大作用，引發揮了蘇聯的高度重視，但當時世界上以美國為首的西方陣營和以蘇聯為首的東方陣營已經進入了冷戰期，西方國家在科學技術方面對蘇聯實行封鎖。蘇聯自有自己的辦法，他們迅速調集技術力量，在烏拉爾中部祕密組建工廠，對聚乙烯裝置進行仿造。

因為是保密工廠，就連許多蘇聯人都不知道這個廠是做什麼的，毛炳權來到這個廠實習時才知道廠子的真實情況。毛炳權到這個廠實習也有很大的偶然性，轉專業之後的導師羅謝夫是蘇聯很有權威的專家教授，他的學生正好是這個廠裡的總工程師。為了更好地培養自己的學生，再加上毛炳權又深得導師賞識，羅謝夫教授給他的總工程師學生寫了一封信，提出希望自己帶的中國留學生能到廠裡實習一段時間。接到教授的信後，他的學生層層請示，多方協調，最終批准毛炳權來廠實習。當時仿造齊格勒–納塔的技術算是世界最尖端的技術，而且仿製這項技術是蘇聯國內的高度保密項目之一。若不是因為導師的推薦，毛炳權作為一名外國人，恐怕沒有任何機會到這個廠實習，也許也就沒有了他畢業回國後自主研製催化劑的事情了。

1958 年，門捷列夫化工學院校長和教授與
外國留學生合影(二排右七為毛炳權)

毛炳權實習的這個工廠同時也生產軍工產品，特別是一些特殊的化學武器，這更是高度機密，這是毛炳權無意中得知的。廠裡研製的聚乙烯裝置是仿製西方國家的，經過近兩年的研究，這套仿製的裝置已經達到了半工業化生產的階段。毛炳權進廠實習時，蘇聯專家正在對聚乙烯裝置做進一步完善。他透過實習，也對聚乙烯的原理和生產流程都有了了解，這些寶貴的經歷也成為毛炳權歸國後科學研究道路上的鋪路石。毛炳權在多年後回憶發揮廠裡的情況時說到，與現在的聚乙烯裝置生產相比，當時的裝置還是存在許多問題的，相當不穩定，畢竟是仿造的發揮步階段，各項準備與工作都不夠成熟，儘管如此，這在當時來說已經是世界級水平了。

毛炳權在工廠裡待了一月有餘，這一個月裡，他的主要工作就是觀察、了解仿造工作的實驗程式、催化劑的組分和性能。這些程式與後來國內的實驗程式是一樣的，先做小試，然後中試，中試以後才建生產裝置，從小試到建生產裝置，一般需求一至三年的時間。當時中蘇關係還是穩定的，所以工廠裡的工人和知識分子對待毛炳權都非常熱情，會陪同毛炳權一同參觀，還會向他講解實驗的危險之處和容易出現的問題。有些化學物質如烷基鋁一旦暴露在空氣中便會自燃，當時有個工人在取樣時曾出現過自燃並造成工傷。蘇聯同志在向毛炳權講解時，重點囑咐他在以後做實驗的時候要特別注意安全。

除了在聚乙烯廠實習外，毛炳權還到尼龍廠參觀實習。尼龍是聚酰胺纖維(錦綸)的一種說法，可製成長纖或短纖。尼龍是美國傑出的科學家卡羅瑟斯及其領導下的一個科學研究小組研製出來的，是世界上出現的第一種合成纖維。尼龍的出現使紡織品的面貌煥然一新，它的合成是合成纖維工業的重大突破，同時也是高分子化學的一個非常重要的里程碑。1938 年 10 月 27 日，美國杜邦公司宣布世界上第一種合成纖維誕生，並將聚酰胺 66 這種合成纖維命名為尼龍(Nylon)。尼龍的合成奠定了合成纖維工業的基礎。從第二次世界大戰爆發直到 1945 年，尼龍工業被轉向制降落傘、飛機輪胎簾子布、軍服等軍工產品。由於尼龍的特性和廣泛的用途，第二次世界大戰後發展非常迅速，尼龍的各種產品從絲襪、衣服到地毯、繩索、漁網等，以難以計數的方式出現。尼龍是三大合成纖維之一。1958 年 4 月，第一批中國國產聚已內酰胺試驗樣品在遼寧省錦州化工廠試製成功。產品送到北京纖維廠一次抽絲成功，從此拉開了中國合成纖維工業的序幕。毛炳權在蘇聯尼龍廠實習時，被安排在生產尼龍單體的合成工廠，主要學習尼龍生產的原理及工藝流程。

除了參加實習之外，毛炳權臨近畢業時，還要集中精力完成畢業論文的寫作。毛炳權就讀的高分子化合物專業是五年制，自從順利轉專業後，他就在導師的指導下邊學習邊進行一些與專業有關的科學研究。到畢業前夕，他已有近兩年的科學研究經驗。此外，他還做過大量的研究與設計工作，並在大學三年級下學期時參加了科學研究小組活動。在大學 5 年時間內，他的全部十幾門功課考試成績都是優秀。

同時，他還給蘇聯高分子方面的核心學術期刊《高分子化合物》雜誌投了兩篇研究報告，在 20 世紀 60 年代就發表出來。畢業論文和研究報告的完成，使毛炳權順利完成了學位論文和後期的答辯。

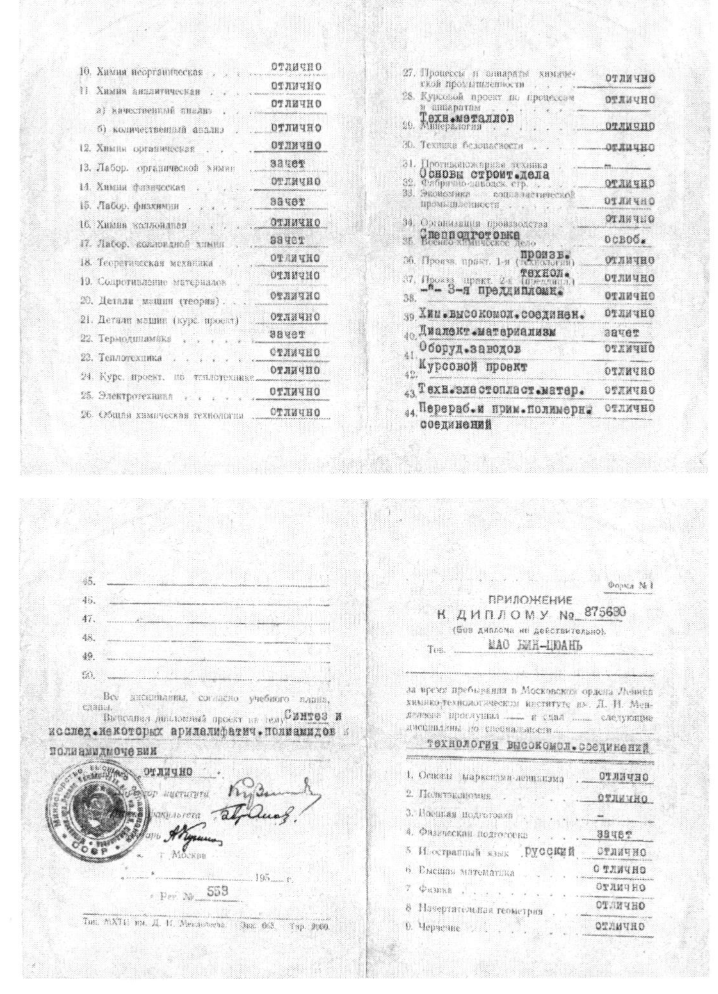

10. Химия неорганическая ... отлично
11. Химия аналитическая ... отлично
    а) качественный анализ ... отлично
    б) количественный анализ ... отлично
12. Химия органическая ... отлично
13. Лабор. органической химии ... зачет
14. Химия физическая ... отлично
15. Лабор. физхимии ... зачет
16. Химия коллоидная ... отлично
17. Лабор. коллоидной химии ... зачет
18. Теоретическая механика ... отлично
19. Сопротивление материалов ... отлично
20. Детали машин (теория) ... отлично
21. Детали машин (курс. проект) ... отлично
22. Термодинамика ... зачет
23. Теплотехника ... отлично
24. Курс. проект. по теплотехнике ... отлично
25. Электротехника ... отлично
26. Общая химическая технология ... отлично

27. Процессы и аппараты химической промышленности ... отлично
28. Курсовой проект по процессам и аппаратам ... отлично
29. Техн.металлов (Минералогия) ... отлично
30. Техника безопасности ... отлично
31. Противопожарная техника ... –
32. Основы строит.дела (Фабрично-заводск. стр.) ... отлично
33. Экономика социалистической промышленности ... отлично
34. Организация производства ... отлично
35. Спецподготовка (Военно-химическое дело) ... освоб.
36. Произв. практ. 1-я (произв.) ... отлично
37. Произв. практ. 2-я (технол.) ... отлично
38. -"- 3-я преддиплом. ... отлично
39. Хим.высокомол.соединен. ... отлично
40. Диалект.материализм ... зачет
41. Оборуд.заводов ... отлично
42. Курсовой проект ... отлично
43. Техн.эластопласт.матер. ... отлично
44. Перераб.и прим.полимерн. соединений ... отлично

45.
46.
47.
48.
49.
50.

Все дисциплины, согласно учебного плана, сданы.

Выполнил дипломный проект на тему Синтез и исслед.некоторых арилалифатич.полиамидов и полиамидмочевин

отлично.

Директор института

Декан факультета

Секретарь

г. Москва

" " 195 г.

Рег. № 559

Тип. МХТИ им. Д. И. Менделеева. Зак. 663. Тир. 2000.

Форма № 1

ПРИЛОЖЕНИЕ

К ДИПЛОМУ № 875680

(Без диплома не действительно).

Тов. МАО БИН-ЦЮАНЬ

за время пребывания в Московском ордена Ленина химико-технологическом институте им. Д. И. Менделеева прослушал и сдал следующие дисциплины по специальности

технология высокомол.соединений

1. Основы марксизма-ленинизма ... отлично
2. Политэкономия ... отлично
3. Военная подготовка ... –
4. Физическая подготовка ... зачет
5. Иностранный язык русский ... отлично
6. Высшая математика ... отлично
7. Физика ... отлично
8. Начертательная геометрия ... отлично
9. Черчение ... отлично

毛炳權在留蘇期間大學五年的全優成績單

毛炳權在校期間的優異表現讓他的導師印象深刻，為此他的導師在很早之前就跟他談過繼續深造的問題。導師提議毛炳權留在蘇聯，繼續讀研究生，爭取拿到「副博士」學位。「副博士」學位是蘇聯特有的，研究生畢業後可授予「副博士」學位，前提是要在本科的基礎上再讀一些專業課程，搞三四年研究，在蘇聯比較高級的雜誌上發表三篇論文。在具備了這樣的條件後，才可以參加副博士畢業答辯。毛炳權讀本科期間已給雜誌投了兩篇文章，反應不錯，雜誌準備發表。所以，如果繼續讀研究生，只需再上一些專業課，再發表一篇論文便可在兩三年內順利拿到副博士學位了。

導師一心想把毛炳權留在蘇聯繼續深造，他在徵求毛炳權意見的同時，還給中國駐蘇聯大使館寫了一封信，表達了打算讓毛炳權留校深造的意願，希望能得到中國方面的支持，他托毛炳權把信轉交給大使館。說心裡話，導師的提議還是很吸引力的，毛炳權一開始有些動心了。但後來經過反覆考慮，毛炳權最終還是決定回國。他覺得，國家送他們出來學習，就是為了培養他們建設國家的本領，畢業後自然應當回國效力。加上蘇聯和中國的報紙上到處都是國內經濟大躍進的消息，他看到國家正處於經濟發展時期，作為祖國培養的學子，他理應早日回國，為國家建設添磚加瓦，於是，毛炳權果斷放棄了繼續深造的機會。他將自己的想法告訴了導師，導

1959 年，五一節紅場遊行後在到莫斯科河畔
向莫斯科告別的合影(左二為毛炳權)

師覺得非常可惜，可也深深被他的愛國之心感染。導師對他說：「如果你以後想繼續讀書深造，什麼時候回來都沒問題。只要你們國家同意你過來，我就可以接收你為研究生。」他們都沒有想到，兩年之後，中蘇兩黨在意識形態方面的分歧不斷擴大，矛盾越來越深，兩國的關係也因此受到影響，最終走向破裂，想去蘇聯讀書已是不可能的事了。

1959 年，蘇聯同學在車站歡送畢業
回國的中國同學(左二為毛炳權)

1959 年 6 月，毛炳權完成了畢業論文的答辯，5 年的留蘇學習生活在此畫上了一個圓滿的句號。他和數百名完成學業的中國同學告別了學校，告別了蘇聯，分批從莫斯科乘坐火車返回中國。臨行時，毛炳權的蘇聯老師、同學與他熱烈擁抱，依依惜別。雖然此時中蘇矛盾已經開始激化，但雙方都沒有公開，一般的普通百姓都不知道。當時蘇聯的教育部部長仍專程到火車站來給中國留學生送行，並發表了熱情洋溢的講話，祝願留蘇學生們歸國後會有美好的發展，用自己的所學報答祖國的培養，做中蘇友好的使者。

1959 年，莫斯科門捷列夫化工學院畢業班合影(第二排左二為毛炳權)

ДИПЛОМ

С ОТЛИЧИЕМ

Л № 875630

Настоящий диплом выдан Мао Бин-цюань

в том, что он в 1954 году поступил в Московский ордена Ленина химико-технологический институт им. Д.И. Менделеева

и в 1959 году окончил полный курс названного института

по специальности „технология высокомолекулярных соединений"

Решением Государственной экзаменационной комиссии от 19 июня 1959 г.

Мао Бин-цюань

присвоена квалификация инженера-технолога

Москва 1959 г.

Регистрационный № 553

大學畢業證書

第六章

成都十年

1959年6月，毛炳權和留蘇同學們分批回國，他們仍然從北京前門火車站下車。一下車，他們就感到了北京的朝氣蓬勃。在從北京站到北京外國語學院的路上，他們欣喜地看到，「大躍進」中的北京正在發生著巨大變化，他們看到了一個建設中的中國。

留蘇歸來的同學們陸續來到北京外國語學院集結，在此等待分配。這時的北京外國語學院已經遷到北京魏公村附近的新校址。原本以為只是短暫的等待，卻沒想到，在北京外國語學院一等就是四個多月。毛炳權曾打算，回到北京後，等分配完畢就請假回一趟老家，探望探望家人，父親去世後，他還沒有回過家，心中總是有著牽掛。為了能夠早日回家，他在莫斯科就買好了從莫斯科經北京到廣州的火車票，以縮短在北京停留的時間。可分配問題遲遲定不下來，他也無法請假，即使請假也不會批准，只好退票。在等待分配期間，教育部頻頻請人做報告，這些報告人中間有好幾位是當時中央政府的部長，透過報告會向留學生們介紹國內當前的形勢，要求留蘇學生們跟上形勢的發展，統一思想，統一行動。實際上，是對毛炳權他們進行了四個多月的思想教育。

其實，毛炳權和留蘇學生們從北京一下車，已經感到這座城市的巨大變化。雖然從1957年回國探親路過北京僅僅兩年時間，北京的變化仍然令他們驚喜不已。此時正是全國都在「大躍進」的年月，北京的城市建設更是日新月異。為了迎接中華人民共和國成立十週年，天安門兩側正在修建人民大會堂和中國歷史博物館，長安街上在修建民族文化宮、民族飯店。1956年建設的北京電報大樓已經在1958年投入運營。此時的天安門附近如同一個大工地，許多老房子拆除了，天安門廣場擴大了很多，顯得更加氣勢恢弘。而且，毛炳權和從蘇聯回來的同學聽說，人民大會堂、北京火車站等建築是要向國慶獻禮的十大工程，他們很興奮地跑到建築工地去參觀，熱氣騰騰的建築工地使他們感受到了祖國在發展，在前進，他們心中油然而生一種自豪感和責任感。

在焦急地等待分配的同時，這些留蘇學生們也透過家信和其他一些途徑了解了國內的一些具體情況。他們在蘇聯了解的國內「大躍進」情況和回到國內後了解的有些不太一樣。在蘇聯的時候，新聞宣傳說，中國「大躍進」的運動，是中國國家生產力水平提高的象徵，在這個運動中，中國糧食產品增長多少，鋼鐵產量增長多少等。可回國後，一開始也是看到了北京熱火朝天的建設場面，到處搞建設，紅旗飄飄，歌聲陣陣，標語遍地，紅紅火火。但是，從各地同學家鄉的來信中，他們卻知道了一些報紙上沒有報導的事情。比如，大煉鋼鐵中，從城市到農村，到處都在建高爐，煉出了好多廢鐵；農村的糧食產量更是浮誇，畝產放衛星，放到畝產一萬斤，整個國家處於一種狂熱的局面。毛炳權他們當時還沒有意識到，他們等待分配的日子在中國的歷史上是個特殊時期。隨著「大躍進」運動的發展，中共中央已逐漸意識到似乎已經偏離了最初設定的目標，呈現出「左」的趨勢。為了「糾左」，1959 年 7 月至 8 月間，中共中央在江西廬山舉行了一次政治局擴大會議和中國共產黨第八屆第八次會議，後來這次會議又被稱為「廬山會議」。在廬山會議上，彭德懷對「大躍進」提出了批評意見，並且呈上「萬言書」，這封「萬言書」在肯定「大躍進」獲得成效的同時，重點提出了其存在的嚴重問題及原因，並試圖總結其經驗教訓。然而令彭德懷始料未及的是，廬山會議以後，這封「萬言書」的內容再也不是問題的焦點，對全局對事業而言，毛澤東的威信，共產黨對國家機構領導權的合法性以及黨的凝聚力變成了問題的焦點。1959 年 8 月 2 日，八屆八中全會宣布彭德懷、黃克誠、張聞天、周小舟為「彭德懷反黨集團」，認定四人否定「大躍進」成績、反對經濟發展、反對全民煉鋼等，在對於社會主義建設事業的領導上犯了「具有反黨、反人民、反社會主義性質的右傾機會主義路線的錯誤」。至此，廬山會議由「糾左」轉為「反右」。

毛炳權等留蘇歸來的學生對「大躍進」運動暴露出來的各種缺

點、錯誤也感到十分不解，有些同學在聽完報告後，給做報告的有關領導寫條子追問原因，希望能有個明確的答案，使做報告的領導很被動。時任中央文教小組副組長的康生當時主要負責文化教育方面的工作，當他得知留蘇學生對「大躍進」運動存在質疑時，十分震怒。有一天，他親自給留蘇學生講話，講話中，他大發雷霆：「你們這些人，國家悉心培養你們，你們不把思想好好改正，一個個眼看就要變成『右派』了！」針對留蘇學生的思想狀況，中共中央的領導人們為了使留蘇學生們少犯或不犯政治上的錯誤，更加抓緊了他們的政治學習。學習國內的形勢、黨的政策，適應新形勢、新情況，學會自我檢討。這個時期的輿論導向也發生了重大變化，對浮誇的糧食產量和鋼鐵產量的宣傳悄然消失了，宣傳的中心變成了對「彭德懷反黨集團」的批判，黨內外都集中反右傾。毛炳權和同學們的學習內容也在變化著，在為期四個月的學習中，學習了大量的政治書籍和文件。雖然學生們受到了康生的批評，但並沒有妨礙黨和國家對他們的重視。在他們學習期間，經常有中央領導到學校看望他們。在他們分配前夕，劉少奇、周恩來、朱德、鄧小平、彭真、陸定一等中央領導專門在中南海接見了他們，並和全體同學合影留念。

1959 年的國慶節到了，毛炳權和同學們一發揮在北京度過了一個快樂的國慶。他們親眼看到了首都「十大建築」的投用，親身經歷了國慶活動。為慶祝國慶十週年，國家在天安門廣場舉行了莊嚴的閱兵式和有 70 萬人蔘加的國慶大遊行；晚上有 150 萬人蔘加了天安門廣場歌舞狂歡晚會活動。北京市委規定，為了慶祝建國十週年，駐京部隊和北京各黨政機關、大中學校、文藝團體、體育工作者及北京市民，都要積極參與到這項慶典工作中來，毛炳權和同學們也不例外。在參加國慶活動的時候，毛炳權和同學們更是親身感受到國家對他們的重視。在參加閱兵式這天，他們來到了天安門廣場，被安排到了群眾隊伍的第一排，他們的前面是準備獻花的首都少先隊員。當閱兵部隊從廣場上透過時，他們的視野沒有任何遮擋，一覽無遺，這也讓他們的情緒特別熱烈。國慶節的晚上，毛炳權和同學們參加了天安門廣場的狂歡晚會，他們興奮地跑到各個演出場地觀看表演，整個天安門廣場變成了歡樂的海洋。

奔赴大西南

國慶節過後，一切歸於平靜。毛炳權和同學們也等來了自己的分配結果，毛炳權被分配到了四川成都工學院。這個分配結果讓他感到很意外，本來他填報志願的時候只寫了兩個地方——北京和廣東，同時考慮到專業對口的問題，他選擇了北京的兩個單位：一個是中國科學院化學研究所，一個是化工部北京化工研究院。如果不能留在北京，他希望可以回到廣東，這樣可以方便照顧家人。結果兩個願望都沒有實現，他有些納悶：到底自己是怎麼突然被分配到成都去了呢？直到他到了成都工學院後才解開這個謎團。

原來，在1958年的時候，國家教育部代表團去蘇聯和民主德國考察，代表團中有一名成員是成都工學院塑料專業的教授徐僖。代表團來蘇時，駐蘇聯大使館邀請毛炳權擔任代表團的翻譯。在這個過程中，毛炳權的敬業、專業和謙和作風，使他贏得了代表團成員們的很高評價。當徐僖教授得知毛炳權是學高分子化合物專業的留學生時，心中十分喜歡這個勤奮的學生，回國後便向教育部指名要人。在國內教育界，徐僖教授是很有威望的。他是我國傑出的科學家，後來成為中國科學院院士、英國皇家化學會會員，是我國高分子材料學科的開拓者和奠基人之一，在高分子降解、共聚力化學、高分子共混材料的形態與性能等方面取得了突出的研究成果。他還撰寫了我國第一本高分子專業教科書《高分子化學原理》。一個著名教授點名要一個學生，不出意外的話是能夠做到的。因此，1959 年畢業分配時，毛炳權就被分配到徐僖所在的成都工學院。分配地點確定後，從未到過四川的毛炳權和 7 位留蘇同學一發揮坐火車從北京向成都進發。只不過，這一次他們是從剛剛建好的新北京車站出發的。以前的前門火車站淡出了歷史舞台，在其西側不遠處，新的北京站矗立了發揮來。新北京站站房大樓坐北朝南，建築雄偉壯麗，具有濃郁的中華民族傳統建築風格。12 個旅客候車室總面積達 14000 平方米，可以同時容納 14000 名旅客候車。大樓內旅客候車室、母子候車室、電影廳、遊藝廳、旅客餐廳、郵局、醫務室等設施一應俱全。車站站房樓頂裝設了兩座大理石鐘面的四面大鐘，會在每天早上 7 點到晚上 9 點的正點時分敲響鐘聲並播放樂曲「東方紅」，成為北京站的一大特色。北京火車站新站建成之始，毛澤東、劉少奇、朱德、周恩來和中央其他領導同志，曾先後到站視察，毛澤東主席視察新建北京站後親筆題寫「北京站」站名。車站根據周總理指示將這三個立體大字放置在車站正面中央正上方。毛炳權對這座僅用十個月就建成宏偉建築充滿了好奇，臨行前還在北京新站認真參觀了一番。

毛炳權自從參軍後，從參加抗美援朝開始，一直在北方工作和生活，5 年留學生生活更是在北方的蘇聯度過。這次分配讓他重新回到南方，只是這個南方是當時交通很不方便的大西南，同時，這也是令他神往已久的「天府之國」。在坐了幾天的火車後，他們進入了山青水秀的成都平原。當年留蘇歸國的同學中，一發揮從北京到成都的四川省高教局報到的共有 7 人，其中有 4 人是學化學和化工的，毛炳權與另一位從蘇聯烏拉爾工學院化工機械專業的同學被分配到成都工學院；一位從莫斯科大學畢業的化學專業的學生被分至四川大學。毛炳權與這位莫斯科大學畢業生十分熟悉，兩人曾在門捷列夫化工學院共住過一個宿舍。這位室友比毛炳權年長許多，當

與徐僖院士留影

與徐僖院士、程鎔時院士和漆宗能研究員

年曾是革命隊伍中的「紅小鬼」。他留蘇之前曾在南京大學就讀一年，到了蘇聯後，與毛炳權同校同專業且同宿舍。他在門捷列夫化工學院讀了一學期後，發現自己讀的專業不合適，便轉到了莫斯科大學讀化學系；另一位畢業於列寧格勒大學化學系的女同學亦被分至四川大學。另有地質專業的三名學生被分至成都地質學院。他們在四川省高教局等了近半個月，才分別來到了各自的學校。

雖然來成都不是自己的意願，但當時人們的普遍觀念是個人服從組織，要堅決服從上級分配，不能在分配問題上向組織討價還價。每個畢業生都是一粒革命的種子，革命事業把自己放在哪裡，就要在哪裡生根、開花、結果。當年毛澤東主席的一段話成為許多人的座右銘：「我們共產黨人好比種子，人民好比土地。我們到了每個地方，就要同那裡的人民結合發揮來，在人民中間生根開花」。毛炳權也不例外。也許是多年在國外和國內大城市居住的原因，當時成都的落後有些出乎毛炳權的想像，走出成都火車站後，他感覺這是一座很舊的城市，大片大片簡陋的平房，狹窄的街道，使他一時不太適應。這主要是由於他還有些下意識地把成都與莫斯科和北京相比，退一步說，有時也與廣州、長春和大連相比。相比之下，當時的成都無疑落後了很多。而且，當時正值困難時期，成都市的工業發展不好，糧食也處於短缺狀態，城市顯得沒那麼有生氣。但是，成都悠久的歷史、宜人的氣候和美麗的風景，帶給毛炳權新的感覺。成都在全國也是數得上的大城市，各方麵條件還是不錯的。走出校門的毛炳權，在成都走上了自己的工作崗位。

成都工學院的幾次調動

成都工學院在 20 世紀五六十年代是全國知名工學院之一，省級重點院校，擁有全國首批國家二級教授 8 人、一級教授 2 人等一大批專家，先後培養本科生及研究生約 3.6 萬人。當時全國各大高校的教材都是聯合編寫，化工部決定將高分子化學及物理學的教材編寫工作交給成都工學院、北京化工學院、浙江大學等幾所高校來完成。在這幾所高校中，要以成都工學院為主導。由此不難看出，當年成都工學院確實有著十分強大的師資力量。剛剛來到成都工學院，毛炳權被分到了塑料教研室。

雖然是一所國內著名高校，但由於當時國家的經濟比較困難，學校的各方麵條件都不是太好，在管理上也不盡如人意。

毛炳權來到成都工學院後，被安排到教職員工的集體宿舍住宿。宿舍就在校園裡，毛炳權來到宿舍後發現，與自己同住一個房間的室友還帶著一個孩子。雖然很不方便，當時學校條件就是這樣，大家都需求相互體諒，毛炳權也沒有挑剔，一切順其自然。將行李放在自己的床底下，有些小東西放到了床上。安排妥當後，毛炳權與幾個同時分配到成都的留蘇同學商議回家探親之事。本來回國後就應該有個探親假的，正趕上「廬山會議」和「反右傾」，運動安排得很緊，在北京的時候沒有時間回家探親。如今工作已經安排好了，他們幾個覺得有必要先回家探望一下，順便也向家人們說說自己這幾年在蘇聯留學的情況。可當他們就向學校提出了探親要求時，學校人事處負責人不以為然，還頗為不滿地反問他們：「你們怎麼一分配就要回家？」毛炳權和同學們據理力爭道：「不是我們要回家，是教育部通知我們的，讓我們從蘇聯回來後回家探親」。同時，他們還向這位負責人提供了教育部連繫人的姓名和電話。在他們的爭取下，學校批准他們回家探親。

探親假時間並不長，連路程在內只有半個月時間。要從成都坐火車到鄭州轉車再到廣州，然後到東莞縣城，由此回到萬頃沙村，在家中沒住幾天，探親假就要結束了，毛炳權很快返回成都。當來到宿舍時，他驚訝地發現自己的行李已不知去向，自己睡的床鋪也被別人占了。他不知發生了什麼事，非常著急。行李本身值不了多少錢，可從蘇聯帶回來的書籍、資料、照片和幾年積累的紀念品，卻是多少金錢也換不來的。他趕緊把這個情況向學校有關負責人反映，學校反應也比較快，重新給他安排了宿舍，與另外一位同事共住一間。而他的行李也被從一間倉庫中找了出來，好在沒有東西遺失。在新宿舍住了半年，室友的愛人從北京調到成都，學校安排他們夫婦暫時住在這間宿舍裡，毛炳權再次從宿舍裡搬出來。學校第三次給毛炳權安排宿舍，但是，這時學校的人員越來越多，安排兩人一間的宿舍已經不可能了，毛炳權被安排進了一個三人宿舍。分配到成都工學院不到三個月，換了三次宿舍。不過，這一次總算安穩下來了。

當時毛炳權的每月的糧食定量是 33 斤，每天在學校食堂吃飯。但此時國家正是經濟困難時期，「全國一盤棋」，人人都要做貢獻。所以，他每個月還要向學校交出 2 斤糧票，統一調撥。當時的副食品供應也不充分，人們主要以吃糧食再加上一些蔬菜為主，毛炳權這樣的年輕人根本吃不飽。好在他的同學、後來的妻子劉新香，時常會從北京給他寄些全國通用的糧票過來，稍稍緩解了他的困難。其他人就沒他這樣幸運了，因四川糧食緊缺，當時學校好多人都因營養不良患上了浮腫病，毛炳權也有一點浮腫，但遠沒別人那樣嚴重。

生活上好些壞些都能將就，來到成都工學院後，毛炳權的主要精力還是放在工作上。他之所以剛到成都工學院就被分到了塑料教研室，也與徐僖教授有關，塑料教研室的主任就是徐僖。不過，此時的徐僖教授的情況不是太好。毛炳權一到塑料教研室就過去找徐僖教授，被告知在校內某地參加勞動。毛炳權立即趕到徐教授的勞動場地，兩人相見後非常親熱。

「反右」運動以後，徐僖被定為了「白專典型」，作為一名資產階級知識分子，他要經常參加勞動，以促進世界觀的改造。因此，這位老知識分子名義上還是教研室主任，但主要精力都不可能放到科學研究上。即使如此，老教授在專業上還是有很強的話語權的。他對毛炳權的到來表示了熱烈歡迎，希望他能排除干擾，沉下心來做好工作。這恰恰也是毛炳權所想的，他想到自己留學 5 年，就是在學習建設祖國的本領。如今回到祖國，用自己的所學報效祖國的時候到了，無論面對什麼情況，自己都要用滿腔熱情做好本職工作。於是，他在塑料教研室上班後，努力熟悉工作環境，熟悉本單位的科學研究情況，認真學習有關方面的技術資料，工作非常踏實。然而剛剛工作了不到一個月，由塑料教研究室分出了一個化學纖維教研室，化纖亦屬於高分子，毛炳權被調至化纖教研室工作。

毛炳權被調到化纖教研室也算是一個機緣，1960 年 3 月，蘇聯化纖專家羅果文來華訪問時，應邀到成都工學院講學。羅果文原是莫斯科紡織學院化纖教研室主任，他與毛炳權的蘇聯導師是好友，與毛炳權算是老相識了，毛炳權在蘇聯讀書時也跟他有過幾面之緣。為此，他到成都工學院訪問時，點名讓毛炳權參與接待併負責部分翻譯工作。這次短暫的接待工作結束後，學校考慮到毛炳權對化纖方面的知識比較熟悉，將他由塑料教研究室調至化纖教研室。

剛剛調過去的時候，毛炳權的主要任務是帶著學生做一些高分子的實驗工作，並輔導學生進行畢業論文的選題及寫作等。因當時高校對學生的畢業論文要求並不十分嚴格，所以毛炳權的工作也相對比較簡單。此外，他重點參加了化纖工藝學的教材編寫工作。編寫教材的工作由整個化纖教研室的教師共同承擔，不過當時編寫教材主要參考蘇聯化纖方面相關書籍和資料，任務相對單純得多。通曉俄文是毛炳權的優勢，他在教材編寫中得心應手，效率很高，這讓毛炳權在教材編寫過程中很受重視。毛炳權回憶，這次的教材編寫在很大程度上是參照的國外資料，自然也就缺乏自主性與創新性。這種工作也就是將外國的資料翻譯過來，編寫成學生學習用的教材即可。這對毛炳權和他的同事們來說，並沒有什麼難度，僅用了三四個月的時間便完成了教材編寫任務。

到成都工學院之後，毛炳權還是像在蘇聯學習一樣，一心一意撲在工作上。在同批入校的年輕教師中，他是佼佼者。入校僅兩三年時間，他便在徐僖教授的幫助下開設了自己的高分子化學課和高分子物理課。擁有自己的主講課程，這對一名大學老師來說，是值得自豪的事情。尤其是一名進校不久的年輕老師，取得這樣的業績是很不容易的，除了有很強的專業知識外，還要有勤奮的治學態度。也正是這種勤奮的學習態度，使毛炳權的學識越來越淵博。

和他曾在單身宿舍做了 5 年的室友、後來的四川大學教授何勤功對筆者說：當年的毛炳權學識淵博，真的是上知天文，下知地理；不論古典詩詞、交響音樂還是體育電影明星，他差不多都知道。他的專業基礎知識非常扎實，幾乎很少能考倒他。我們單身員工的午餐都是在教工食堂吃，午餐時很熱鬧。大家喜歡擠在一張桌子上邊吃邊聊，一張飯桌有時會擠上十幾個人，話題是古今中外、海闊天空，十分放鬆。有一次在講到宋慶齡的出生年月時，毛炳權立刻說出了答案，當時不少人將信將疑。毛炳權做什麼事情都非常認真，看到有同事表示懷疑，他就在這天下午來到學校圖書館，查閱了《蘇聯大百科全書》。在次日的午餐聚會時，他對大家說：根據《蘇聯大百科全書》記載，宋慶齡是 1893 年 1 月 27 日生於上海，和毛主席同齡。當時就有人喊了聲：「毛百科」，大家都笑了發揮來。

與何勤功教授討論問題

因為毛炳權這個「毛百科」的雅號，是當時成都工學院的一些年輕助教們先喊出來的，大家在這裡只是重複一下。早在留蘇期間，《蘇聯大百科全書》的一些篇章已經成為毛炳權及其同學們必讀的課外讀物，他曾對我們說：「這是一部非常好的工具書。一個題目，簡簡單單給你講。而如果去看專業書，一個小問題就是一本書，看百科全書反而可以節約時間，你可以先大致了解情況，然後再查看其他比較專業的書」。

1963 年暑假放假前的兩週，毛炳權的教學任務已經完成，在學校閒著也沒有什麼事。本來打算請假早走幾天，回北京探親。但當時學校要求很嚴格，不到放假時間，誰也不能請假早走。既然不能早走，那也不能浪費時間。毛炳權便和何勤功商量，利用這半個月寫篇論文。放假之前，他們參與了教研室的聚甲醛研究，已經查閱了不少文獻資料，做了一些針對性的分析。而當時在國內還沒有見到有這方面的文章發表，他們計劃結合這段時間的研究，寫一篇關於醛酮類聚合物的綜述性文章。他們先在圖書館泡了一個星期，查閱、整理資料，商量發揮草了一個提綱，決定文章的頭尾兩節二人合寫，其他每人寫兩節。寫完後，何勤功把文章抄好寄往北京《化學通報》編輯部。

這篇論文指出：從 1955 年杜邦公司連續發表了關於熱穩定的性聚甲醛的專利後，醛類聚合得到了世界各國的重視。最近幾年，來，大量發表的文獻表明，醛類聚合物的研究已經進入了一個新的階段，從價廉易得的單體醛類合成熱穩定的高聚物，在國民經濟中具有重大意義，作為合成材料。它不僅代替了大量金屬構件，而且可以供作纖維、橡膠、薄膜及其他廣泛用途……醛類聚合物的研究目前雖是萌芽，但已經取得了一定的成就。期待不久將來，會出現更多性能優異的醛類聚合物。這篇論文從醛類聚合物的合成方法、聚合物的結構、降解與穩定性、聚甲醛、乙醛及其他高級醛類聚合物、氟代醛聚合物、不飽和醛類聚合物和酮類聚合物等方面做了全面分析。並得出了結論：某些醛類聚合物雖然在很早以前就有所報導，但是大量對醛類聚合物的研究還是最近幾年的事。這些時期內制得了具有熱穩定性聚甲醛，發現了乙醛聚合的幾種方法，得到了一系列等規的聚醛類和聚酮類。考慮到此類聚合物有良好的性能，而這些單體，特別是甲醛、乙醛、丙酮等，在工業上已經大量生產，並且價廉易得。因此，對醛酮類聚合物的研究不僅具有理論意義，同時有更大的實際意義。目前的關鍵問題是，透過什麼方法來獲得具有良好熱穩定性的聚合物。可以想像，一旦這個問題獲得解決，甲醛、乙醛、丙酮等聚合物將會是合成材料中大量生產的重要品種。這是值得十分重視的。此外，含氟醛和不飽和酮類的聚合物具有某些特殊性能，也是一些有希望的品種。所有這些都 有待進一步研究和探討。

1964 年，《化學通報》第 1 期以「醛酮類聚合物」為標題，用 10 個頁碼發表了毛炳權、何勤功的文章。不久，編輯部給他們寄來了兩本樣刊和 103. 55 元稿費，這相當於他們兩個人一個月工資之和。收到稿費的時候，他們剛剛從「四清」現場回到學校。論文的寫作是需求以大量的知識積累為基礎的，毛炳權就非常注意知識的積累。他平時在教課的同時，也陸陸續續參與了學校部分教材的編寫，包括高分子化學、塑料工藝學、化纖工藝學許多內容，還積極參與了學校的一些科學研究工作。他把教學和科學研究的實踐與理論相結合，認真撰寫論文，除了與何勤功合寫的一篇外，還有一篇高分子物理的論文被《化學通報》刊登。毛炳權有著高學歷和淵博的知識面，再加上有很強的實踐能力和理論知識，很快就在成都工學院打開了局面，其工作能力與業務水平獲得了眾人的認可。不久，毛炳權的工資升了一級，這在當時是相當不容易的事情。在「反右」之前，國內大學畢業生的工資是教育 12 級。「反右」之後，不知什麼原因，大學畢業生的工資降到了教育 13 級。毛炳權從蘇聯留學回來，加上在大連工學院讀的一年書和在俄專的學習，共上了 7 年大學，按國家的規定，他定為教育 12

級。工作兩年後，他的工資級別上升為教育 11 級。

1961 年，也就是毛炳權分配到成都工學院的第三年，他結婚成家，妻子在北京工作，他們開始了為期十年的兩地分居生活。令毛炳權沒想到的是，因為表現太過突出，學校化工系有個別領導不知為什麼，對他有了看法。而且，因為妻子的家庭有海外關係這個問題，系裡沒有安排他下廠實習。他在化纖教研室工作了兩年後，被調到高分子化學教研室搞發揮了專業基礎課。

經歷「四清」

1963 年寒假，毛炳權原想去北京看望妻子。這一年，已經是毛炳權來到成都工學院的第 5 個年頭了。當他正在做著赴京的準備時，卻接到學校通知：所有教師寒假都不能離校，要留下來搞「四清」。毛炳權只好寫信把這一消息告訴了妻子，無奈之下，妻子從北京請假到成都看他，在成都僅僅住了三天，便匆匆返回北京。

妻子離開成都後，毛炳權就接到通知，學校師生都要作為省委工作組的成員，代表四川省委到農村去搞「四清」，調查農村幹部多吃多占的情況。所謂四清運動是指 1963 ~1966 年，中共中央在全國城鄉開展的社會主義教育運動。四清運動的內容，一開始在農村中是「清工分、清帳目、清倉庫和清財物」，後期在城鄉中表現為「清思想、清政治、清組織和清經濟」，其發揮因與「大躍進」時期基層幹部的惡劣行為有關。自「三年困難時期」始，四川這個天府之國就已成為了糧食緊缺的地方。在許多年之後，毛炳權查找相關資料才知道，四川糧食的緊缺並非受天災的影響，而是國家從四川抽調了大量的糧食，使這個產糧大省也不堪重負。在「四清」運動中，大批農村基層幹部受到衝擊，同時也讓飽受疾苦的農民有了怨氣。

毛炳權等人蔘加的這支「四清」工作隊，去的地方是宜賓市郊區的人民公社，主要調查幹部有無貪汙問題，有無欺軟怕硬、欺上罔下等問題。那段「四清」的經歷還是很辛苦的，白天跟農民一發揮勞動，晚上集中開會，經常開到深夜，飯吃不飽，覺也睡不好。當時充饑的主要食物就是地瓜。提發揮當年的地瓜，毛炳權便忍不住笑：「現在的人都覺得地瓜挺好吃的，可我們那時天天吃可難受了，吃多了吐酸水，還不頂飽。」

儘管條件不好，可上級交給的工作還是要認認真真地做好。毛炳權和「四清」工作隊的同志，除了勞動、開會外，還要抽出一定時間到農民家家訪。在這個郊區公社待了一個多月，毛炳權到過不少農民家庭家訪。他所在的公社有個不足 200 人的生產隊，在實地調查發現，隊裡因饑餓而死的人有 9 人之多。這幾名死者多為家中的壯勞力。這些壯勞力多是上有老，下有小，他們覺得不能苦了老人，更不能苦了孩子，自然只能從自己的嘴裡省出口糧，養活老人和孩子。他們則餓著肚子出工勞動，因為糧食不夠吃，這些人很快就得了浮腫病，後來不治身亡。透過老百姓的講述，毛炳權等人才了解到，貪汙的情況雖有，但為數不多，情況嚴重的幹部當場就撤銷了職務。可眼下最關鍵的問題不是貪汙，而是饑餓。

完成「四清」任務後，毛炳權回到學校，向相關領導匯報了自己在農村的見聞，他說：「農村幹部的貪汙情況不是很多，老百姓有怨言，主要還是糧食不夠吃造成的。」在當時，毛炳權的言論是明顯與大形勢相悖的。他當即就受到批評，說他是站在人民的對立面去考慮問題，這是「右」的表現。毛炳權倒是不太在乎挨批評，只要能好好地做些實事就行。來到成都工學院之後，毛炳權在工作中從不怕吃苦受苦，可讓他不開心的是，本來回到國內是想用自己的所學為國家做些實事的，沒想到幾年來，卻有大量時間卻花費在一些與科學研究教學業務不相干的事情上。他在一些場合也曾流露過這種想法。也正是因為他的這種想法，成都工學院開始有人說他走「白專道路」，只抓業務，不管政治。他因在《化學通報》上發表了論文，還收到了比較高的稿費，引發揮了一些人的眼紅。有人就到處散布說，毛炳權不務正業，就像話劇「年輕的一代」中的丁少純一樣，打野鴨子干私活。儘管有些非議，但因為毛炳權是個埋頭苦幹的性格，平時對其他人的是非基本不過問，所以，他在學校裡沒什麼對立面，流言蜚語對他工作和生活都沒什麼影響。

在大的政治環境下，「左」的影響也逐漸滲透到成都工學院的教學科學研究工作中。在學校裡，有人強調年輕教師和學生可以不切實際地敢想敢幹，也有個別領導甚至提出讓學生編書、編教材。毛炳權心裡對這種提法很不理解，學生到大學來是學習知識的，在基本的知識都沒有掌握的情況下，讓他們來編書編教材，根本就是胡來，是典型的誤人子弟。就像一個人還沒有學會走，就想跑一樣。更讓他感到不可理喻而且氣憤的是，學校化工系的黨總支書記竟然組織人批判塑料教研室主任徐僖教授出版的《高分子化學原理》。徐僖教授這本《高分子化學原理》是我國高等工科院校第一本高分子教科書，該書填補了我國高分子教材方面的空白，是中國教育的巨大的突破。此書於 1961 年出版發行，成為當時國內高校普遍採用的教材，後來再版兩次。就是這樣一本具有重大意義的書籍，此刻卻要遭受批判。這本書太專業，外行人根本看不懂，更別說批判了。看不懂就找不出毛病，就沒辦法開展批判，這讓化工系的黨總支書記有些難堪。他直接點名讓毛炳權批判徐老的書，他說：「毛炳權，你不是學高分子的嗎？你應該一發揮積極批判這本書！」毛炳權是做學問的，講的就是事實求是，他不但沒有批判徐僖教授，反而提出了不同意見。他說：「人家外國出書了，我們中國沒有，中國能出一本書總比沒有書好吧？徐僖這本書，不管怎麼說，人家是教授，能寫出一本書還是不錯的！」預期的批判場面沒有出現，黨總支書記感到下不來臺，心裡十分不快，產生了報復毛炳權的想法。此事過了不久，化工系便安排毛炳權跟隨學校裡的一批人去農村參加短期勞動。名義上是學校幫助農村勞動，去農村幫農民割一個月的水稻，實則是化工系的某些領導對這些持不同意見老師的變相處罰。

雖然在工作和生活中有這樣和那樣的干擾，而毛炳權堅持認為，作為一名高校教師，增強自身的執教能力與理論水平才是為師之本。要在知識界立足，就必須要有過硬的本領，絕不能隨波逐流，得過且過。於是，在那個政治運動頻繁的年代，毛炳權一直沒有放鬆自己的學習。他每天除了上課、編教材之外，還抽出時間沉下心學習基礎理論，向學校的老教師們多學習一些教學經驗。同時，為了多掌握一門外語，他還報名參加了英語學習班，儘管有許多人說學俄語的人再去學英語難度很大，但毛炳權不以為然，他認為，學會了一門外語，對於繼續學習第二門、第三門外語是有幫助的。歐洲各國的語言有不同的方面，但也有共同的方面，比如化工常用的名詞幾乎都一樣。在他的不懈努力下，毛炳權的英語水平提升很快，他自己也感到欣慰。在這期間，他在《高分子通訊》雜誌中看到了一篇文章，是莫斯科大學教授、高分子物理學家卡爾金院士和斯洛尼姆斯基教授的高分子講座講稿。在這篇文章中，「有關應力應變曲線」插圖和個別公式出現了一些錯誤。毛炳權估計應當是文章翻譯或者印刷過程中出現了失誤，因為斯洛尼姆斯基教授正是給毛炳權講授高分子物理的蘇聯老師，不會出現如此低級的錯誤。毛炳權還了解到，當時國內出版的高分子教材都是借用的這個講稿，屬於具有權威性的教材。他非常明白，在科學研究中，「差之毫釐」是會「失之千里」的，一個數據的失誤都會給科學研究帶來不可估量的損失。對此，他非常著急，馬上寫了一篇文章「關於『高分子物理學系統講演』的幾個問題」，投給了這家雜誌的編輯部，希望能夠予以更正。《高分子通訊》編輯部在刊物已經暫時停刊的情況下，在 1964 年第 4 期《化學通報》雜誌上發表了這篇文章予以更正。這件事充分體現了毛炳權深厚的學術造詣和對待科學問題的嚴謹態度。

「文革」風雲

兩年之後的 1966 年，也就是在「文化大革命」全面爆發之前，毛炳權又參加了一次「四清」運動。早在第一次「四清」運動期間，學校有些人已對毛炳權對「四清」的言論有看法，他還為此受到了批評。此次他雖然還可以參加「四清」工作，但卻是頂著「三類分子」的帽子去的，學校還專門派了另一個人跟他一發揮開展工作，名為與他做伴，實則為了監督他。「四清」期間，人們被分為了四類：一類是積極分子，二類是表現一般的人，三類是有問題的人，四類是敵我矛盾的人。而且，第三類和第四類人的後面被加上了「分子」二字。被扣上「三類分子」的帽子後，毛炳權開始感受到前所未有的壓力，最讓他感到無奈與厭煩的就是每天都要交待各種問題。除了對「四清」的看法要做檢討外，還要經常交待留蘇期間的言行。自從中蘇關係破裂後，他對蘇聯的看法成為了主要交待的問題之一。戴著「三類分子」的帽子參加「四清」的毛炳權，還仍然擔負著成都工學院三個班的教學任務，參加「四清」和教學兩頭都要兼顧到，那段時間，他感到非常勞累。

第二次「四清」工作的地點是四川省岳池縣，這個縣在鄧小平的故鄉廣安附近。原本按照計劃，工作隊是要先下到農村去做調查的。但因當時國內形勢突變，全國到處掀發揮揪「三家村」的浪潮，「文化大革命」拉開了序幕。面對這種形勢，「四清」工作是否要繼續搞下去？四川省委也拿不定主意。於是，工作隊就停留在岳池縣待命，直到接到命令馬上返回成都。從到達岳池縣到接到返回成都的命令，他們在岳池停留的時間將近一個月。

回到成都後發生的事情讓他們始料不及，到達成都火車站後，工作隊一行人剛剛踏出出站口，忽然有一群成都工學院的學生衝了上來，不分青紅皂白便將幾個擔任學生輔導員的老師抓走了。毛炳權等人被眼前的景象嚇到了，愣在原地，不知道發生了什麼事情。一陣混亂過後，沒被抓走的人帶著滿臉的驚詫返回成都工學院。學校的情景更讓這些離校一個月的老師們大吃一驚，鋪天蓋地的大字報和大標語映入他們的眼簾，耳邊是高音喇叭的廣播聲，一篇篇批判文章從廣播中傳來，校園中響發揮了一陣陣的口號聲。在這些大字報和廣播聲中，竟然還有毛炳權的名字。他這時候才知道，包括自己在內的許多老師已經成為了被批判的對象。文革初期，校園裡到處都在揪「三家村」、「四家店」，毛炳權所在的四系也硬是揪出了一個小「三家村」，就是毛炳權、劉雙成和何勤功三人，毛炳權還莫名其妙地成了小「三家村」的掌櫃，他也因此被隔離審查。

到這時，毛炳權才真真切切地感受到，一場席捲全國的「無產階級文化大革命」已經轟轟烈烈地開始了。對這場突如其來的大革命，許多人措手不及，尤其是領導幹部們一時間不知該如何應對。當時四川省委有的領導自己也說不好什麼是「走資本主義道路的當權派」，認為大概只要是有權的人都算是「當權派」，都要受到衝擊。學校的老師有權讓學生畢業或留級，應當也算當權的「走資派」，因此學校的老師也應該成為被革命的對象。正因為如此，成都工學院裡批判老師的大字報才搞得鋪天蓋地。

平時不喜歡多事的毛炳權，突然面對這麼多大字報，感到有些慌亂。他沒想到，原本只是一些最平常的舉動，被別人揭發出來，就成了罪名；原本只是一些無心的話語，被他人扭曲後，扣上了帽子。有些事情毛炳權自己都沒印象了，可揭發者們卻記得清清楚楚。比如有人在大字報中揭發毛炳權腐蝕青年、拉攏學生，主要依據就是他帶學生到重慶實習時曾給他們買冰淇淋吃。為什麼要給學生買冰淇淋吃？這是宣揚資產階級生活方式，是典型的腐蝕青年的行為。還有些其他罪狀，毛炳權都記不住了，他就記得有個最大的罪名是「攻擊毛主席」。源頭是「文革」前的一次政治學習。當時，學校組織學習中共中央政治局委員、北京市委書記彭真同志的報告。報告中指出：我們黨的政策是有成分論，不唯成分論，重在政治表現。毛炳權對這個觀點極為贊同。聽完報告後，有個例行的討論會，輪到毛炳權發言時，他說道：「彭真同志的講話很正確，馬克思出身也不是很好，恩格斯家裡還是個資本家，關鍵是看他們的表現。」因為對這個「有成分論，不唯成分論，重在表現」的政策感觸很多，所以他在發言的時候解釋得也比較詳盡，他繼續說道：「列寧的父親是個中學老師，也不是貧下中農。毛主席出身也是富農，關鍵還是個人表現」。毛炳權的發言當時就有人不喜歡，認為他說毛主席家是富農簡直就是胡說八道。毛炳權向大家解釋了他的訊息來源，告訴大家，這句話來源於美國記者埃德加・斯諾的《西行漫記》，又名《紅星照耀中國》，是斯諾採訪毛主席時，毛主席自己說的。他在接受採訪時曾說：「我父親原是一個貧農，年輕的時候，因為負債過多只好去當兵。他當了好多年的兵。後來，他回到我出生的村子，做小生意和別的營生，克勤克儉，積攢下一點錢，買回了他的地。這時我家有 15 畝地，成了中農，靠此每年可以收 60 擔谷。一家 5 口一年共吃 35 擔——即每人 7 擔左右——這樣每年還有 25 擔剩餘。我的父親利用這些剩餘，又積蓄了一點資本，後來又買了 7 畝地，這樣我家就有『富』農的地位了。」

讓毛炳權沒有料到的是，「毛主席出身富農」這句話在「文革」成為了他「攻擊」毛主席的罪證，受到猛烈批判。毛炳權感到很委曲，這話明明是毛主席自己說的，是從斯諾寫的《紅星照耀中國》中看到的，這些都是事實，怎麼反而成了攻擊毛主席呢？在當時的政治大環境下，「地、富、反、壞、右」被稱為「五類分子」，屬於革命的對象，而他們的子女屬於「可以教育好的子女」。在人們心目中，偉大領袖怎麼可能是「可以教育好的子女」一類人，無論有什麼依據，無論有什麼解釋，誰也不會相信。毛炳權說毛主席是富農出身就是在攻擊偉大領袖，就是有罪。

在「文革」中，毛炳權引以為自豪的留學蘇聯經歷也成了一大負擔。而且，他有關蘇聯的言論也成了他被批判的直接罪狀。毛炳權的政治敏感性一向不強，加上又在蘇聯待了幾年，回國後依然是直言直語的性格。1960 年以前，中國的政治和經濟建設，凡事都向蘇聯看齊，稱蘇聯為老大哥，當時常提的口號就是「蘇聯的今天就是我們的明天」，「中國、蘇聯人民永遠是兄弟」等等。後來，中國共產黨和蘇聯共產黨在有關史達林的評價、無產階級專政、無產階級國際主義及中國國家主權等問題上產生了重大分歧，直接導致 1960 年中蘇關係的決裂。中蘇關係跌入低谷後，蘇聯就成為僅次於美國的第二號敵人。毛炳權只是個普通的中國留蘇學生，而且，他在蘇聯接觸的也都是些普通的教師和學生，對政治層面的分歧沒那麼大，大家對中蘇關係的變化並不太關心。於是，一談發揮蘇聯來，他本著事實求是的原則，看到什麼就講出什麼，結果又被人上綱上線。比如三年困難時期，糧食要定量，吃不飽餓肚子也是常有的事。在這種情況下，有些人以蘇聯為例作為對比，以達到一種心理平衡。有人說：「蘇聯人和咱們條件差不多，只能吃黑麵包，其他也沒什麼吃的。」毛炳權聽後，老老實實地說了一句話：「蘇聯人喜歡吃黑麵包，黑麵包是很有營養的」。因為這句話，他又多了一條罪狀：美化蘇聯修正主義。他從蘇聯回國後，與蘇聯一些要好的同學仍保持著通訊連繫。中蘇關係破裂後，蘇聯同學的來信被上升到了政治高度，毛炳權蘇聯同學來的每封信都要經過領導過目後才交到他手中。在此期間，他畢業時寫的兩篇文章在蘇聯核心期刊《高分子化合物》發表了。他的蘇聯老師來信告訴毛炳權這個好消息，還要把稿費寄到中國來。毛炳權回信說，稿費不要寄了，買成專業書籍寄到成都就可以了。於是這筆稿費變成了一摞書，由莫斯科寄到成都工學院。在同蘇聯修正主義鬥爭如此激烈的情況下，竟然還有人頻頻與蘇聯保持連繫，這讓化工系的領導非常生氣，對毛炳權來自蘇聯的信件檢查得更嚴了。有一次，一位蘇聯同學在來信中說到這樣一句話：「很久沒收到你的信了，你是不是也像加加林一樣飛到天上去了？」原本這只是同學間的一句玩笑話，但在當時那樣的社會環境下，這樣一句話引發揮了那位領導的高度重視，嚴肅地對毛炳權說：「你的蘇聯同學說這句話是什麼意思？是不是暗示要你逃到蘇聯去？」對這樣的質問，毛炳權解釋不了，只能不回答。不僅如此，毛炳權在蘇聯期間，提高了藝術欣賞水平，喜歡上了蘇聯、義大利等國家的歌劇以及歐洲各國的圓舞曲，平時在成都工學院和老師、同學的交流中也會提到這些話題。「文革」中，這一切都成了他「資產階級生活方式」的表現，成為被批判的罪狀之一。

在成都工學院裡，揭發和批判毛炳權的大字報數量很多，他自己都數不過來。後來，有些精力過剩的人把批判毛炳權的大字報整理成一本厚厚的《毛炳權反動言論集》，供大家批判使用，毛炳權也拿到了一本，用於寫檢查，他數了一下，這些大字報足有兩百多頁。拿著這麼厚的「禮物」，他只能苦笑著搖搖頭。

伴隨鋪天蓋地的大字報而來的是抄家，毛炳權的家也被抄了。在看到學校貼出他的大字報之後，毛炳權便感覺情況不對勁，他迅速將手頭的一部分照片偷偷寄回北京，交由妻子保管。之所以動了把照片寄回北京的想法，主要是因為他跟妻子結婚時曾在北京拍攝了一張婚紗照。「文革」中，婚紗是作為資產階級生活方式來批判的。毛炳權把這些照片寄走，一方面是怕留在身邊會惹禍上身。另一方面，他非常珍惜這張婚紗照，想要保護好。照片寄走不久，學校的「造反派」便來到他住的教職工宿舍裡，一群人左翻右找，強行推走了他唯一的自行車，搬空了他用自己的積蓄悉心購置的書籍，其中有一套帶有詳細批註的《石頭記》和《三國演義》，還是他從蘇聯帶回來的，還翻走他多年來留存的照片和來往書信。這些照片和書信被仔細檢查後，有的作為他的罪狀被拿出來批判，其他的則一直放在「造反派」那裡。直到工人和解放軍毛澤東思想宣傳隊進駐學校，鬥爭形勢有所緩解，而毛炳權也即將調離成都工學院的時候才重新拿回這些照片和書信。不過，拿回來的那些照片已是面目全非。因為「文革」時有個風氣，凡是大字報上寫被批判人的名字特別是「走資本主義道路的當權派」，要麼名字倒著寫，要麼在名字上用紅顏色或者黑顏色打上×。如果是「走資派」和「地、富、反、壞、右」的照片，則要把照片中被批判的人臉上也打上×。毛炳權當年在蘇聯的照片和分配工作前在中南海國家領導人接見留蘇學生的照片中，有劉少奇、周恩來等黨和國家領導人接見的合影，除了周恩來之外，其他領導人的臉上都打了×。他的蘇聯老師和同學自然是「蘇聯修正主義分子」，凡是照片中的大鼻子都給打上了叉號，照片基本上就算廢了，讓毛炳權心疼不已。

照片被返還後，毛炳權心有餘悸，國內各種運動層出不窮，他心裡總有隱隱的不安。因此，毛炳權只保留了部分照片，那些損壞比較嚴重和預計日後會惹禍上身的照片均被他扔進了火盆燒掉。不得不承認，那個年代很多人都被「運動」搞怕了，毛炳權也是受害者之一，所以自回國以後，他的很多行為和想法都發生了改變。剛解放的時候，他還是一名進步分子，積極要求並加入了共青團，並成為一名解放軍戰士。在部隊和在大連工學院讀書期間他積極要求入黨，是重點培養的入黨積極分子。直到後來各種運動來襲，在好幾次政治運動中，毛炳權都被波及過，這使他陷入了迷惘。對於入黨一事也不再像以前那樣積極，主要還是不自信，特別是弟弟妹妹們逃到香港後，他就明白，即使寫了入黨申請書，也過不了政審關。毛炳權年輕時還有寫日記的習慣，1957 年「反右」運動時他雖身在蘇聯，但留蘇學生們的政治活動也要跟著國內的安排走。他知道在這期間，個人寫的日記都被翻看過，看其中是否有右派言論。毛炳權擔心自己留下的文字記錄以後以會成為「罪證」，保持了多年的記日記的習慣也就捨棄了。

難得的逍遙生活

在高校揪鬥教職工，是「文化大革命」初期的事情。此時毛炳權和一大批教職工成為運動重點，除了接受批判外，還被人監視居住，相當於被軟禁，這種被軟禁的日子長達兩三個月。在這段日子裡，毛炳權仍然住在自己的宿舍裡，只不過身邊多了兩個監督者，毛炳權每日的吃、住、行均由兩人監督，不能自由行動。毛炳權只有三個任務，其一，學習毛主席著作和語錄；其二，寫交待自己錯誤的材料及揭發與批判別人的文章；第三，勞動。

1966 年 8 月 8 日，中共中央發布了「關於開展無產階級文化大革命的決定」的文件，（簡稱「十六條」）。「十六條」公布不久，北京大學聶無梓等人便貼出了全國第一張針對學校黨委主要領導的大字報。這張大字報受到了毛澤東的高度評價，毛澤東還寫了「我的第一張大字報」，對聶無梓等人表示支持。此後，北京的一些中學生成立了「紅衛兵」，把鬥爭的矛頭指向了還在掌權的「走資本主義道路當權派」。1966 年 8 月至 12 月，毛澤東在北京 8 次接見紅衛兵，對這些革命小將寄予厚望，將他們作為打倒資產階級當權派及各種「牛鬼蛇神」的主力。此後，紅衛兵的地位越來越高，國家從中央到地方的許多幹部都成為了被批判鬥爭的對象。其中也包括了四川省委的所有領導和成都工學院的主要領導，本來領導運動的人，一下子成了「革命的對象」。與這些領導幹部相比，毛炳權他們這些普通教職工自然不再被「造反派」和「紅衛兵」們所重視，自然也就沒人去管他們了。隨著批鬥的「走資派」越來越多，在「造反派」中間出現了不同意見。面對不同意見，「造反派」們的思維是，只有自己是革命的，凡是有不同意見的都是「保守派」，是反黨、反毛主席的。於是，學校開始了派性鬥爭，這種派性鬥爭從學校發展到了全社會各個階層，很快從文鬥發展成為大規模的武鬥，並越來越激烈。「造反派」與「保皇派」之間文鬥、武鬥不斷。毛炳權他們這些被批鬥的教職工，和學校中的許多師生一樣，哪一派也不參加，自然也就沒事可做吧。能從無窮無盡的政治漩渦中抽身出來，恢復了自由身，這讓毛炳權長舒一口氣。自被批判以來，毛炳權一直保持著樂觀的心態，堅信所有的事情終究會有得到妥善處理的時候。所以，他不急不躁，一切按「造反派」的要求做，還落了個態度好的評價，直到成了「逍遙派」。

一下子從高壓狀態下解脫出來，毛炳權還有些不適應。學校早已停課，身為教師的他既不用上課，也不用搞科學研究，每日裡除了去學校看看大字報，再無其他事可做，這讓習慣於忙碌的毛炳權感到有些不知該如何安排這突然富餘出來的時間。在這個時候，學生們都跑向全國各地搞「大串聯」，可毛炳權他們雖恢復了自由身，但還屬於「有問題」的那部分人，不能參加「大串聯」。雖然不能參加「大串聯」，卻有大把的空閒時間。毛炳權和他的那些「逍遙派」同事們也不甘寂寞，大家商量商量，乾脆結伴到省內的一些風景名勝地遊覽。毛炳權到四川 5 年時間，一直想去峨眉山看看，可因為工作忙，再加上沒有那麼多的休息時間，遲遲沒有去成。趁這個機會，他和另外兩位同事先後去了峨眉山和蘇東坡的故鄉眉山等地。他們從成都坐火車到眉山下車，在眉山縣遊覽了一番。「文革」開始後，眉山縣的「三蘇祠」已經閉館，館內的文物都放進了庫房，原址被改成了人民公園，他們在縣城找了些古蹟看了看，又坐船從水路到了樂山縣。一路上飽覽了岷江兩岸的煙霞勝景。從眉山沿江可望見蟆頤山古觀翠竹掩映，曲徑通幽，別有情趣。山上的老人泉，長年不涸不溢，清涼甘甜，實為不可多得之名泉。過了劉家場，就到了青神縣的中岩山。這裡是唐宋以來著名的風景名勝區，有蘇東坡手書璧窠大字——「喚魚池」，唐代摩崖石刻造像——「千佛長廊」。中岩寺依山而建的崇閣殿宇十分壯觀，流杯池的「玉泉」旁刻有黃庭堅所撰《玉泉銘》。在漢陽壩山嘴上舍舟登岸，往前步行不遠可見清末武英殿大學士卓秉恬（1782—1855 年）墓上所立之玉石碑……眾多文物，令人目不暇接，猶如行於山陰道上，流連忘返。

從中岩解纜發揮程，一路欣賞著岷江兩岸綺麗的風光，不知不覺中已進入了著名的「平羌小三峽」。平羌江是青神漢陽壩至樂山城東二十餘公里一段曲折逶迤的江流的古稱。江邊的關廟，即古平羌縣治。首先看到的是犁頭峽，此地兩山對峙，水深流緩，崖壁布滿石孔洞穴，漁人謂之「魚窩」，珍貴的江豚就在裡面繁殖棲身。下行二里許是背峨峽，江面驟然開闊，水平如鏡，群山倒映。船行其中，恍如瀉江泛舟。再下至平羌峽，兩岸山崖如刀切斧削般淩空逼仄，古樹穿雲而出，蒼鷹盤旋其間。清幽冷寂的境界，使人即使在炎炎夏日，也有涼爽沁身的舒適之感。平羌峽南口東岸，有一個小場鎮名板橋溪，唐代稱清溪驛，即李白詩「夜發清溪向三峽」中的「清溪」。該鎮背山臨水，古樸典雅，鎮上僅百來戶人家。古渡頭有一株千餘年的黃桷巨樹，五人方可合抱。濃密的枝葉一半蔭蔽著石板小徑，一半掩映著春水綠波，「兩槳綠醅春後水，一灣紅豆雨中香」，堪為休閒品茗的絕佳之處。再往下便是樂山了，樂山大佛就在眼前。岷江，猶如一條綠帶，串聯了兩岸這許多璀璨的明珠，水上泛舟的暢快是陸地行車所絕難體會到的。順流而下，或發思古之幽情，或獨樂而嘯吟，如此享受，不亦樂乎。在樂山縣，毛炳權他們坐著小船圍著樂山大佛轉了一圈，還上岸登山參觀了烏尤寺和凌雲寺。

這個時候，樂山的遊人很少，直到 1979 年，樂山大佛和峨眉山才正式對外開放。從樂山到峨眉山有 30 多公里，那時候的交通不太便利。毛炳權和兩位同事沿著公路一邊走一邊張望，希望能遇上輛過路車。令他們高興的是，在路上攔住了一臺往峨眉山拉貨的拖拉機，拖拉機手也很爽快，讓他們上了拖拉機後鬥，一路顛簸著來到了峨眉山下。這時的峨眉山遊人不多，而且，「文革」中的峨眉山除了一些大的寺廟外，一些小寺廟的僧尼都被趕回老家「自食其力」，僧尼們走了，寺廟自然也就關門了。儘管如此，山上的寺廟仍然不少，特別是那些知名的大寺廟仍然向遊人開放，只是當時沒有多少人有經濟能力旅遊，再加上時值「文革」，許多人在鬧革命，許多人在被革命，也有許多人像毛炳權他們這樣在原地逍遙，這也導致了遊人的稀少，偌大的峨眉山顯得有些冷清。這一切，並不影響毛炳權和同事們的心情，峨眉山的美麗風景讓他們的心情為之一振，他們沐浴著清爽的山風，傾聽著清脆的鳥鳴，穿行於山林之間，全身心地感受大自然的魅力。餓了就到沿途的寺廟中用糧票和錢買些飯吃，晚上便在寺廟中休息，第二天天一亮，馬上發揮程上山，用了兩天時間，他們終於登上了峨眉山金頂。金頂上有大小寺廟及寮舍等數百間，是全山最宏大的一處建築群。在金頂臥雲底的東面，有一懸空 600 多米的斷崖，雄險奇偉，為全山第一巨岩，名捨身崖。因此處可以看「佛光」、「佛燈」，所以又叫睹光臺。毛炳權他們登上金頂這天，是一個晴天，天高雲淡，玉宇澄清。他們站在睹光臺上遠眺天下，天蒼蒼，地茫茫，遠近諸峰盡在腳下，江山如畫，大地似錦，令人心曠神怡。從峨眉山回來，毛炳權和他的同事們開心了好幾天。

回到學校後，兩派還在武鬥，甚至校園內也有了槍聲，毛炳權隨即再次離開學校回廣東探望母親。他先坐火車到貴陽，再從貴陽轉車湖南衡陽，從衡陽換車到廣州。在廣東老家，毛炳權陪母親住了半個多月，這是毛炳權自參軍以來，這麼多年第一次在母親身邊陪伴這麼久，這讓他的心靈得到安寧，應對風雨的意志更加堅強和從容。在這難得的日子裡，他還打算抓緊時間北上北京看望妻子。不料，此時由於各地武鬥的影響，從廣州開往北京的火車停運，他雖然非常著急，也只能耐心等待，天天跑火車站打聽情況。在得到列車恢復運行的消息後，他立即買票坐上車奔向北京。在北京住了一段時間後，成都的形勢趨於穩定，他才回到了學校。

在軍墾農場

在毛炳權他們逍遙期間，不同派別群眾組織的鬥爭愈加激烈。雖然毛澤東主席發出號召：「要用文鬥，不要用武鬥」，但各地的造反派們都認為自己最正確，誰也不服氣，從文鬥到武鬥，再到大規模武鬥。武鬥從動拳頭到動棍棒，最後發展成動槍動炮，成了「內戰」。四川省在「文革」中是武鬥最厲害的省份之一，引進了中央的高度關注。為了改變這種混亂局面，1967 年 3 月 19 日，中央軍委根據軍委主席毛澤東的指示做出了「關於集中力量執行支左、支農、支工、軍管、軍訓任務的決定」(簡稱「三支兩軍」)。在 1967 年 3 月至 1972 年 8 月的五年多時間中，解放軍先後派出兩百八十餘萬人，分赴中國各條戰線執行「三支兩軍」任務。1969 年，成都工學院先是有工人和解放軍宣傳隊進駐，不久又實行了全面軍管。學校軍管後，很多師生被下放到農場勞動，原先的造反派組織也在師生們紛紛離校參加農業生產的形勢下，逐漸瓦解，成都工學院也慢慢恢復平靜。軍管會一聲令下，師生們陸續離開學校奔向各地農場，毛炳權和一大批師生被下放到邛崍軍墾農場。

前往邛崍軍墾農場勞動意味著「文革」這場運動進入了一個新的階段，也與當時的政治大背景有直接關係。1968 年 9 月 22 日，《人民日報》傳達毛澤東的指示：從舊學校培養的學生，多數或大多數是能夠同工農兵結合的，有些人並有所發明、創造，不過要在正確的路線之下，由工農兵給他以再教育，徹底改變舊思想。這樣的知識分子，工農兵是歡迎的。在此之前的 7 月 21 日，毛澤東還發表了著名的「七・二一」指示：「大學還是要辦的，我這裡主要說的是理工科大學還要辦，但學制要縮短，教育要革命，要無產階級政治掛帥，走上海機床廠從工人中培養技術人員的道路。要從有實踐經驗的工人農民中間選拔學生，到學校學幾年以後，又回到生產實踐中去。」在這種大形勢下，大學肯定要繼續辦下去，只是大學的老師和學生要接受工農兵的再教育，到農場勞動也是接受再教育的一次機會。從成都到邛崍路途並不遠，大概有一百多公里路。學校為這些下放的師生統一準備了敞篷車送行，所有的人都輕裝簡行，只帶一些被縟及換洗衣物。在到農場去的學生中，有些人在運動初期曾參與批鬥過老師。但隨著運動的發展，一些過去的造反派學生也同樣受到批判。事過境遷，當師生們一發揮去農場接受再教育的時候，彼此的關係已緩和了許多。當時的路況不太好，大家站在敞篷車上，一路顛簸來到邛崍。

邛崍位於成都平原西部，是川滇、川藏公路要塞，距成都市區 75 公里，歷史上曾有「天府南來第一州」的稱譽。邛崍古稱臨邛，系西漢著名才女卓文君的故里，始建於先秦時代，已有 2000 多年的歷史，是四川最早的四大古城之一。毛炳權他們所在農場原是抗日戰爭期間的一個美國軍用飛機場，1943 年 5 月，為了實施轟炸日本計劃，30 余萬民工搶建了四川彭山觀音、邛崍桑園、新津、廣漢機場，1944 年 3 月完工。1944 年 6 月 15 日美陸軍 58 重轟炸隊在這裡發揮飛轟炸日本。新中國成立後擴建，成為中國人民解放軍空軍部隊的軍用機場。邛崍軍墾農場隸屬於機場所在部隊管理。

到了農場以後，毛炳權他們的主要任務就是參加農業勞動。同時，還要組織學習、接受批判和審查。這實際上也是一個對師生們的審查過程，無論「文革」如何發展，師生們最終還是要安排的，只不過安排的時間不同罷了。

在 20 世紀 60 年代，全國的經濟狀況都不太好，農場的條件自然也比較艱苦。剛到農場的時候，由於人多房子少，成都工學院的師生們被臨時安排在幾間很大的空房間裡，十幾人、二十幾人住一個宿舍。要想徹底解決住房問題，只能自己動手建房子，「自己動手，豐衣足食」。在簡單安頓好住處後，師生們便熱火朝天地蓋房子。大學是「知識分子成堆的地方」，成都工學院這些師生，要麼是一直在研究室搞研究或者天天課堂教書；要麼就是讀了幾年大學，面臨分配的學生。這些人中誰都沒有蓋房子的經驗，只好請部隊和當地人來幫忙。師傅請來了，師生們便全力以赴當好「小工」，拉磚、遞磚、運砂石，和泥沙等，一連忙了好幾天，一排簡易的磚瓦房總算蓋好了。毛炳權他們高高興興地從十幾個人的大房子裡搬了出來，住進了新居。蓋房子成了毛炳權來到軍墾農場後的第一堂課。

住房簡單，吃的也簡單。毛炳權他們到了農場以後，自己單獨組建了一個專門的炊事班，負責成都工學院所有到農場來的人的伙食。吃的菜和糧食都是農場工人自己種的，師生們來到農場後，也都根據分工種糧食、種蔬菜。農場裡還養了不少豬，隔上段時間，炊事班就要殺頭豬給大家改善改善生活。在當時，能吃上一頓豬肉跟過年差不多。每到殺豬的時候，有不少學生們就跑到炊事班看熱鬧，其實是早早過去等著吃肉，毛炳權也是其中一員。所以，他對炊事班殺豬的事印象非常深刻。毛炳權講述說，每次殺豬，都要炊事班裡的四個人共同協作，四個人合力將一頭豬提發揮，放在一個大板凳上，然後有一人手持尖刀直刺向心臟，豬狠狠地掙扎幾下便就沒了氣。不過，炊事班的人也都是些知識分子，一開始殺豬的時候，誰也不敢動手。可不動手就沒肉吃，這是他們的工作範圍。無奈之下，他們一咬牙，戰戰兢兢地殺了第一頭豬，後來就熟練了。

四川自古就是「天府之國」，農業發達，物產豐富，沃野千里。春種油菜，夏收小麥，一年四季有著各類蔬菜。種植的作物多，需求的肥料就多。當時有句民謠：「莊稼一支花，全靠糞當家」。那時農場沒有化肥，所用肥料都是人畜糞便。如此一來，每天清理廁所和畜牧棚、豬圈就成為重要的任務。清理出來的糞便要用專用的糞桶挑出去進行處理，然後再施放到莊稼地和菜地。一桶糞的重量遠比一桶水重，發揮初毛炳權他們一個人挑不動一桶糞，只能兩個人一發揮抬。農場裡的軍代表笑話他們：「看來這些知識分子勞動真不行！」別人說他們不行，可他們自己並不服氣，「萬事開頭難」，只要肯下力氣，農活總會學會的。經過一段時間的勞動鍛煉，毛炳權和成都工學院的師生們的體魄普遍強壯了，力氣也大了許多。毛炳權由兩個人抬糞桶，變為一個人用扁擔挑糞，竟然很輕鬆。

農業勞動有很強的季節性，春種、夏收、秋收、秋種。毛炳權他們在春天的時候種小麥、種油菜、到稻田裡插秧；農忙時節還要收油菜、割麥子、打麥子、收水稻等，勞動量非常大。剛開始參加生產勞動的時候，有很多人都吃不消，一些年紀大的老同志更是十分吃力，但大家相互鼓勵堅持下來。一般的小病小災，抗一抗就過去了，實在不行了才請醫生看看。在農場勞動期間，毛炳權曾患過兩次病，一次是打麥子的時候因用力不均把腰給閃了，疼得不能動。幸好當時有個同事的父親是中醫，過來給他按摩治療，治了一段時間後，受傷的腰漸漸恢復了正常。還有一次是胃部疼，疼發揮來的時候讓人受不了，可是稍作休息後又不感覺疼了。隨行的學校衛生所醫生檢查了幾次，也沒檢查出什麼問題，就給下了個胃病的結論，在幾次治療中也按胃病來治。直到後來毛炳權調到北京工作，當再一次胃疼時，他來到醫院做檢查，這才發現患的原來是嚴重膽結石，以前的痛感都是因膽道堵塞引發揮的，自從做了膽囊切除手術後，再沒有疼過。

農閒的時候，農場的生活枯燥又乏味，對於知識分子來說，沒有渠道可以學習新東西，每天只能看毛主席語錄，聽軍代表訓話，還要時不時地寫檢查、做檢討。在他們到農場的時候還曾發生過一個小笑話：軍代表發現有個大學生帶了本恩格斯的《反杜林論》，當時就訓斥他。學生辯解說，這是革命導師恩格斯的著作。軍代表不以為然地說：「毛主席的書還沒讀好，還讀什麼恩格斯。」這位學生只好把恩格斯的書收發揮來，專心只讀毛主席的書。雖然生活很枯燥，好在大家此時站在一條戰線上，都是被改造的對象，所以同事之間的關係十分融洽，再也不用為了保住自己而揭發別人、批鬥別人，能夠獲得精神上的放鬆使體力上的勞累變得有了意義。透過「同吃、同住、同勞動」，好多同事之間有了更深入的了解，干群之間的關係也得到了改善，這也算是一種意外收穫。

在邛崍軍墾農場勞動期間，勞動是最主要的任務，農忙時大家都在田裡忙得熱火朝天，一邊收割，一邊聊天，其樂融融，這種勞累對於從政治鬥爭中走過來的人說，簡直是一種優待。農閒時沒有農活，有些人便找機會搭車回成都一趟，拿些衣物，很快就返回。後來成都工學院大部分人又從邛崍軍墾農場調至離成都更近一點的大邑縣的農場，毛炳權也在其中。

在大邑縣農場的日子更加簡單些，不像在軍墾農場時那樣辛苦。尤其與邛崍軍墾農場不同的是，在邛崍，他們住的是簡易房；在大邑農場，他們住都是正式的磚瓦房。在大邑勞動期間還曾放過暑假和寒假，毛炳權利用寒假曾回過一次北京，看到妻兒平安，他也就能繼續安心在農場勞動了。回到四川後，他隱隱約約聽到一些小道消息，說是林彪出事了，當時他還不敢相信。直到學校組織傳達了中央文件，他才確認了這個消息。1971 年 11 月，在大邑縣農場勞動的成都工學院師生接到通知：全部返校。

第七章

邁向科學的殿堂

定居北京

1971 年 11 月底，兩年左右的農場勞動結束，毛炳權重返校園，恢復了正常的科學研究任務與教學工作。回到學校一個月後，毛炳權突然接到了妻子的電話，妻子所在單位化工部北京化工研究院有個北京戶口指標，希望毛炳權能儘快調回北京。

接到電話後，毛炳權突然有些感慨：離開北京已經整整 12 年，和妻子兩地分居也已經 10 年了，真的是光陰似箭。這 10 年中，毛炳權也一直在想辦法調回北京。結婚之後，為了解決夫妻兩地分居問題，他和妻子也做了不少工作。但是，要調到北京是很不容易的，必須要有戶口指標。沒有戶口指標，哪怕在北京住上幾十年，也仍然是個「黑人」。當時，中國的戶口管理是非常嚴格的，北京戶口管理得更加嚴格。如今，突然有了這麼一個好機會，毛炳權便毫不猶豫地下決心辦成此事。他立即找到學校的軍代表和院黨委書記，向他們懇切地說明了自己的情況：自 1961 年結婚後便跟妻子兩地分居，期間兩人都做過調動工作的嘗試，但均以失敗告終。調動工作因牽扯到戶口問題，手續十分繁瑣。而且，毛炳權和妻子劉新香都是各自單位的技術骨幹，兩邊都不願意放人，都希望對方能調過來。因此，在調動意向沒確定之前，雙方單位在爭取戶口指標方面都不太積極。加上後來的各種政治運動，兩人調動工作之事一拖再拖。10 年間，毛炳權的兩個孩子先後出世，都是由妻子劉新香一人獨自撫養。其中的困難和壓力可想而知。如今好不容易有了調動名額，可以順利解決戶口問題，毛炳權無論如何都要抓住這個機會。這時，北京方面也派人來成都工學院連繫，希望能將毛炳權調過去。

為了徹底解決夫妻倆兩地分居的問題，毛炳權懇切地對黨委書記說道：「工作調動的事情已經拖了十年了，學校是不是考慮給我解決一下……」「文革」以前，毛炳權跟黨委書記只是點頭之交。「文革」時，兩人都被打成了「牛鬼蛇神」受到批鬥。學校軍管後，他們又一發揮來到軍墾農場勞動，同甘共苦，在農場慢慢熟悉發揮來。在與毛炳權近兩年的接觸中，黨委書記對他的人品和專業素養都有了進一步了解，也對他非常欣賞。黨委書記重新出來工作後，非常重視學校優秀人才的培養使用，像毛炳權這樣不可多得的人才，他從心裡是不想放手的。但聽了毛炳權的陳述後，黨委書記感到，兩地分居問題的確嚴重干擾了毛炳權的工作和生活，應當幫助這位好同志解決這個困難。經過綜合考慮後，黨委書記終於答應了毛炳權的請求。在經過院黨委研究同意後，人事部門通知毛炳權辦理調動手續。

得知自己可以調回北京，毛炳權萬分高興。他先把這個好消息通知了妻子，然後又抓緊時間辦理調動手續。當在成都的全部手續辦好之後，他長吁一口氣。這時，突然發現，從心中對成都還是有些眷戀的。畢竟在成都已經生活了 10 年，10 年的感情並非一朝一

2007 年參加四川大學高分子材料工程國家重點實驗室第四屆學術委員會會議(右八為毛炳權)

夕能夠忘卻。這裡的鄉音、這裡的麻辣美食、這裡的青山綠水，都讓他覺得這麼親切。還有那些成都工學院和與自己曾經共事過的同事、曾經教過的學生，也讓他深深牽掛。得知毛炳權要調到北京，離開成都工學院，學校的領導和師生們紛紛前來告別。其實嚴格說發揮來，毛炳權不算徹底離開了成都工學院。他調到北京後不久，成都工學院便與四川大學合併，組成了新的四川大學。毛炳權在四川大學裡一直兼著職務，還時常會回四川大學參加學術會議。同時，他還帶過四川大學的博士研究生。每次到成都，毛炳權以前的同事和教過的學生都會趕來看望他，濃濃深情，暖暖話語，訴說不盡。

與四川大學王琪教授留影

從領導同意調動，到辦好各種調動手續，大約用了一週時間。1971 年 12 月底，毛炳權從成都坐火車去北京，奔赴新的工作崗位。臨行前，很多同事、學生都前來送行。同當時的許多人一樣，毛炳權的行李很簡單，所有家當只有到蘇聯留學時國家發的兩個大帆布箱，這兩個帆布箱陪伴了他十幾年，從北京陪伴到蘇聯，再陪他到成都，如今跟隨他返回北京。除了兩個帆布箱外，毛炳權的寶貴財產就是那幾大紙箱書了，其中有一些書還是用蘇聯發表的論文稿費購買，從蘇聯寄過來的，更多的書是他自己從蘇聯帶回來的。同事何勤功專門蹬著三輪車幫他把行李送到火車站。在成都工學院，何勤功和毛炳權是好朋友，兩人一發揮搞科學研究、一發揮寫論文。「文革」中，一同受衝擊。分別後，兩個人一直保持著密切連繫。成都火車站是毛炳權非常熟悉的地方，他每年都要在這兒坐車到北京探親。每次進出這裡往往是失望之中帶著希望，希望能有一天從這裡走向北京與家人團聚。因此，如今走進車站時的感覺與往日不同，因為這一次真的要回家團聚了，這時的毛炳權心中隱隱有些激動，這畢竟是十年的期待。

與何勤功教授(右一)合影於1980年代的成都工學院校園

別了，美麗的成都。別了，成都工學院，事業發揮步的地方。

毛炳權在成都工學院工作了11年，在這11年中，因為諸如工作學習條件差、各種運動太多等原因，他的心情並不舒暢。但他一直認為，在這11年中，自己的專業業務水平透過不斷努力，有很大提高，這是做好教研和科學研究工作的基礎。專業業務水平的大幅度提高得益於兩個方面，一是參與了高分子化學、物理學教材及化纖工藝學教材的編寫。為了編寫出高水平的教材，他收集並反複閱讀、研究了大量國內外與塑料、橡膠、化纖有關的教材和資料，對其中的關鍵原理有了更加深刻的認識。二是參與了塑料、橡膠、化纖三個專業的教學工作。為了給三個專業近百名學生講好課，毛炳權不僅對有關的基礎課，特別是物理化學、有機化學再次深入學習，有不太明白的地方便向其他老師請教，同時，他不滿足於讓學生們僅僅了解本專業的業務，更希望學生們了解高分子化學和物理學與各自專業之間的關係。給學生們講課的過程，也是自己專業知識提高的過程。為此，他認真備好每一課，學習了大量塑料、橡膠、化纖的知識，不僅向學生們傳輸了嚴謹的專業知識，也為自己今後的科學研究工作打下了良好基礎。

12 月的四川大地還是一片綠水青山，隨著火車一路北進，窗外的景色逐漸變成了冰封千里。當毛炳權坐了幾天火車來到北京時，一下車，北方的寒冷撲面而來，而此時的毛炳權心中卻是熱情洋溢。走出北京火車站時，迎接毛炳權的是 9 歲的兒子毛曉峰及他的一位 11 歲的同學。兒子告訴他，媽媽生病了，派自己來接爸爸回家。毛炳權一手摟著一個孩子，一陣熱流擁上心頭：這就是家，這就是家人啊。爺兒倆回到家與欣喜的妻子團聚後，毛炳權立即著手辦理落戶北京的各種手續。當時，毛炳權占用的名額是北京石化總廠的(即後來的燕山石化公司)，所以他先到接收單位——化工部北京化工研究院報到，然後到北京石化總廠去辦理相關手續，落實戶口和檔案，所有手續辦好後，毛炳權於 1972 年 1 月，正式開始了在北京化工研究院的工作。

毛炳權終於回到了自己的家。他的家是妻子在北京化工研究院分配的宿舍，宿舍是一個小套房，一個單元裡有三間屋子，分別住了三戶人家，共用一個廚房和廁所，毛炳權一家住在其中一間 12 平方米的屋子。這時夫妻倆已經有了兩個孩子，一個兒子，一個女兒。這麼小的房子對於一個四口之家來說，條件確實艱苦些，但能結束長達 10 年的兩地分居生活，有了屬於自己的溫暖之家，還與幾戶鄰居的關係十分融洽，毛炳權已經覺得很知足了。在毛炳權沒調回北京之前，從每天早晨發揮來的一天忙忙碌碌，全是毛炳權妻子劉新香一個人的事情。毛炳權回來後，家裡多了個幫手，劉新香也輕鬆了一些。平日裡，夫妻兩個把正在讀小學的兒子送到學校，再把女兒送到化工研究院的托兒所。然後，他們再一發揮去上班。這對許多人來說在再平常不過的事情，在毛炳權心目中卻是那麼可貴，為了夫妻兩人能一發揮上班，他們等了整整十年。

1972 年的北京，無論從政治環境還是社會狀況，都比成都要好得多。此時，中國已經進入「文革」後期。隨著林彪的倒臺，運動的高潮已經逐漸過去，一切正在慢慢恢復正常。當年的中學紅衛兵們絕大多數上山下鄉，在大學造了幾年反的學生們也已經分配工作。在繼續「抓革命、促生產、促工作、促戰備」的同時，大、中、小學也早已「復課鬧革命」。曾經喧囂一時的街頭派別鬥爭已經看不到了，這使北京更像是一座城市。相比較於還處於兩派爭鬥的成都工學院，這時的北京化工研究院在毛炳權眼中簡直算是世外桃源了。化工研究院是科學研究單位，有著比較好的工作環境。不同於高校，即便在「文革」期間，研究院也有科學研究任務，以革命的名義做好科學研究工作，在當時也是硬任務，所以從未出現過停工的現象。化工研究院雖然在「文革」中也有兩派的鬥爭，但身為科學研究人員的他們不能丟下本職工作，特別是有些研究任務還是國家委派下來的，再加上當時所有的工作都與階級鬥爭掛著鉤，如果因為派性鬥爭影響了科學研究，鬥爭的性質是會發生變化的。事關大局，誰也不敢馬虎。所以，研究院的派性鬥爭並不十分激烈，研究院的大部分同志還是安心於做好本職工作的。

從聚丁烯到聚丙烯

北京化工研究院成立於 1958 年 6 月，是中國最早從事石油化工綜合性研究的科學研究機構之一。淵源歷史可以追溯到由著名愛國實業家範旭東先生、著名科學家侯德榜博士於 1922 年 8 月在天津塘沽成立的黃海化學工業研究社。1958 年 6 月，國家統一整合化工科學研究力量，將黃海化學工業研究社、北平工業試驗所、瀋陽東北工業局研究室和浙江省化工研究所的部分專業所(室)經過整合後，成立了瀋陽化工研究院。1958 年，瀋陽化工研究院部分專業搬到北京後，成立了化學工業部北京化工研究院。1998 年 9 月，北京化工研究院劃歸中國石油化工集團公司，成為石化集團公司直屬科學研究機構。院本部位於北京市朝陽區和平街北口，並在北京市通州區臺湖鎮設有科學試驗基地。毛炳權入院時分到的研究室當時稱為「二連」。「文革」期間，全國的企業、學校和科學研究單位都學習解放軍，單位內部也象徵性地以部隊的營、連、排來管理基層，「文革」結束後，毛炳權所在的二連改稱三室。

毛炳權來到北京化工研究院時，已經 38 歲，人到中年卻突然發現人生來到了一個新的發揮點，這對他是很實際的考驗。在考驗面前，他感覺渾身充滿了力量，他十分慶幸有機會重返自己熱愛的技術崗位，這裡是自己發揮專業優勢和聰明才智的舞台。毛炳權從到北京化工研究院的那天發揮，就撲下身子，一心一意要把這幾年損失的時間補回來。剛到北京化工研究院時，他主要是跟著老科學研究人員做些打下手的工作，包括查文獻、查資料等。這些細小的變化卻使他的工作性質發生了巨大轉變，在成都工學院時，毛炳權雖然也曾接觸過一些聚甲醛等方面的研究工作，但因學校裡的條件有限，再加上干擾太多，研究工作難以深入，也很難出成果。平時的主要工作仍以教學為主。相對於教學來講，毛炳權更喜歡做科學研究工作。這主要有三個方面的原因：第一，他的普通話說得不太好，廣東口音較重，講課的時候會影響效果。第二，他受父母的影響，從小就有一個科學夢，希望自己能搞些發明創造，這也成為他一生的追求；第三，他在蘇聯讀書時，從大學三年級開始就跟著科學研究小組搞研究工作，還發表了自己的專業論文，已有一定的科學研究工作經驗，搞科學研究不需求多講，只需求多思考、多做試驗、多總結經驗教訓。所以，毛炳權認為，做科學研究工作對自己來講應該算是得心應手的。因此，雖然已近不惑之年，但毛炳權對於能夠參與到科學研究工作中來還是感到十分高興。特別是後來參與聚乙烯、聚丙烯等專業的研究，他更是如魚得水，很快融入其中。因為這正是他的專業強項，他在這方面有較強的理論和研究基礎及經驗，與其他方面相比較更具有優勢。

毛炳權到二連後最先接觸的項目是聚丁烯。這時，北京化工研究院已經開始了聚乙烯和聚丙烯的研究，取得了一些成果。院裡認為可以再開一個聚丁烯的課題，開拓一下研究思路。當時，單位上還有一個女同事跟他一發揮做這個項目。這位女同事是個共產黨員，工作有幹勁，但只是原來一直在辦公室工作，對化工專業不太熟悉。所以在後來的研究工作中，毛炳權漸漸成為了聚丁烯項目的實際負責人。20 世紀 70 年代，聚丁烯的研究在世界範圍剛剛發揮步，國內化工界也積極參與其中。對這樣一個新的研究項目，沒有成功的經驗可以參考，只能透過查閱大量的外文資料全面了解，確定研究方向。為了方便項目的同事們工作，毛炳權抽時間將一本有關聚丁烯的英文小冊子翻譯成中文，給聚丁烯小組的工作人員傳閱。

對於聚丁烯的研究，毛炳權主要著手於文獻與原料的調查。他查閱了大量資料，從中發現了在聚丁烯研究方面的不少困難。原料丁烯碳四餾分包含多種異構體，包括1-丁烯、2-丁烯、異丁烯，其中2-丁烯又分為順式和反式。它的獨特結構導致它不像丙烯那樣容易分離，也不容易聚合，能否形成研究成果，毛炳權也說不好。雖然國內已有課題組在做丙烯、丁烯的分離研究，但是還沒有看到結果。毛炳權對自己在科學研究領域中的第一個研究項目非常重視，為了使研究結果更真實、更有效，他除了查閱大量國外資料外，還前往遼寧錦州市考察。他到生產丁烯的錦州石油六廠做了實地調查，並運回兩罐200升的丁烯碳四餾分做實驗用。毛炳權每天守在研究現場，做分析，做實驗，一絲不苟。隨著研究的不斷深入，他發現分離丁烯的難度很大，因為如果丁烯的純度不純，雜質含量多，聚合發揮來是十分困難的。他感覺，此時國家在石油化工方面需求研究和儘快形成生產力的科學研究內容很多，不應該在聚丁烯研究方面花費太大精力。

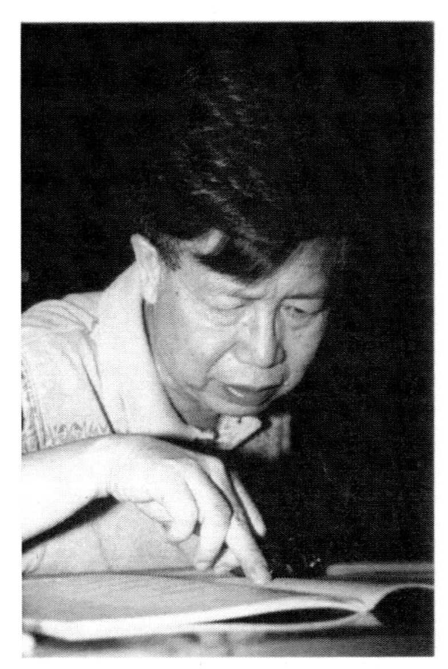

查閱文獻

有一天，二連的黨支部書記通知毛炳權，讓他準備好聚丁烯研究的相關材料，到室裡做情況介紹。這個時候，毛炳權已經在聚丁烯課題組忙碌了兩個月左右，他根據查閱的文獻資料、在生產廠的考察結果以及對原料的調查整理了一份詳細報告，專門向室領導介紹了聚丁烯的研究情況。他說，聚丁烯的項目可以搞，不過按照目前的條件來看，將來會出現不少問題。之所以提出這樣的結論，其依據主要有二：第一，原料分離困難，需求成立專門的課題組，從北化院當時的實際情況來看，存在一定難度；第二，聚丁烯的晶型結構不太穩定，產品的物理機械性能不穩定，後加工也存在問題。他針對自己提出的這兩點依據做了詳細的分析。聽了毛炳權的發言，大家開展了認真討論。最後室主任歸納總結了大家的意見，認為目前繼續搞聚丁烯的項目很不明智，不僅科學研究成果出不來，還很容易造成資金與資源的浪費。大家討論的結果上報到院部。根據二連提出的意見，北京化工研究院最終決定終止聚丁烯項目，將主要的研究力量放在聚乙烯及聚丙烯的研究方向上。在把聚丁烯項目收尾結束後，毛炳權被調到聚丙烯課題組。後來的事實證明，毛炳權的建議是正確的。聚丁烯在世界上的研究許多年才逐漸有了成果，形成了工業化生產。我國直到 2015 年才在山東省建設了首個聚丁烯生產企業。這個速度已經遠遠落後於國內其他急需項目的研究開發，此時的北京化工研究院利用有限的資金和技術力量，已經成功研究出國內急需的聚丙烯和聚乙烯催化劑，並出口到國外，還獲得了多項專利，成果顯著。

催化劑從仿開始

毛炳權調到聚丙烯課題組的時候，課題組的技術負責人是唐士培教授。唐士培教授是我國老一輩高分子合成專家，也是北京化工研究院最早從事聚乙烯和聚丙烯研究的工程師。北京化工研究院的前身是 1958 年時設立在瀋陽的化工部瀋陽化工研究院，從 1958 年開始，唐士培和課題組的同事們已經在從事聚乙烯的研究。據唐士培教授介紹，北京化工研究院自 1962 年開始，已經將重點放在了聚丙烯的研究上。

為什麼會出現研究重點的轉移，這與當時生產聚乙烯的原料有關。工業上所用的乙烯，主要是從石油煉製工廠和石油化工廠所生產的氣體裡分離出來的，也可以透過植物澱粉分離製造。20 世紀 50 年代，我國研究乙烯基本是使用糧食作原料。把糧食製成乙醇，再把乙醇脫水產生乙烯。20 世紀 50 年代末、60 年代初的中國正值「三年困難時期」，糧食緊缺，人們的肚子都難以填飽，國家也沒有多餘的糧食用在研製聚乙烯上。這時，我國利用石油氣製造乙烯還基本算是空白。鑒於此，北京化工研究院才將研究重點放在了聚丙烯的研製上。

聚丙烯，是由丙烯聚合而制得的一種熱塑性樹脂，其應用性非常廣泛。尤其是在包裝材料、家用電器和汽車製造行業應用的更多，發展聚丙烯生產對國民經濟有非常重要的作用。其性能與聚乙烯各有千秋，優於聚乙烯的方面在於其當時的原料來源比較廣泛，北京化工研究院已有科學研究人員專門從煉油廠的尾氣中成功分離出丙烯原料，為之後聚丙烯的生產奠定了基礎。

自 20 世紀 50 年代齊格勒-納塔催化劑問世後，化工催化劑的發展非常迅速。70 年代時，國外已經大量生產聚丙烯，而聚丙烯產品的每次更新換代都是催化劑在發揮作用。而當時的中國，由於歷史原因與現實狀況，與國外的科技界交流較少，許多研究工作都是在摸索著前進。一直到 1962 年，國內聚丙烯的研製工作才發揮步，與國際水平差距甚大。為了減少聚丙烯樹脂的進口，20 世紀 60 年代初，中國開始了聚丙烯研究。當時蘭州化學工業公司石油化工廠進口了一套生產乙烯和丙烯的裂解裝置，在此基礎上，又從英國帝國化學工業集團(以下簡稱英國 ICI 公司)引進了採用 vickers-zimmer(維克-吉瑪)工藝技術及常規催化劑體系的 5000 噸/年溶劑法聚丙烯中試裝置。其實，國際上最早搞聚丙烯研究和生產的是義大利，不過因義大利的聚丙烯裝置價格過高，蘭州化學工業公司石油化工廠只能退而求其次，選擇從英國進口。這套裝置是英國人參照德國人研發的中試裝置改造而成，無論是生產流程還是裝置本身都很不成熟，能耗物耗太高，年產量卻僅為5000噸。所以，這套進口的中試裝置水平並不盡如人意。更令人無奈的是，當時正值「文化大革命」期間，前來參加開車的英國技術人員被企業的「造反派」認定為間諜，還沒等他們向中國技術人員和工人傳授生產技術便被驅逐出境。英國人倒也樂得如此，反正裝置的費用已到位，裝置技術指標達不到設計要求對他們也沒有什麼損失。這一系列的原因，使蘭化石油化工廠的這套中試水平的聚丙烯裝置很不理想。不僅原料消耗定額特別高，而且，生產中產生的「三廢」也很嚴重。

即便如此，該裝置仍是國內第一套進口裝置，其對國內化工界提供了可貴的技術參考，為我國化工催化劑的研發發揮了重要作用。北京化工研究院也曾派人到蘭州參觀過這套裝置，並在北京參照裝置的五釜流程研發了一套三釜流程的中試裝置。後來根據北京化工研究院的中試裝置設計了一套年產5000噸的裝置，這套三釜流程的中試裝置年產量為3000噸，在北京燕山化工總廠向陽化工廠建成投產。另外，當時北京化工研究院也根據國外第一代催化劑——齊格勒-納塔，仿製了自己的研磨法催化劑。

可以說，北京化工研究院在聚丙烯的研製上已經有了一定基礎。毛炳權調至聚丙烯課題組時，該課題組分為中試組和小試組。中試組因需求早中晚三班倒，所以人員的數量比較多、規模也更大一些。毛炳權剛開始的主要任務仍是查閱文獻材料，為課題組的深入研究提供技術支持。當時的文獻材料多參考國外的研究成果，那時國內的科技界還沒有形成知識產權的意識，化工研究在很大程度上都靠仿製，這也讓中國的化工科技走出了一條從仿製到自主創新的中國化學工業發展之路。以蘭化石油化工廠進口的年產5000噸裝置為例，這套五釜流程的裝置，反應流程較長，很不經濟。北京化工研究院就在此基礎上加以改進，仿製了一套三釜流程的中試裝置，增加了脫除催化劑殘渣和無規物的功能。聚丙烯生產出來一般會有兩種結構：一種是等規聚丙烯，一種是無規聚丙烯。等規聚丙烯具有良好的物理性能，無規聚丙烯則呈黏稠狀，如果混到聚丙烯中，會降低聚丙烯的性能。所以降低無規聚丙烯的含量是提高聚丙烯品質的一個有效方法。仿製的這套中試裝置，在提高聚丙烯品質方面發揮了積極作用。

此時，雖然國外生產的聚丙烯催化劑品質不算高，性能也不算完備，可我國受研發水平和生產能力的束縛，仍然要長期依賴從國外進口催化劑。而國外廠商依仗催化劑的技術壟斷地位，屢屢向我們賣出高價，造成了我國企業經濟效益的大量流失。面對這種情況，作為北京化工研究院聚丙烯項目的負責人，唐士培教授深知自己身上責任重大，自然壓力也大，天天認真地忙碌在實驗室。這種責任和壓力也自然影響到了其他同志，身為課題組成員的毛炳權對我國化工催化劑的現狀感到焦慮。他暗暗樹立一個目標，一定要研製出中國人自己的催化劑。也正是為了早日打破國外的技術壟斷，北京化工研究院全力以赴地開展催化劑的科學研究，並成功研製出了研磨法催化劑。但是，這種催化劑是仿製國外產品生產而成，其效果和性能與進口催化劑相比還有一些差距，雖然能夠用於國內化工生產裝置使用，卻無法替代進口，北京化工研究院的科學研究壓力仍然很大。

第八章

仿製與創新——絡合型催化劑的發展之路

進入 20 世紀 70 年代後，隨著國外先進技術設備的逐漸引進，再加上國內科學研究人員的不懈努力，中國的聚丙烯催化劑研製漸漸加快了步伐。1971 年，以 Solvay(索爾維)集團開發的 $TiCl_3$-R_2O(異戊醚)-$TiCl_4$-$Al(C_2H_5)_2Cl$ 絡合型催化劑為典型代表的第二代催化劑使聚丙烯技術有了很大發展，在研製成功後，Solvay(索爾維)集團立即申請了專利。然而，此時的中國仍沒有自己獨立的催化劑研製技術，聚丙烯催化劑仍然在仿製。在這個時期，毛炳權所在的課題組在認真學習和了解索爾維第二代催化劑的基礎上，仿製出了一種新的催化劑，被命名為絡合Ⅰ型催化劑。

這種催化劑的仿製過程一開始並不順利，畢竟這是一個從無到有的過程。整個仿製過程基本按照索爾維第二代催化劑的參考文獻來開展，在小試過程中就碰到了問題，主要是國內的催化劑原料不合適，異戊醚來源困難，溶劑用的抽余油組分不純。儘管困難很多，但經過大家的努力還是仿製出了絡合Ⅰ型催化劑，但各項性能還遠達不到索維爾集團的水平。儘管如此，能成功研製出絡合Ⅰ型催化劑也給課題組的成員們帶來很大鼓舞。

1973 年，北京燕山石化公司向陽化工廠使用北京化工研究院研製的三釜流程溶劑法工藝，建成投產了一套年產 5000 噸的聚丙烯生產裝置。同時，還利用絡合Ⅰ型催化劑建成了一個絡合Ⅰ型催化劑的中試裝置。為驗證絡合Ⅰ催化劑的性能，北京化工研究院課題組在唐士培教授的帶領下，在這套年產 5000 噸的聚丙烯生產裝置上作聚合試驗。多次試驗結果證明，絡合Ⅰ型催化劑雖是仿製而成，但它的活性與定向能力都要優於第一代進口催化劑很多。這增強了課題組同志們的信心：外國人能做到的，我們也能做到，仿製絡合Ⅰ型催化劑僅僅是一個發揮步。年產 5000 噸的裝置從經濟效益來看沒太大價值，但其在中國國產催化劑的研發中發揮了重要作用。1976 年，向陽化工廠建成投產了一套 8 萬噸聚丙烯裝置，這套 5000 噸的裝置結束了歷史使命，成為一套真正的試驗裝置。

夢想從「開車」啟航

1976年，北京燕山石化公司向陽化工廠(後來的燕山石化公司化工二廠)進口了一套當時國內最大的聚丙烯生產裝置，年產量為8萬噸，採用的是日本三井石化的淤漿法生產工藝。這套裝置從設計、工藝、設備、儀表到產品牌號等在當時都算國際先進水平，所用動、靜設備和儀表全部從國外進口。

聽說向陽化工廠進口了這樣一套裝置，一直對催化劑的研究情有獨鍾的毛炳權非常感興趣，他希望自己能有機會到現場參觀考察和學習。對於科學研究工作，毛炳權一直持有一種觀點，這就是，研究科學研究的人不能只待在實驗室裡悶頭工作，還應當對所有工業化的工藝、設備、生產流程、儀表控制及三廢處理等有關內容有所了解，形成完整的科學研究思維。於是，他主動向研究院領導提出，要求參加燕山向陽化工廠聚丙烯裝置的開車工作(在中國化工界，裝置開工生產都習慣性地稱為「開車」)。說來也巧，研究院原定的一名參加開車工作的人選因家中有事不能成行，正需求有人來代替他。研究院同意了毛炳權的要求，改派他進入開車工作組，使他的心願得以實現。一同前往向陽化工廠的還有北京化工研究院的唐士培、李天益、李珠蘭、楊菊秀等。唐士培作為北京化工研究院的副總工程師，又是向陽化工廠廠長李力在抗戰時期浙江大學的同學，受邀做此次裝置開車的顧問。

來到燕山石化向陽化工廠後，毛炳權被安排在聚丙烯工廠。他很珍惜這次機會，雖是科學研究院所的科技人員，他卻不要求任何照顧，只要求能跟著工人一發揮工作。毛炳權的想法是，自己長期以來從事教學和科學研究工作，對企業尤其是生產一線了解不多，他打算透過參與開車補補這一課，為今後更好地開展科學研究工作打下個良好基礎。於是，他來到生產工廠跟著操作工人一發揮倒班。夜班 8 個小時，他跟著工人一發揮巡檢，一發揮記錄裝置運行情況，一發揮檢查設備狀態。夜班是工人們最疲勞的工作時間，而且，深夜的裝置區，氣體在管道內巨大的流動聲，設備的轟鳴聲，都會催人昏昏欲睡。但夜班的勞動紀律又要求當班工人不能睡崗。所以，毛炳權經常是一個夜班下來，感到非常疲憊，但他從不叫苦叫累。相反，他對這樣的工作體驗很感興趣。他認為只有與工人同吃、同勞動才能更好地了解工人的工作和技能情況，才能更具體地了解裝置的運行情況和工藝變化情況。向陽化工廠的這套聚丙烯裝置屬於當時的國際先進水平，毛炳權在這裡見到的、學到的都是國內獨一無二的。他知道，在這種環境下學習，能夠切實提高自己的科學研究水平和工作能力，所謂「實踐出真知」，就是這個意思。所以他在工作的時候特別賣力，抓緊這難得的學習機會，全力以赴地學習。他肯吃苦，能鑽研，深得一線工人們的好評，工人們也願意把操作中的體會和經驗與他交流。兩三個月後，他對聚丙烯裝置的各個部位已經有了大概了解，對於工人的工作情況也了然於心。在此基礎上，他又把自己的主要工作時間安排在白天，查閱大量相關的文字資料，檢查各種化工設備的運行和備用情況，包括壓縮機、反應釜、離心機等各類設備，還認真學習設備的製造原理，查看設備是否正常運轉。

對於聚丙烯裝置的工藝流程，毛炳權並不認為是一個難點，只要拿一份流程圖便可一目了然。他此次來燕山石化公司向陽化工廠的主要目的是為了了解設備。透過參加裝置開車，他對機械設備的確有了全新了解，受益匪淺。例如換熱器，為何選的型號有所不同？同樣是壓縮機，每臺具體功能又有不同，到底區別在哪？選擇哪個更加合適？還有控制儀表，那時的儀表不是現在由電腦控制的DCS系統，基本都是使用氣動和電動儀表。所有的儀表都集中安裝在儀表盤上，當班工人和技術人員透過觀察儀表，監控管道和設備、儀表的溫度、壓力及各項參數。毛炳權一直堅信，對化工行業的科學研究人員來講，對生產裝置的了解與熟悉對今後的研究工作是大有裨益的。

1976年7月23日是星期五，這天下午，毛炳權像往常一樣，結束了在聚丙烯工廠的工作後返回招待所宿舍休息。第二天上午，他和開車組的同事們從向陽化工廠的所在地房山縣回北京市區，打算在市內休整幾天再返回現場。沒想到一場突如其來的災難，打亂了他們的工作和生活。

1976年7月28日凌晨3點多，距離北京城僅150公里的河北省唐山市天空中似有一陣雷聲盤旋，頃刻間，桌案搖擺得厲害，天旋地轉，房屋倒塌，許多正在熟睡的人還沒來得及反應就被深埋在地下了。這便是震驚世界的「唐山大地震」。地震當天，北京也有強烈震感，很多道路被毀，房屋倒塌裂縫的情況也很嚴重，只是遇難人數沒有唐山多。據官方統計，北京市死亡一百餘人，傷四千餘人，全市倒塌房屋三萬多間。27日的晚上，北京和唐山一樣，出奇的熱，一絲風也沒有。很多人至今仍牢記著28日凌晨地震時的感受：地光，地聲，強烈的搖晃……許多人是被搖醒的，「跟坐火車一個感覺，左右晃動」。當時人們普遍的反應是不顧一切，儘快跑到屋外去。28日當天，北京的大雨從早一直下到晚。此後幾天，也天天下雨。震後，許多居民跑到院內空地和街道上。有人在文章中寫道：「幾分鐘內，北京的街道塞滿數以百萬計的居民。」許多人披雨衣或打雨傘，立於街中。不少沒有雨具的人，渾身被淋濕。由於餘震不斷，一個來月，老百姓大都在防震棚裡睡覺，露天而居。使用縫在一發揮的塑料布、雨衣(少數用木板、油氈紙)，甚至用一把把雨傘排在一發揮拼成臨時的小棚，雨後春筍般出現在大街小巷和公園裡，包括天安門廣場和中南海內。8 月 16 日一早，北京市革命委員會廣播車上街宣傳，告訴市民可以回家了。15 日深夜，廣播電臺繼續廣播：「北京地區不大可能發生強烈的餘震。」於是，人們紛紛拆除防震棚，陸續回到了原住房。

因地震的影響，很多工作都無法正常開展，從中央到地方都全力投入到災後重建工作中。因為地震，毛炳權和他的同事回到北京市內之後，沒有馬上返回向陽化工廠。在這段時間裡，他們白天繼續開展科學研究，晚上下班後則和千千萬萬北京市民一樣，住在防震棚裡。盛夏時節，一家人擠住在悶熱狹小的防震棚裡，原有的生活規律完全被打亂。而毛炳權他們的科學研究工作，卻一直在按部就班地進行著。過了近兩個月的時間，北京因地震而搞亂的工作和生活秩序逐漸恢復了正常。毛炳權他們再次返回燕山石化公司向陽化工廠，繼續他們的實驗。當他們趕到生產現場才發現，這裡的一些房屋已經倒塌，無法正常開展工作。燕山石化打算安排毛炳權他們住到招待所去，畢竟招待所的條件要好些。可科技人員們沒有同意，在他們心中，只要能順利開展工作，條件差一些沒什麼關係。同時，他們考慮到此時仍有餘震，如果安不下心來，不利於對生產情況的了解，乾脆住在現場觀察。就這樣，大家在生產裝置附近搭發揮了帳篷並住了進去，隨時可以到現場工作。雖然這場突如其來的地震奪去了幾十萬同胞的生命，但科學研究人員們沒有被地震所嚇倒，在無法預知地震情況的前提下，他們兢兢業業地堅守在自己的工作崗位上。大家都知道，化工行業的特點是高溫、高壓，易燃、易爆、易中毒。在正常的環境中，為了切實做到安全生產，尚且需求職工打發揮百分之百的精神，不得有半點疏忽，在面對破壞性很強的地震災害時，化工裝置發生事故的機率和不可知性相當大。但毛炳權和他的同事們，還有燕山石化的幹部、工人、技術人員，卻都義無反顧地盯在生產現場，冒著餘震巡檢、檢驗，一刻也沒放鬆。

1976年對於中華民族來說是極不平常的一年。在這一年裡，除了前所未有的唐山大地震給人民的生命和財產造成了巨大損失外，國內的政治環境也在發生著巨大變化。1976年1月8日，受國人愛戴的國務院總理周恩來與世長辭；1976年7月6日，中國十大元帥之首、全國人民代表大會常務委員會委員長朱德去世；1976年9月9日，中國共產黨中央委員會主席、中央軍委主席、人民領袖毛澤東也駕鶴西去。對於幾位國家領導人的去世，舉國哀痛，特別是毛澤東主席的去世，讓許多中國人產生了「中國向何處去」的惶恐。在毛澤東去世後近一個月的時間內，國內的政治形勢不明朗，出現了許多小道消息，這也讓許多中國人感到不安，其中就包括毛炳權和他的同事們。1976年10月6日，中共中央主席、軍委主席、國務院總理華國鋒和葉劍英同志，代表中共中央政治局，對江青、張春橋、王洪文、姚文元及其在北京的幫派骨幹實行隔離審查，並昭告全黨全國：「四人幫」反黨集團被粉碎。粉碎「四人幫」是歷史性勝利，長達10年的「文化大革命」也就此宣告結束。北京從來不缺少消息傳播的渠道，毛炳權他們在上級沒有傳達粉碎「四人幫」的文件之前，就已經聽說了這個消息。當時「四人幫」圍繞周恩來逝世的一系列倒行逆施，激怒了中國人民，也為他們的倒臺埋下了伏筆。所以，當毛炳權與唐士培、李天益等人聽到這個小道消息時，大家心裡高興，在單位附近找了個小飯店，暗中慶祝一番。據說，粉碎「四人幫」那幾天，北京市的螃蟹被銷售一空，上了餐桌的螃蟹是不能再橫行的。

「文革」的結束使國內環境得以逐漸穩定，毛炳權等人能夠更加安心於科學研究和對新技術的實踐工作。毛炳權一直認為，作為一名工程師，只有理論知識而沒有工廠的生產經驗是十分不正常的。可以說，沒有實際生產經驗，工程師在科學研究工作中就沒有發言權；沒有在生產現場的實踐，有再好的理論基礎都不會成為一名合格的工程師。科學研究人員雖以科學研究為主，但只有研究出來的成果經過實踐檢驗證明其有價值，這才屬於科學成果。否則，只能算是科學研究的階段性結果。既然價值的體現要經過實踐來證明，那麼整個實踐過程就是非常重要的。尤其是像化工這類實用性學科，科學研究成果的價值要透過轉化為生產力來體現。在研究室研究出來的成果是必須拿到工廠來檢驗的，這個檢驗過程也是產品的生產過程。同樣是要把成果轉化為生產力，研究人員考慮的問題與企業考慮的問題角度並不完全一致，企業要考慮生產成本、產品品質及其能否打開市場等問題，最好在新成果轉化過程中，不停產或者少停產。研究人員雖也考慮產品在市場中的價值，但也有不少人是想透過生產轉化，來證明自己的成果是可行的，至於多長時間可以轉化為生產力，有些研究人員考慮得不是太多。這樣一來，研究成果在生產過程中很可能因出現問題而遭遇停產，一旦停產，不管是研究單位還是工廠，都將面臨巨大的經濟損失。

正因為如此，毛炳權從教時也常教導學生必須重視到一線去實習。包括後來帶研究生，他一直在強調理論要與實踐相結合。有的學生對生產實踐不以為然，認為化工生產一線只是個熟練過程，沒什麼技術含量，從心裡不夠重視。每每看到學生這樣的反應，毛炳權都會語重心長地對學生們說：「你們錯了，在工廠裡待得時間長了，你考慮問題的角度往往就跟研究院不一樣了，只有真正到廠裡去，才能知道科學研究應該如何與生產相結合。」

毛炳權在科學研究過程中，經常主動到企業裡了解生產情況。在裝置開工和新產品試制過程中，他跟著企業技術人員和工人一發揮操作設備，一發揮了解情況，一發揮討論問題。透過生產實踐，切實了解到新產品在生產當中存在的具體問題，再針對具體問題找到解決辦法。正是因為有了在企業生產過程中的大量經驗積累，毛炳權才掌握了相當多的生產知識，也使他在今後的科學研究中有了更強的針對性。

自從參加聚丙烯裝置開車以來，毛炳權與同事在燕山石化向陽化工廠待了一年有餘。在這一年多時間裡，毛炳權收穫頗多，對聚丙烯裝置和聚丙烯的生產過程有了深入的了解。隨著對生產過程了解程度的加深，毛炳權有了一個新的發現：雖然這套裝置在很多方面都已達到國際先進水平，但它同樣也存在著生產流程長、能耗物耗高等問題，這說明該套裝置還是存在缺陷的。再加上裝置的設備繁多且全部都是依賴進口，致使建設費用十分龐大，單是購買設備的費用就是一個相當大的數位。隨著中國國民經濟的發展，如果要不斷增加聚丙烯的產品品種和產量，光靠進口這條路是根本行不通的，必須堅持兩條腿走路的方針，創造出中國自己的自主技術。

透過一年的開車工作，毛炳權等人最終發現，燕山向陽化工廠的聚丙烯裝置存在著一個重要缺陷，其使用的催化劑活性和定向能力(選擇性)較低。當時向陽化工廠所採用的催化劑是第一代催化劑，這種催化劑的生產存在兩個問題：第一，它有一套脫灰裝置，可以脫除催化劑殘渣、粉末，降低灰分含量。因為灰分影響產品品質，所以要脫灰降低至 30 微克/克。但當時的催化劑活性很低，不用脫灰裝置根本不可能降至 30 微克/克。因為，灰分中的主要物質是二氧化鈦(TiO_2)和氧化鋁(Al_2O_3)，而二氧化鈦(TiO_2)會使聚丙烯、聚乙烯產品引發揮降解、老化，造成產品顏色發黃，使產品的性能變差。所以要改善催化劑，首先要做的就是大幅度提高催化劑的活性，如果活性提高了，聚丙烯中的 TiO_2 含量少了，達到少於 30 微克/克，完全可以不用脫灰裝置；第二，聚丙烯生產出來一般會有兩種結構：一種是等規聚丙烯，一種是無規聚丙烯。無規聚丙烯呈黏稠狀，如果混到聚丙烯中，就會降低聚丙烯產品的物理機械性能。因此，裝置中就要有一套脫無規物裝置。這些情況，在 5000 噸裝置生產中也出現過。針對脫出來的無規物找不到地方應用的問題，三井石化為向陽化工廠設計了一套可以燒無規物的鍋爐，在消化無規物的同時也可以為裝置提供蒸汽，做到廢物利用。但這套裝置又需求我們花錢去買，成本太高。若想減少設備，縮短工藝流程，大大降低裝置的投資，首先要解決的就是催化劑問題，而提高催化劑的活性和選擇性是改善催化劑的關鍵，也是難點。所謂活性，就是每一克催化劑能得到多少克聚丙烯。活性高了，聚丙烯產品中的殘渣就很少了。而選擇性，決定著產品的等規度，也就是產品中等規聚丙烯占的比例多少，選擇性高了，影響產品性能的非等規聚丙烯含量就會降低。

在這種情況下，燕山向陽化工廠廠長李力提出，可否將北京化工研究院研製出的絡合Ⅰ型催化劑在進口的 8 萬噸設備上做實際試驗。這個提議得到了北京化工研究院課題組的認同，畢竟絡合Ⅰ型催化劑已在年產 5000 噸的生產裝置上成功應用。雖然 5000 噸的裝置與 8 萬噸的裝置有著很大差距，但大的工藝和設備還是有共性的。另外絡合Ⅰ型催化劑在 70℃下在間歇丙烯本體聚合條件下進行的試驗也很正常。所以大家認為準備工作已經沒什麼問題了，決定鼓發揮勇氣，放手一搏。

對於此次試驗，燕山石化公司向陽化工廠和北京化工研究院都高度重視，廠長李力和研究院課題組的唐士培、李天益、毛炳權、李珠蘭、楊菊秀等人以及廠方的科技人員共同參與，在聚丙烯裝置中投放了絡合Ⅰ型催化劑。但是，裝置開發揮來不久便出現了異常現象：設備的攪拌功率越來越高，取樣查看後，發現聚丙烯顆粒變得非常細小，淤漿黏度也變大。眾人發現情形不對，立即停車查找原因。廠方和研究小組從方方面面仔細尋找出現問題的原因，可是過了很久都未發現可疑之處。找不到原因，試驗便不能再繼續進行下去，試驗宣告失敗。這一失敗帶來的不良影響是深遠的，產量 8 萬噸的裝置停車更換催化劑，還要處理一系列的後續問題，每一次開停車都會使能耗物耗增加，帶來較大的經濟損失。

直到多年以後，眾人的困惑才逐漸解開。8 萬噸的設備開車試驗之所以出現問題，原因在於原來用的催化劑活性低，改用絡Ⅰ型催化劑後活性高，並且這套裝置裡面缺少了預聚合裝置。5000 噸的聚丙烯裝置雖然也沒有預聚合裝置，但因聚合溫度維持在五六十攝氏度，溫度較低，低溫造成了絡合Ⅰ型催化劑的反應比較慢，不會發生劇烈變化，所以生產出來的聚丙烯沒有問題。而且，本體聚合用的是間歇釜式聚合工藝，在試驗過程中，用與過去同樣的溫度，在升溫過程中就相當於預聚合，沒有預聚合的過程，所以能試驗成功。到了在8萬噸裝置上試驗的時候，研究小組試圖採用連續淤漿法工藝，這種工藝一般是在反應器中加入一種惰性液態烴溶劑(一般為己烷、庚烷)，在較低的溫度、壓力下進行聚合反應。由於8萬噸裝置聚合溫度高達70攝氏度，而絡合I型催化劑的活性較第一代催劑高，反應也比較快，如此一來，該裝置內便缺少了慢慢升溫的過程，預聚合過程也由此消失，生產出來的聚丙烯自然也就發生了異常。

吃一塹，長一智，從失敗的教訓中吸引教訓，提高自己對問題的認識能力。經過這一次試驗失敗，毛炳權在以後的科學研究道路上變得更加慎重，也更加嚴謹。他進一步認識到，在科學研究及工業應用上，只有將方方面面的問題都考慮到，才有可能將即將出現的問題扼殺在萌芽中。這次沒能考慮到預聚合的問題，一是當時國外在研究催化劑的時候沒有提到過預聚合的概念，二是課題組對於5000噸裝置與8萬噸裝置內部溫度差別問題的疏忽。經歷了這次失敗，毛炳權在日後的研究中對預聚合這個問題更加重視，也為日後自主研製催化劑積累了經驗。

在向陽化工廠一年多的開車過程中，毛炳權和課題組的同事們不僅對企業的生產情況有了深刻了解，更是積累了大量的催化劑研究經驗教訓，為今後自主研製催化劑打下了基礎。這是個學習和思考的過程，尤其是當毛炳權完整地了解了這套8萬噸的裝置之後，更有了深刻的認識。這套聚丙烯裝置是從日本三井石化公司購買技術，三井造船公司設計、製造。該裝置包括設備費、材料催化劑費和生產技術專利費共5310萬人民幣。全套裝置分AB兩條生產線，共有設備761臺。其中引進設備724臺，國內製造的設備37臺。此外，還從東邦鈦公司購買了一套研磨法鋁還原生產三氯化鈦裝置。後來，由於生產出的副產品無規聚丙烯無法處理應用，又透過三井公司購買建成一套燃燒無規物鍋爐，生產蒸汽，為企業供熱用。因為當時的中國沒有自己的聚丙烯催化劑，從國外購買的價格相當高。而且，後期為了處理催化劑帶來的副產品，還不得不繼續購買國外的裝置和設備，加長了工藝流程，自然也就增加了能耗、物耗，全部費用算下來是相當驚人的。這種現象讓毛炳權刻骨銘心：科學技術的落後已經讓中國企業付出了高昂的代價，要打破這種局面，必須要想辦法研發出國產催化劑，打破國外企業的壟斷。

用實力說話

對於已經研製出來的絡合Ⅰ型催化劑，雖然還存在不足，但畢竟算是國內較早仿製出來的催化劑。所以，當時北京化工研究院將其作為成果上報，希望能夠獲得獎勵，但最終因為這一催化劑沒有自己的創新內容，不能算創新成果，與獎勵無緣。毛炳權得知這一消息後，經過反覆考慮，向唐士培教授提議，能不能想辦法在絡合Ⅰ型催化劑的基礎上進行改進，讓它跟仿製的原品有所區別？變成自己的成果？唐士培教授很欣賞毛炳權的積極性與工作魄力，立即同意了毛炳權的提議。1978 年，北京化工研究院組建了一個絡合Ⅰ型催化劑改進小組，由毛炳權任組長。

催化劑的選擇性和活性是技術的核心，能不能用最小的代價，來提高催化劑的選擇性和活性？毛炳權和他的課題組圍繞這個難題開展了攻關。

要對絡合Ⅰ型催化劑進行改進，首先要在催化劑製備技術上做改進。怎樣找到這個技術支點，選準改進方向是最為關鍵的一點。毛炳權最先想到的就是製備催化劑的原料問題，絡合Ⅰ型催化劑的原料之一是異戊醚，當時國內的異戊醚數量很少，是葡萄酒發酵後的副產品，獲得該原料本身就存在著很大難度。另外，異戊醚的結構複雜，異構體很多，回收提純也同樣困難。在綜合考慮和試驗後，毛炳權提出用結構單一、便於回收的正丁醚代替異戊醚。

使用正丁醚做原料來合成催化劑，並沒有想像的那麼順利，反而出現了不少困難。首先出現的是用正丁醚得到的催化劑不是粉末狀，而是結成塊狀。經過不斷調整方案，做了幾次試驗後找到原因，這種情況的發生是因為使用的正丁醚濃度過高，致使催化劑結塊，無法生產。為了解決這一問題，毛炳權帶領課題組的同志不斷調整濃度和溫度等參數，經過多次調整，使結塊問題得以解決。結塊問題雖然解決了，但合成出的催化劑成品活性仍然不盡如人意，一開始用正丁醚合成的催化劑活性還不如異戊醚活性高。

科學研究從來不是一帆風順，需求科技人員付出大量辛勤的勞動。一次不成功，幾次不成功，那就不斷研究下去，直到成功為止。毛炳權和課題組的同志總結了經驗教訓，從改變配方比例下手，使正丁醚能夠早日合成出令人滿意的催化劑。毛炳權沉著冷靜，不怕麻煩，多次改進配方比例，反複試驗。在試驗過多種不同的配方比例後，1978 年毛炳權帶領課題組終於成功合成出了新的催化劑。新研製出的催化劑無論是在活性上還是選擇性上，都比用異戊醚合成的催化劑高出一個層次，而這也代表著，由國內自主研發的催化劑已超過了索維爾集團生產的第二代催化劑水平。這種在絡合Ⅰ型催化劑基礎上改進而成的催化劑被命名為絡合Ⅱ型催化劑。絡合Ⅱ型催化劑的問世，加上採用丙烯液相本體聚合工藝，使催化劑活性從 60 年代的 300 克聚丙烯/克催化劑提高到 1500 克聚丙烯/克催化劑，等規度達到 96%~97%，省去了脫催化劑殘渣和脫無規聚合物工序，實現了無脫灰、無脫規聚合物工藝。由於其優異的催化效率和選擇性，流程也大大簡化，採用簡單的國產設備便可生產合格的聚丙烯樹脂，成本也大幅度下降。

毛炳權在實驗室進行丙烯聚合試驗

絡合Ⅱ型催化劑研製的成功使毛炳權和他的同事們歡欣鼓舞，因為新催化劑的研製成功不僅填補了我國聚丙烯催化劑的空白，也奠定了中國聚丙烯催化技術的基礎，從此以後，中國人可以用自己的催化劑進行聚丙烯生產了，不再仰人鼻息。國家對北京化工研究院自主研發的催化劑也極為重視，1982 年，絡合Ⅱ型催化劑獲得了國家發明三等獎。

過了不久，當毛炳權和課題組的同事們從成功的喜悅中冷靜下來的時候，他們發現不得不面對這樣一個現實：有了自主創新的催化劑，卻沒有自主的聚丙烯工藝和生產裝置。如果這一切不能儘快解決，中國人就不可能實現自主生產聚丙烯產品。人類在前進的道路上，總是要有所發現，有所發明，有所創造，有所改進，不斷地發現問題，解決問題。為了實現聚丙烯的自主生產，毛炳權和他的同事們團結一心，繼續攻關。在解決了催化劑的問題之後，他們著眼於聚丙烯的生產原料、工藝及設備等方方面面的攻關。因為他們清楚地知道，只有創造出自己的催化劑和生產工藝，中國的聚丙烯生產才能完全實現自主生產。

這時，毛炳權和同伴們又有了一個新的想法：當時國內使用的聚丙烯生產裝置及催化劑均是從國外進口的，丙烯是生產聚丙烯的原料，而生產丙烯的催化裂解裝置要從國外進口，這又是一筆很大的費用。完全依賴進口技術和裝置來生產，不是中國聚丙烯行業發展的長久之計，為了加快中國的經濟發展步伐，實現聚丙烯的自主生產實際上已經迫在眉睫。經過深入了解，毛炳權他們把目光盯在了煉廠氣上。在這個時期，我國已經有很多中小型煉油廠，煉油廠在生產過程中會產生相當數量的副產品——煉廠氣，這些煉廠氣中含有50%左右的丙烯，往往經過液化後成為液化煉廠氣，簡稱「液化氣」，全都作為工業和家庭使用的燃料出售。其實，煉廠氣中的丙烯完全可以提取出來用作生產聚丙烯的原料，這樣不僅能夠替代進口，也能避免浪費，給企業帶來巨大的效益。煉廠丙烯可以由催化裂化裝置產生的液化氣經氣體分餾裝置分餾後得到，這項工作北京化工研究院以前已有專題研究，還在煉油廠推廣過。這種分餾工藝會使煉廠丙烯含有一些雜質，對品質有所影響，這也成為國內沒有普遍採用煉廠氣製造丙烯的主要原因。絡合Ⅱ型催化劑恰恰有超強的抗雜質毒害能力，對單體淨化要求不高，特別適用於這種煉廠丙烯的聚合。絡合Ⅱ型催化劑的研發成功，為使用煉廠氣生產丙烯打開了一扇大門。國內一些機構迅速圍繞絡合Ⅱ型催化劑的特點開始了試驗工作，其中就包括北京化工研究院。

北京化工研究院最早研製聚丙烯使用的是淤漿法，丙烯在60~70攝氏度的溫度和2.8~7.0兆帕的壓力下在溶液中聚合，所得到的聚丙烯不溶於己烷等溶劑。聚合物與溶劑分離後，經過乾燥後可進行造粒。這種方法可以迅速測定其聚合物黏度，易於控制分子量和分子量分布，但所生成的樹脂活性低，工藝流程長，無規物多達20%~30%，生產成本高。於是，北京化工研究院又在此基礎上採用了本體聚合，本體聚合是單體(在聚丙烯的生產過程中，這個單體僅指丙烯)在不加溶劑以及其他分散劑的條件下，由催化劑自身進行聚合引發的聚合反應。本體聚合提高了丙烯的濃度，因此也提高了催化劑的活性，可以使聚丙烯中的鈦含量降低，本體聚合與有溶劑的淤漿聚合相比，具有不必進行溶液回收和不消耗溶劑的優點。北京化工研究院採取兩條腿走路的方針，一手抓放大催化劑的改造，一手抓本體聚合的研究。

丙烯本體聚合的研究工作在國內同時有三個單位在做，這三個單位是北京化工研究院、中國科學院大連化學物理研究所(簡稱大連化物所)及復旦大學。各單位結合自身實際，分別對丙烯本體開展研製。中間有獨立試驗，也有共同合作，只不過三個單位所使用的催化劑略有不同。這些研究是在國家科委和化工部的領導下開展的，研究本體聚合的單位也根據部委的要求，在國內選擇一個企業做中試的試點。在大連化物所的主導下，最終把試點單位選定在遼寧瓦房店紡織廠。大連化物所成立於 1949 年 3 月，當時定名為「大連大學科學研究所」，1961 年年底更名為「中國科學院化學物理研究所」，1970 年正式定名為「中國科學院大連化學物理研究所」。大連化物所重點學科領域為：催化化學、工程化學、化學雷射和分子反應動力學以及近代分析化學和生物技術。大連化物所與瓦房店紡織廠合作，由大連化物所設計了一套體積為 1.5 立方米年產 300 噸的反應釜。一個反應釜間歇操作，先投入丙烯和催化劑，合成完畢後直接放出產品，雖然不是連續作業，但卻大大縮短了生產流程。一釜做完後，將沒有聚合的丙烯冷凍回收，重複使用。生產出來的聚丙烯粉料裝袋加工，進入加工應用的環節。

為了配合本體聚合的研究，北京化工研究院派了毛炳權和李天益等人到瓦房店紡織廠協助工作。瓦房店紡織廠是個老企業，1937 年，由日本企業投資建設，曾為日本關東軍補給部指定軍需生產廠。1948 年全東北解放後，由東北紡織管理局接管。瓦房店紡織廠幾經波折，在奪取全國解放、抗美援朝及社會主義建設時期，為我國的紡織工業及軍需生產做出了重要貢獻。當時的瓦房店紡織廠在東北也是名列前茅的大企業。雖然全國解放後，政府也對企業進行了投資改造，擴大了生產規模，改善了生產和生活條件，但在「先生產，後生活」的大環境下，遼寧包括瓦房店在內的生活條件還是比較差的。毛炳權他們在這裡吃的是二米飯(高粱米和玉米一發揮做的飯)，副食供應短缺，蔬菜也少，有的同志天天吃從北京帶去的鹹菜。住的地方則是瓦房店紡織廠的集體宿舍。因試驗的很多原料都是從外地運來的(丙烯是由蘭州一個進口裝置生產出來並運來的，氫氣是從大連運來)。所以，毛炳權他們在剛去的一段時間裡總是在等原料。即便原料充足，也需求連續做很多試驗。此次用瓦房店的裝置做試驗的目的之一，是將北京化工研究院最新研製的絡合Ⅱ型催化劑與大連化物所的催化劑進行對比，看看哪個催化劑更適用於聚丙烯的生產。大連化物所研製的催化劑也是仿製德國BASF公司，是用三氧化鈦加一種叫六磷铵的物質來共同研磨的，仿製的目的也是為了提高定向能力和活性。

催化劑種類不同，對很多條件的要求也不盡相同，比如裝置的溫度、攪拌速度、催化劑的量等。所以要進行多次試驗，找到一個最好的平衡點，而這也恰恰是試驗的難點。比較試驗一直在悄悄進行著，直到毛炳權他們即將返回北京時，試驗有了最終結果：絡合Ⅱ型催化劑的活性、定向能力以及顆粒形態都高於大連化物所和復旦大學的催化劑。

瓦房店紡織廠的小試成功後，化工部派了一個工作小組前來考察，工作小組共有十餘名專家，主要考察絡合Ⅱ型催化劑及本體聚合的工藝是否能夠放大推廣。最終的考察結果是肯定的。在此基礎上，聚丙烯生產裝置及絡合Ⅱ型催化劑的使用採用逐步放大的方法，毛炳權等人的任務就是保證使用的試驗裝置做出好的試驗結果、發現其中存在的問題、推廣催化劑及裝置，而其他的設計工作則由南京化學工業公司設計院負責，毛炳權只是提出一些設計中應當注意的事項，包括攪拌的問題、加料和出料的問題等。

絡合型催化劑與千噸級聚丙烯的推廣

在絡合Ⅱ型催化劑得到充分肯定的同時，其推廣工作也逐步展開。20世紀70年代末、80年代初，推廣的第一步在江蘇丹陽化肥廠開始。化工部和國家科委給北京化工研究院下達了一個任務，由北化院牽頭，推廣聚丙烯的生產裝置及絡合Ⅱ型催化劑。北京化工研究院課題組的科學研究人員要在丹陽化肥廠現場技術指導，直到產出合格產品。

丹陽化肥廠建於1958年，是國家首批投資建設的中型化肥廠之一。1965年丹陽化肥廠完成了我國首例氮肥生產，這年的7月18日，《人民日報》頭版刊發丹陽化肥廠的專題文章「我國首創化肥生產新流程」。長期以來，丹陽化肥廠一直是化工部的實驗工廠。為切實做好絡合Ⅱ型催化劑的推廣工作，化工部在丹陽化肥廠建設了一套4立方米聚合釜，年產1000噸的聚丙烯裝置。其中所用的丙烯仍是由蘭州運送而來的裂解丙烯，所使用的催化劑是北京化工研究院的絡合Ⅱ型催化劑。嚴格說發揮來，在瓦房店紡織廠和丹陽化肥廠建裝置是對聚丙烯生產裝置的放大實驗。對於毛炳權和他的同事們來說，做這項工作是輕車熟路的。在各方的共同努力下，丹陽化肥廠的開車試驗取得成功。

跟丹陽化肥廠的合作結束後，根據化工部和國家科委的要求，北京化工研究院在全國範圍內尋找一家有煉廠氣丙烯的單位繼續合作。經過多方考察後，最終選定了湖南嶽陽化工總廠（當時叫2348

廠，屬軍隊系統）。在選定合作單位後，北京化工研究院與岳陽化工總廠共同承擔了國家科委下達的國家「六五」攻關項目——「以煉廠氣為原料的千噸級聚丙烯裝置」的研究工作。在岳陽化工總廠，毛炳權和項目組的同事們經過許多次研究與試驗，發明出一種間歇液相本體聚合工藝。所謂「間歇」就是不連續的，一釜一釜地單獨生產。聚合成功的聚丙烯產品用於工業應用，而沒有聚合的丙烯則被冷凍回收，重新參與聚合過程。這種工藝一方面確保了聚丙烯產品的品質，另一方面又保證了丙烯的重複使用，不至於造成資源的浪費。可以說，間歇液相本體聚合工藝的發明使中國的聚丙烯產品第一次實現了自主生產。

岳陽化工總廠橡膠廠用兩臺 4 立方米聚合釜，建成了一套年產量為 2000 噸的聚丙烯生產裝置。此時的毛炳權仍負責聚合工藝，他們要驗證在年產量如此大的設備上能不能用絡合 Ⅱ 型催化劑和本體聚合工藝。在試驗過程中，發現問題，解決問題，推動聚丙烯生產的發展。在岳陽的試驗一切順利，取得了滿意的結果，可以進入試生產階段。岳陽化工總廠的試驗是國內研製催化劑及聚丙烯生產工藝的一個轉折，因為這是研究人員第一次用煉廠丙烯做了試驗並成功，這為今後國內同行業以煉廠氣為原料生產丙烯闖出了新路。隨後在岳陽化工總廠的試生產中卻出現了一些問題。先是生產出來的聚丙烯產品，等規度不夠穩定，為此再次回到研究院小試找原因。發現等規度和聚合溫度、產品的分子量（熔融指數）都有關係。如果聚合溫度高了，活性會高；加分子量調節劑氫氣多了，分子量變小，等規度變低。另外還發現，作為活化劑的一氯二乙基鋁的氯含量對等規度的影響更大。從試驗室再回到岳陽化工總廠生產，研究人員根據實際情況嚴格控制聚合溫度和加入氫氣的用量，及時分析助催化劑的氯含量，並適時向一氯二乙基鋁中加入 5% 的二氯乙基鋁。在採取了一系列措施之後，聚丙烯產品的等規度都達到了 97.5% ~98% 以上，問題得到徹底解決。又過了半年時間，有用戶反映說，聚丙烯產品在後加工時，對設備有腐蝕性。毛炳權他們分析認為，這可能是催化劑中的三氯化鈦、助催化劑中的一氯二乙基鋁遇到空氣和水之後，分解出氯氣和鹽酸而引發揮的。因此，他們又回到研究室反複試驗。不久，在查閱的國外文獻中發現，BASF 公司已經提出了在聚烯烴樹脂中脫除氯含量的方法。即，在聚丙烯樹脂中加入 0.5% ~1% 的環氧丙烷，在 100 攝氏度的溫度下，攪拌聚丙烯粉料，再透過抽真空或者氮氣吹排，將原 160 ~190 微克/克的氯含量降低至 20 微克/克左右。方法找到後，科學研究人員來到岳陽化工總廠幫助改進產品性能，徹底解決了用戶提出的腐蝕問題。在千噸級聚丙烯裝置的研究、建設和生產過程中，毛炳權和他的團隊一直在生產現場和研究院的實驗室之間來回跑，做了好多次試驗，不斷發現問題，不斷解決問題，最終向國家科委和化工部交上了一份合格的答卷。由此開始，全國各地的許多煉油廠相繼建立了不同規模的小本體聚丙烯裝置，依靠煉油尾氣生產聚丙烯已成為一種潮流。而且，隨著生產規模的不斷擴大，聚合釜也越來越大。在使用 4 立方米聚合釜生產的同時，又增加了荊門石化的 12 立方米聚合釜和上海石化的 15 立方米聚合釜，聚丙烯生產規模不斷擴大。

隨著間歇液相本體聚合工藝和絡合Ⅱ型催化劑的推廣，聚丙烯裝置如雨後春筍般越來越多。這些聚丙烯裝置在建設和生產過程中也會遇到各種各樣的問題，畢竟在當時的中國來說，聚丙烯生產也算新的行業。每當遇到問題，聚丙烯生產企業就會向北京化工研究院和已經有過幾年生產經驗的廠家求援。其中，北京化工研究院是他們的首選。作為這一課題的負責人，毛炳權多年來一直致力於聚丙烯生產技術的推廣。他曾去過全國二三十家同類企業，為他們指導聚丙烯的技術和生產。在幫助他們解決問題的過程中，毛炳權發現，在聚丙烯裝置出現的這些問題中，既有原料問題，又有操作問題。比如，絡合Ⅱ型催化劑在聚合過程中是不能見空氣的，但在一些新開工的聚丙烯裝置中，幹部、技術人員和工人都比較缺乏專業知識，在絡合Ⅱ型催化劑的使用方面並沒有嚴格按照操作規程來做，造成了生產出來的聚丙烯產品不合格。這種現象隨著生產經驗的積累和專業知識的增加，特別是企業管理的不斷嚴格才逐漸得到了改善。

整體看來，聚丙烯生產裝置的推廣還是比較順利的，絡合Ⅱ型催化劑的良好性能在其中發揮了關鍵作用，有目共睹。透過國內眾多聚丙烯裝置的建成投產，絡合Ⅱ型催化劑帶來的顯著經濟效益越發引人注目，其良好的性能在業內更是有口皆碑。一時間，絡合Ⅱ型催化劑迅速成為熱銷產品。北京化工研究院絡合Ⅱ型催化劑的研發由毛炳權負責，日常的生產工作由李天益工程師負責。北京化工研究院和毛炳權團隊的嚴謹作風，在絡合Ⅱ型催化劑從研發到生產的全過程中，得到了充分體現。絡合Ⅱ型催化劑以穩定的品質和良好的性能享譽全國，在確保國內聚丙烯產品生產的同時，也為北京化工研究院的科學研究提供了強有力的經濟保障。在新中國成立後，科學研究院所的科學研究經費都是由行政撥款，科學研究項目也是按計劃安排。「文革」結束後，國家的中心工作逐步轉移到經濟建設上來，各行各業都在加快發展速度，要發展就要有資金，這使本來已經緊張的經費更加緊張。北京化工研究院是化工部的直屬單位，科學研究等經費都是由化工部撥款。因為資金短缺，化工部下屬單位又多，有限的資金也要平衡使用，北化院不可能從化工部得到更多資金。因此，院內的一些研究項目得不到資金的支持，舉步維艱，有的項目只能暫時停下來。國家為了解決科學研究單位經費緊張問題，發表了有關政策：科學研究單位的經費與經濟效益掛鉤，經濟效益高，從中提成的經費就多。發表這一政策是為了促進科學研究成果儘快轉化為生產力，具有積極意義。這個政策也讓北京化工研究院如虎添翼，絡合Ⅱ型催化劑的研製成功與間歇液相本體聚合工藝的完美配合，已經使絡合Ⅱ型催化劑成為熱銷產品，效益可觀。銷售催化劑所得資金，除按規定部分上繳外，北京化工研究院也能夠留下一些。這部分資金也多少能夠填補一下科學研究經費的缺口，為北京化工研究院的科學研究開發做出了積極貢獻。

與李天益留影

從 1978 年至 1985 年的七年間，中國的聚丙烯行業發生了翻天覆地的變化。之前我國使用的聚丙烯生產裝置均從國外進口，而且生產聚丙烯的原料也無來源。直到國人發現從煉油廠的尾氣中可以分離出丙烯，中國生產聚丙烯的原料問題才算有了初步解決，而北京化工研究院對於絡合Ⅱ型催化劑及間歇液相本體聚合工藝的研製成功也為國內聚丙烯的生產錦上添花。在煉廠氣丙烯分離技術未被發現以前，煉油廠的尾氣多用於燃料，銷售價格較低；丙烯的成功分離使煉油廠的尾氣成為生產聚丙烯的重要來源，而聚丙烯產品在市場上一出現便供不應求，導致價格一路走高。可以說，在相當長一段時間內，聚丙烯產品就是一座金礦。正是因為聚丙烯有良好的發展前景，加上設備簡單、全部國產、流程短、建設週期短，國內很多中小型煉油廠都看準商機，紛紛在煉油廠的基礎上新建一個聚丙烯廠。同時，我國特有的這種間歇本體法聚丙烯生產技術具有流程短、設備少、投資省、上馬快、利潤高的特點。這項技術由於符合國情，在國內得到飛速發展。1978 年建成投產了第一套裝置，到 1985 年已經發展到了 13 套，

1995 年，全國使用絡合Ⅱ型催化劑的裝置已達 50 套，聚丙烯生產能力達到 40 多萬噸/年。僅僅幾年時間，國內的小型聚丙烯廠已達上百個，聚丙烯產品生產大放異彩。

對於國內聚丙烯行業發生這樣突飛猛進的變化，其中功勞最大的自然是絡合Ⅱ型催化劑及間歇液相本體聚合工藝，北京化工研究院也注意到這一點。於是，他們抓緊時間將這幾年的科學研究成果做了總結，並整理上報了兩個項目參加評獎。這兩個項目，一個是絡合Ⅱ型催化劑，一個是千噸級聚丙烯技術(間歇液相本體聚合在上報時改為「千噸級聚丙烯」)。1982 年，絡合Ⅱ型催化劑獲得國家發明三等獎；1985 年，千噸級聚丙烯獲國家科技進步二等獎和中國石化總公司科技進步一等獎。千噸級聚丙烯這一成果參加的單位和人員很多，既有生產廠家、也有設計單位，還有北京化工研究院內部的一些單位。這些單位中，參與科學研究的人員眾多，但獲獎的名額終歸有限，不可能都照顧到。毛炳權雖然是這一項目的主要負責人，直接參與研究的時間長，到生產現場跑得也多。但在榮譽面前，他卻沒有伸手。他想到自己已經獲得了「國家發明三等獎」這一獎項，希望有更多的人共享科學研究成果帶來的榮譽。於是，他主動提出退出「國家進步二等獎」的獲獎提名，將機會留給了其他人。他的高風亮節得到了上級領導和同事們的高度讚揚，也贏得了許多人的尊重。毛炳權不僅是一位工作嚴謹的科學研究人員，更是一名不計個人得失的真君子。在毛炳權心中，科學研究才是最

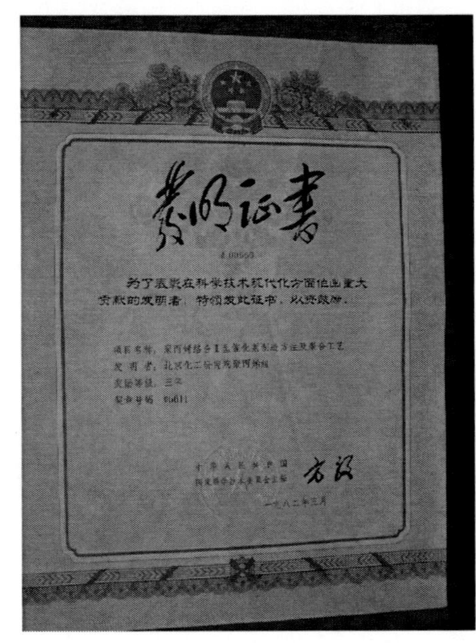
发明证书

为了表彰在科学技术现代化方面作出重大贡献的发明者，特颁发此证书，以资鼓励。

奖励等级：三等

1982 年絡合Ⅱ型催化劑獲得國家發明三等獎證書

重要的事情，他在科學研究這個天地中不斷有所創新。在若干年後，他相繼獲得了兩個國家級大獎和何梁何利科學與技術進步獎，以及一系列省部級獎勵。

证 书

为表彰 八五 年度在促进石油化工科学技术进步工作中做出重大贡献，特颁发此证书，以资鼓励。

获奖项目：以炼厂气为原料的千吨级聚丙烯技术

获奖单位：化工部北京化工研究院

获奖等级：一 等

中国石油化工总公司

1986 年 [illegible] 月

1985 年千噸級聚丙烯獲中國石化總公司科技進步一等獎證書

何梁何利基金

二○○四年度

科學與技術進步獎

爲促進中國科學技術事業的發展，獎勵做出杰出貢獻的科技工作者，特頒發此證書。

技術科學獎 獲獎人：毛炳权

何梁何利基金評選委員會

二○○四年十一月十日

2004 年毛炳權獲得何梁何利科學與技術進步獎

第九章

滴水石穿——N型催化劑繼往開來

1985年，在進行了近7年的研製後，無論是絡合Ⅱ型催化劑還是千噸級聚丙烯生產裝置的生產與推廣工作，都已經告一段落。

此時，隨著絡合Ⅱ型催化劑和間歇液相本體聚合技術的廣泛應用，國內聚丙烯行業的發展已經達到了一個新的高度。但這個高度相對於世界同行業來講，卻有比較大的差距。在和平發展時期，科學技術的發展日新月異，聚丙烯行業當然也不例外。到20世紀80年代初，世界聚丙烯催化劑的發展又有了新的突破。繼國際上第三代催化劑短暫使用後，由日本三井石化公司與義大利蒙埃公司(Montedison)合作，相繼開發出了用於丙烯聚合的高效催化劑——TK-Ⅰ、TK-Ⅱ催化劑。TK催化劑是號稱三張王牌的高效催化劑，屬於聚丙烯生產第四代催化劑，催化劑活性高達20000倍，聚合物等規指數高達98%。尤其是TK-Ⅱ催化劑的成功開發，引發了聚丙烯工藝劃時代的進步。日本三井石化公司因此發展了基於此催化劑的新型聚丙烯工藝——Hypol工藝，這種工藝使用的就是TK高效催化劑，催化劑聚合活性、選擇性和定向力很高，生產的聚丙烯等規度高，灰分含量低，無需脫灰脫無規物工序，裝置流程和設備得以簡化，三井石化公司也因TK催化劑而獲益，產品品質和生產規模都有新的發展和提高。

1979年年末，中國共產黨第十一屆三中全會決定，以經濟建設為中心，實行改革開放政策，中國的經濟發展勢頭迅猛異常。在這種大好形勢下，國內聚丙烯行業也面臨著突破和發展的問題。這個階段，國內的生產裝置雖然流程短，易於控制和操作，但生產規模小，還不能連續生產，嚴重制約著企業經濟效益的提高。1984年，化工部組織一些高級領導及外貿人員到世界多個聚丙烯生產企業考察，在考察的基礎上有針對性地進行談判，打算選擇並引進價位合適、性價比高的裝置。毛炳權也參加了此次談判，並提供了一些技術方面的參考。考察的最終結果認為，日本三井石化公司的Hypol工藝生產裝置是當時的最佳選擇，它是當時世界上技術比較先進的工藝，便決定從日本引進聚丙烯裝置，在揚子石化公司建設生產。然而在商談工藝轉讓時，三井公司只同意賣給中國 Hypol 工藝、裝置及其使用的 TK 催化劑成品。對於 TK 催化劑的生產技術，三井公司卻不同意轉讓，說白了，就是要在技術上進行壟斷。此時，國內的絡合 II 型催化劑遠達不到 TK 催化劑的水平，如果想使用 Hypol 工藝，只能用 TK 催化劑。只要使用 TK 催化劑，就必然受制於人。這種尷尬局面意味著中國要源源不斷地購買 TK 催化劑產品，而當時每噸 TK 催化劑的價格每噸高達 500 萬元。如果購買 TK 催化劑產品，不僅第一次使用要付出巨額資金，而且每年還要花費上千萬美元進口催化劑，極大地壓縮了中國企業的利潤空間，創造出的效益成了國外企業的財富。為了降低生產成本，節約當時十分寶貴的國家外匯，避免長期的二次投入，研製中國自己的聚丙烯生產技術所需求的催化劑已經成為當務之急。

「仿」「創」之爭

為了徹底改變聚丙烯催化劑受制於人的局面，國家科工委與化工部及成立不久的中國石化總公司，一發揮討論如何解決催化劑的問題，化工部也組織多個單位開展催化劑技術的攻關。當時國內只有北京化工研究院自主研發了絡合 II 型催化劑，解決催化劑的技術難題歷史性地落在了北京化工研究院身上。對於如何針對世界上的第四代催化劑開展研製，重任在肩的北京化工研究院組織相關人員進行了討論。經過討論，大家形成了共識：研製第四代催化劑已是勢在必行。但是，在採用什麼方式進行催化劑技術開發的問題上有了一番爭論。一些科學研究人員認為，應該繼續採用仿製的方法，因為中國的催化劑研製素有仿製的傳統，而且北京化工研究院在仿製催化劑上也有一定的基礎。當時 TK 催化劑的專利已經公開發表了，可以查到相關的文獻記錄，北京化工研究院根據查閱的資料做了小試，性能基本達到了專利所說的要求。採用仿製的方法能夠確保催化劑的性能，同時在工業推廣的時候時間短，不用再冒一步步研發的技術風險，也算是催化劑研究的一條捷徑。

以毛炳權為代表的一部分科學研究人員則認為，應當堅持自主創新的原則，研發出自己的專有技術。時年 51 歲的毛炳權，透過參與絡合 I 型催化劑的仿製及絡合 II 型催化劑的研製工作，深深地體會到，擁有自主知識產權有非常重要的意義。在結束了絡合型催化劑的研製工作以後，他一直關注著國際國內專利方面的消息。在 1980 年，在國務院的批准下，中華人民共和國專利局成立，這標誌著中國要在專利工作方面有所作為。新中國成立以來，在相當長的時間裡，我國在知識產權保護方面的工作做得不多，與世界各國在知識產權方面的交流極少，在這方面的重視程度也不夠。改革開放後，我國與世界各國的經濟、技術交流日益增加，對知識產權重要性的認識也日益提高。許多人了解到，歐美發達國家對知識產權一向非常重視，已經打開國門走向世界的中國，在融入世界經濟的過程中，要學會遵守規則，知識產權的保護就是重要的規則之一。在這個時候對國外專利技術再進行仿製，如果被專利擁有者發現並告上法庭，到時候不僅仿製的技術不能再使用，還要支付高額的賠償，可謂得不償失。毛炳權認為，「人無遠慮，必有近憂」。在技術方面，中國的傳統觀念是傳兒不傳女，就是這種保守的觀念致使中國很多絕技和祕方失傳。如果我們透過努力創造出自己的專利技術並公開發表，讓更多的人掌握這些技術，不僅有利於改變人們的思想觀念，也可以讓後來者能夠在此基礎上對技術一步步改進，只有這樣，科學技術才能不斷發展。正是因為持有這種信念，毛炳權堅持要在聚丙烯催化劑的研製方面自主創新。在他心中還有一個多年的夙願，國家在經濟困難時期送他去蘇聯留學，是要他們這些人回國發揮作用的。在這關鍵時刻，毛炳權決心為國家做些事情，即便是冒些風險也是值得的。

對於聚丙烯催化劑是仿製還是創新，北京化工研究院的兩種不同觀點爭論不下，其中還有個重要原因。這時的中國，以發展經濟為第一要務，企業都在採取措施提高經濟效益。化工企業急需有新的催化劑問世，仿製催化劑研製時間短，能夠儘快形成生產力的特點突出，自然引發揮人們的重視。畢竟這個時候，在許多人的心目中，對知識產權這個概念還是模糊的。於是，在兩種意見面前，北京化工研究院的領導搞了個平衡，把相關研究人員分為兩個組，一個組為仿製組，一個組為創新組，毛炳權被任命為創新工作小組組長。兩個小組的成員是以自願的形式來組合的，因為研究院裡大部分人主張仿製，想儘快拿出成果，形成生產力。所以，毛炳權的工作小組最初只有幾個成員。這個小組的多數成員從研究絡合系列催化劑開始，就與毛炳權在一發揮工作，如楊靄春、楊菊秀、李珠蘭等人。大家彼此配合默契，在一發揮工作非常愉快。

在兩個小組成立並開始工作了一段時間後，一個突然的變故使原先的組織架構發生了變化。仿製組組長的愛人因病去世，這對她的打擊很大，心情在比較長的一段時間內調整不過來，精神狀態欠佳。在這種情況下，顯然不可能帶領仿製組全力搞科學研究。經過研究，北京化工研究院決定把仿製組交給毛炳權一併負責，他一人兼兩職，既帶領仿製組搞仿製，又帶領創新組搞創新，不過他的工作重點一直都放在催化劑的創新研製上。凡是自主創新沒有不付出巨大努力的，在研發過程中也肯定會遇到不少問題。研究院裡的不少同志也對此憂心忡忡，也向毛炳權提出了不少建議。毛炳權自己也明白，要真做到自主創新，一是要完全靠自己獨特的方法來形成新的技術，二是研發出來的催化劑水平必須不低於別人研製成功並推向市場的產品，這其中的困難不必言說。儘管毛炳權知道自己身上肩負著責任的重大，但他卻很喜歡這種有挑戰性的工作。「在科學的道路上沒有平坦的大路可走，只有在崎嶇小路的攀登上不畏勞苦的人，才有希望到達光輝的頂點」。毛炳權決心做這樣的人，攻下自主創新聚丙烯催化劑這道難關。

載體之變

毛炳權自從擔任了創新和仿製兩個課題組的組長後，雖然對於自主創新仍然是情有獨鍾，但也對仿製工作給予了高度關注，這畢竟是研究院交給的科學研究任務。他經常參與仿製組的研究工作，而在此過程中，他對三井石化公司的 TK 催化劑的專利也有了越來越清晰的認識。而且，在他的領導下，仿製組仿製出來的第一釜催化劑很快宣告成功，達到了 TK 催化劑的要求。仿製的東西再好，也不是我國自主創新的技術，毛炳權仍然是一個心思忙創新。

在後來說到自主創新時，毛炳權坦言，自己開發第四代聚丙烯催化劑的想法是逐步形成的，是多年積累、長期思考的結果。由於有催化劑研究的基礎，他對當時工業裝置所用催化劑的研究開發、生產製備及工業應用都有較深的認識。透過查閱相關的文獻資料及參加技術討論會，毛炳權逐漸對當時聚烯烴催化劑研究領域的新發展動向有了比較多的了解，並根據掌握的資料，結合實際進行了深入的思考，逐漸形成了自己的三條原則：第一，必須採用氯化鎂為載體載負鈦化合物來製備催化劑，才能大幅度提高催化劑的活性。TK 催化劑就是採用氯化鎂為載體載負鈦化合物這種方法，取得了成功並開始大規模的工業應用。由此可以看出，以氯化鎂為載體載負鈦化合物來製備催化劑，是當前和今後相當長一段時間內的主流方向。毛炳權認為，對於別人創造出來的經驗是應該學習的，這也是必要的。傳統的絡合催化劑是以三氯化鈦作為載體，氯化鎂與三氯化鈦具有類似的分子結構，實踐證明，採用氯化鎂為載體能使催化劑的比表面積大大提高，活性鈦化合物載負效果更好，催化劑的活性也明顯提高。所以，對以氯化鎂為載體載負鈦化合物的方法不但要認真學習，還要認真掌握。第二，氯化鎂為載體載負鈦化合物的方式從研究到推向市場，也是一項綜合性的工作，在研製中國自主創新的催化劑時，應當深入了解和研究這種方式的形成，在此基礎上，結合實際加以創新，成功的機會很大。第三，重點研究氯化鎂的溶解和沉澱析出。TK 催化劑採用有機醇來溶解氯化鎂，毛炳權曾考慮過用乙醇作為溶劑來溶解氯化鎂，但經過了解得知，在此之前日本企業已經做過嘗試。毛炳權認為沒必要去炒別人的冷飯，放棄了這種嘗試。TK 催化劑雖然為國內研製第四代催化劑提供了思路，指導了方向，但它同時也是國內研究人員在研製第四代催化劑之路上的一塊絆腳石。雖然，它的出現減少了無數嘗試的可能性，讓有關研究少走了許多彎路。但如果不擺脫這種催化劑的生產方法，就無法形成自主創新的技術。那麼，擺在創新組面前最重要的問題就是，除了用醇溶解氯化鎂以外，是否還有其他溶解氯化鎂的方法？答案是肯定的。創新組的任務就是找到一種可溶解氯化鎂的新型溶劑。

1984 年 5 月，創新組在毛炳權的帶領下開始進行第四代催化劑體系的小試研究，擺在他們面前的第一個難題就是要尋找到合適的溶劑。氯化鎂是一種無機化合物，只有在具有較強極性的溶劑中才能溶解，但如果溶劑的極性太強，又會導致溶劑分子和氯化鎂結合力大，氯化鎂的析出就會遇到困難。因此，溶解氯化鎂的溶劑必須有一定極性但又不能太強。另外，日本企業最早用的溶劑是乙醇，後來改用戊醇，戊醇含有極性很強的羟基，同時含有非極性的長鏈烷基。這種特性帶給研究人員一個啟示：所要尋找的溶劑最好由極性基團和非極性基團組成，以便於將氯化鎂溶解後在有機溶劑中分散。

創新組首先將目光放在尋找單一溶劑上，試圖用單一溶劑溶解氯化鎂，耗時兩個多月，相繼試驗了砜類化合物、酰胺類化合物、呋喃類化合物、磷酸酯類化合物、有機環氧化合物，可惜試驗結果都不甚理想。這些化合物都存在弊端，有些能夠溶解氯化鎂，卻不能使其沉澱析出，有些能夠使其沉澱析出，卻不能溶解，始終無法找到一種既能溶解又能沉澱析出的溶劑。毛炳權明白，找到一個新方向和一條新出路在此時顯得尤為必要。

他又返回去研究TK催化劑，為何TK催化劑使用的溶劑是高級醇，這是因為它既有醇基團，又有烷基基團，高級醇這種化合物將醇基團與烷基基團完美結合，若想再找出一種化合物實屬不易。思來想去，他開始考慮採用混合溶劑來溶解氯化鎂，混合溶劑的優點在於，既可以獲得溶解氯化鎂的溶劑，又可以找到析出劑。採用混合溶劑來溶解氯化鎂，是研究思路的一個重要變化，也是研究中做出的一次重要選擇。

於是，尋找溶劑與析出劑成為創新組的工作重點。當時制定實驗方案是比較順利的，繁瑣的卻是試驗過程。如果按照以前的試驗方法，要在不同的反應條件下做很多次實驗，不同配方比例，包括不同溫度、不同攪拌速度等，都要一一試驗。如此一來，試驗過程必定會耗費大量時間。時間不等人，但是如何縮短試驗時間卻很令人頭疼。恰恰在這時，國內正在提倡著名數學家華羅庚的應用數學，也就是要將數學應用到實際工作中。華羅庚教授提出了幾個應用數學的使用方法，其中一個是「正交設計試驗」設計法。中國科學院計算數學研究所面向全社會推廣這些方法，北京化工研究院也專門邀請華羅庚教授的一個學生來院講課。毛炳權邊聽課邊思索，感到很受啟發，他感覺運用這種「正交試驗」設計方法，可以大大簡化試驗的次數。課後，他又查閱了相關的材料和案例，對這種正交試驗設計方法有了更深的認識，於是他決定在催化劑試驗中使用這種方法。

與課題組同事討論試驗方案

創新組利用正交試驗設計方法來調整混合溶劑中各溶劑的比例，以此達到調整混合溶劑的整體極性，果然效率大大提高。在較短的時間內，研究工作就取得了突破性進展。試驗表明，採用磷酸酯類化合物和有機環氧化合物混合溶劑溶解氯化鎂的效果較好。在此基礎上，他們再透過選擇幾種助析出劑進行試驗，使新催化劑溶解體系很快確定。實踐證明，正交試驗設計方法確實大大減少了試驗的時間與次數。用楊靄春、楊菊秀、李珠蘭的話來說，過去調整溶劑的比例是「瞎子爬山」，一點點比對，不知道什麼時候會完成比對。時間長，工作量大，還很辛苦。用了「正交設計」後，既省時又省力，做一次實驗等於過去做十多次實驗。從 1984 年 5 月至 11 月，僅半年時間，催化劑小試設備的條件試驗就基本完成，確定了優化後的催化劑製備工藝，得到了催化劑的小試樣品，國內第四代催化劑已經初具雛形，創新組取得了成功。　　這個自主研發出來的新型催化劑，被科技人員命名為 N 型催化劑。一系列數據顯示，N 型催化劑的顆粒形態、活性及定向能力達到了 TK－Ⅱ的水平。自此，中國有了自己開發的第四代聚丙烯催化劑技術。面對這一成果，整個課題組和整個北京化工研究院都喜出望外，人們激動不已。這也讓毛炳權覺得自己十分幸運，畢竟這個創新速度是出乎大家意料之外的，也許瓜熟蒂落，水到渠成就是這個道理吧。毛炳權和課題組的全體科學研究人員透過辛勤努力，完成了國家交給的科學研究任務。

N 催化劑發明小組人員（左發揮：李珠蘭、鄭瑩、毛炳權、楊靄春、楊菊秀）

1988 年 3 月，中國石化總公司組織了對「新型聚丙烯高效載體催化劑（N）技術開發」的鑒定，並從 6 個方面形成了鑒定意見。

1）聚丙烯高效載體 N 催化劑是一種具有獨創性的新型催化劑，其性能具有國際同類先進催化劑水平，已在國內申請了專利。

2）該催化劑的研究開發經過小試、模試、中試逐級放大，並在美國菲利浦石油公司進行了工業應用試驗。研究試驗結果證明，該催化劑的各項性能已經達到了中國石化總公司委託研製合約規定的指標，可為工業裝置的設計提供依據。

3）N 催化劑的合成工藝合理，操作方便，所用原料均採用工業品，並可立足國內，其主要原料四氯化鈦的用量少，且不用昂貴的溶劑，大部分原料經回收後可經重新使用以降低產品的成本。

4）150 升中試制得的 N 催化劑經美國菲利浦石油公司聚丙烯中試及工業生產裝置上試用，其催化劑性能重複了小試結果，並可以生產多種牌號的均聚物、無規共聚物和嵌段共聚物。試驗結果表明，N 催化劑可在大範圍內調節熔融指數(0.3~50 克/10 分)，中試結果表明，用於乙烯、丙烯嵌段共聚反應非常有效，乙烯含量容易控制，催化劑的預聚合放大效果良好。由上述試驗所得的聚丙烯樹脂，經紡織及塑料加工應用試驗的結果表明，其有良好的物理機械性能和加工性能，尤其是其熔融穩定性有利於高速紡絲。

5）對 N 催化劑生產過程中產生的廢水進行了處理方法的探索試驗，提出了初步處理方案。建議進一步進行三廢治理的研究，提出符合排放標準的切實可行的處理方法。

6）為了形成具有中國特色的聚丙烯成套技術，建議儘快安排 N 催化劑的生產及使用單位，進一步做好生產推廣的服務工作，為加快國產化步伐創造條件，使我國自己開發的 N 催化劑早日走向世界。

為了完成催化劑的創新任務，毛炳權和課題的同事們付出了巨大努力。為了充分調動大家的積極性，發揮每個成員的聰明才智，毛炳權在科學研究工作中因人而異，根據每個人的特點和特長布置工作。課題組每週都要開會討論方案，在討論方案時，每個人都暢所欲言。當時課題組的成員中，不僅有科技人員，也有工人，所有人都能圍繞催化劑的研製提出自己的建議，課題組的氣氛非常融洽。經大家討論後完善的方案，更具有可操作性和科學性，使大家落實發揮來更得心應手。在這期間，毛炳權一邊領著大家做試驗，一邊查閱大量國外專利技術和相關資料，摘錄和建立了大量技術方面的卡片，並把這些資料卡片與課題組的同志們交流。在他的帶動下，課題組的同志也都養成了認真學習國外先進技術資料的習慣。同時，促進了大家學習外語的積極性，課題組的科學研究人員都能夠查閱和學習英、俄、日文資料。

為了研製出 N 型高效催化劑，毛炳權和他的團隊付出了巨大的努力。他們一次又一次查閱資料，一次又一次做試驗，失敗、討論、修正、再試驗，如此循環往復，僅僅積累的文獻卡片就有一尺厚。課題組的楊菊秀清楚地記得，在對催化劑中的四氯化鈦劑量進行確定時，在一個月時間裡，一直沒有理想的結果，毛炳權和課題組的同志採取了多種辦法反複試驗仍然不行。這時，他們就群策群力，從其他方面找原因。查工藝、查設備，最終確定是計量管的標定有問題，把計量管重新標定後，成功解決了問題。這種例子，N 型催化劑課題組同志們，每人都能講出幾個。

在這期間還發生了一個有趣的小故事。在 N 型高效催化劑研製時期及專利授權之前，國外的催化劑廠商對研製工作表現出了異乎尋常的熱情。他們在中國的有關人員頻頻與課題組的成員們接觸，請他們吃飯，請他們出國訪問，請他們參加各種高規格的會議等。交往歸交往，但課題組的同志都堅守保密原則，不向外人透露研製工作的內容。當 N 型高效催化劑研製成功並獲得專利授權後，國外的廠商們便不再與課題組的同志來往了。

重合作促發展

N 型催化劑研製成功後，急需求用中試裝置檢驗性能，但當時國內還沒有連續法聚丙烯中試裝置。1984 年的一個新機遇，使北京化工研究院最新研製的 N 型催化劑技術打開了通向世界的大門。

這年11月底，美國菲利普斯石油公司派遣了一個代表團來華訪問。菲利普斯石油公司成立於1917年，是全世界的大型石油公司之一，旗下有石油和化工等產業。這家公司是世界上著名的聚乙烯生產企業，他們的鉻系聚乙烯催化劑和環管聚合反應器都是在世界上領先的技術。此時的菲利普斯公司有生產聚丙烯的裝置，但沒有滿意的催化劑，他們與幾個催化劑公司進行過業務洽談，感覺這些公司要價都太高，所以便嘗試與中國企業合作。來華的代表團成員中有一位美籍華人，名叫薛聯寶，是江蘇江陰人。他的父親薛福基是近代實業家，上海大中華橡膠廠創辦者，中國通氏汽車輪胎工業首創人。在三四十年代時，其資本占全國同行業的四分之一，產值占三分之一。他們研製生產的「雙錢」牌汽車輪胎，打破了國外輪胎壟斷中國市場的局面。1937年8月13日，淞滬抗戰爆發，薛福基在「大世界」附近遭日軍飛機轟炸，被彈片擊中去世，年僅44歲。新中國成立前夕，上海大中華橡膠廠股份有限公司已經擁有製造廠6家、原料廠3家、機器修造廠2家。新中國成立後，上海和天津等地的大中華橡膠廠先後公私合營。現在的上海輪胎橡膠(集團)公司就是大中華橡膠一廠與上海正泰橡膠廠聯合組建的。薛聯寶還是白崇禧將軍的女婿，社會交際比較廣泛。他聽說北京化工研究院最新研究的N型催化劑性能較好，就找到研究院商談合作。北化院負責N型催化劑研製工作的毛炳權與他進行了交流，毛炳權向他簡單介紹了N型催化劑的情況。薛聯寶感覺這種催化劑還不錯，但究竟性能如何，能否適合在菲利普斯公司使用，還需求經過檢驗來確定。他向毛炳權提出，要帶一點催化劑回美國做試驗。在徵得院領導同意後，毛炳權針對催化劑不能見空氣的特性，找了一支小玻璃管，密封了10克左右的催化劑交給了薛聯寶。

1985年2月，薛聯寶從美國致電毛炳權，告知他N型催化劑的性能很好，並提出能否多生產一些N型催化劑。電話中，薛聯寶代表公司同意將N型催化劑拿到菲利普斯公司做連續聚合中間試驗。

毛炳權迅速把這一喜訊向研究院領導做了匯報，研究院認為完全可以與美國菲利普斯公司開展合作，美方有生產裝置，中方有催化劑，能夠做到優勢互補。於是，雙方由此開始合作，進行 N 型高效催化劑系列技術的開發。根據美方要求，北京化工研究院要提供兩公斤催化劑用於在美國的中試。而此時，N 型催化劑從小試到中試的放大製備研究，一個研製週期僅能使用 200 毫升的反應瓶生產 10 克左右的催化劑，由此可以想像，要生產兩公斤的催化劑將是一個多麼漫長的過程。為了解決這一難題，毛炳權馬上設計了一個比小試用瓶大 10 倍，即 2 升容量的反應瓶。可當時北京化工研究院的玻璃工做不了這麼大的瓶子，毛炳權騎上自行車跑到北京玻璃總廠請他們幫助生產。2 升的反應瓶生產出來了，創新小組每次產出的催化劑產量提高到了原先產量的 10 倍(100 克)。

但新的問題又出現了，因為 N 型催化劑小試用的原料都是試劑級，生產 2 公斤催化劑就要考慮工業甲苯和己烷能否使用。而整個項目的經費只有 5 萬元，如果購買 200 升/桶的工業甲苯花錢太多，對於資金不足的北京化工研究院來說無疑是雪上加霜。為了節省寶貴的科學研究經費，課題組的一個同志專門提了一個 20 升的塑料桶到房山縣的燕山石化公司要了一桶工業甲苯，拿回來做試驗，給研究院節省了一筆錢。當時從研究院到房山縣的交通很不方便，只能坐公共汽車，要從和平裡跑到天橋汽車站去坐，中間還要再倒幾次車。但為了科學研究考慮，北京化工研究院的同志還是不辭辛苦完成任務，很有些拚命精神的。除此以外，中試生產 N 催化劑的時候，試驗過程中需求乾冰，是毛炳權和同組的楊靄春騎著自行車到酒精廠求援，把乾冰裝在保溫瓶裡，用手提著帶回研究院的。

在 N 型催化劑的研製過程中，北京化工研究院給予了高度重視。全院同志齊心協力，共同克服困難。與美國方面達成提供催化劑的協定後，院裡迅速組織了 20 多人到創新小組幫忙，從原料乾燥階段就開始三班倒，不斷地做實驗。大家忙了兩三個月時間，總算生產出兩公斤的催化劑。催化劑有了，還要考慮如何運送的問題，美方為此運來了專門盛放 N 型催化劑的密封金屬瓶子，由菲利普公司北京辦事處的羅伯小姐轉交給毛炳權。沒想到，裝有催化劑的金屬瓶子準備運往美國的時候碰到了問題。在辦理運輸手續時，首都機場的安檢人員要求開蓋檢查，可催化劑不能見空氣，瓶蓋絕對不能打開。北京化工研究院的同志向機場方面耐心解釋，機場方面堅持要遵守安全規定，如果不安檢，運輸的物品堅絕不允許上飛機。經過與機場反覆協商，最終沒有成功。毛炳權不得不找到羅伯小姐商量對策，羅伯小姐提議先用汽車將催化劑運至深圳，菲利普公司從香港派人來取。因香港機場的安檢規定與大陸不同，裝催化劑的金屬瓶可以透過香港空運到美國。

1985 年 7 月，毛炳權和另一位同事陳齊受北京化工研究院指派，到美國菲利普斯公司總部做中間試驗。這是毛炳權第一次到美國，他們當時的壓力很大。聚合工藝一直是北京化工研究院關注的科學研究重點，從 20 世紀 80 年代初就在做相關研究。但由於受資金限制，進展不太大。這次到美國做中試，如果成功，就有可能簽訂一份高達千萬美元的技術轉讓合約。同時，他們還是第一次在世界上最先進的環管工藝的生產裝置做中試，究竟自己的催化劑能否適合環管工藝的生產，他們心中也沒有底。而且，這次中試的方案完全由北京化工研究院提供。雖然方案的制訂力求做到完美，可在試驗過程中肯定會遇到不可知的問題。所以，兩個人都感到思想壓力很大。他們乘坐飛機先到美國舊金山，後到丹佛，再到菲利普公司的研究中心——俄克拉荷馬的巴特爾斯維爾。到達的第二天上午，菲利普斯公司派車把他們接到研究中心。雙方圍繞中試方案，就催化劑的特點和生產裝置的情況互相技術交底。雖說每一個初到美國的中國人都會遇到「倒時差」的問題，而且這個過程是比較難受的，可毛炳權和陳齊兩人為確保試驗無誤，顧不得休息，也顧不上時差帶來的疲勞和不便，與菲利普斯公司的科技人員和技術工人面對面開展交流。交流的地點就在生產裝置中的會議室，技術交流結束後，所有與會人員立即到生產現場查看，並迅速轉入實際試驗。說發揮來，中試的目的很簡單，就是看催化劑的運轉和產品的加工性能如何，可在實際操作中，卻不這麼簡單。

到美國菲利普斯石油進行技術交流(右一為毛炳權)

在美國與菲利普斯石油公司研究人員謝祖蔭合影(左一)

首先，毛炳權和陳齊要儘快了解環管式工藝的基本情況。然後，在此基礎上有針對性地做中試。實際上，他們是在邊試驗邊摸索催化劑在環管工藝中的反應變化。從來到菲利普斯公司研究中心那天發揮，他們一直在忙著做中試，在這個過程中，有時候根據工作需求還要倒班。要認真觀察設備的正常運行，對溫度、濃度仔細觀察，及時調整，出現異常，立即處理。一開始，在聚合反應的時候設備發生了堵塞，具體是什麼原因不清楚。美方處理得也很果斷，當即將裝置停車，迅速組織人員清理。專業化清理公司很快到來，把設備內的物料排空，對設備加以清洗，試驗得以重新開始。毛炳權十分敬佩美方人員的工作效率和專業性，並看到了國內同行與美國同行相比的差距。以此次裝置停車後的處理為例，美國的裝置清理工作是由專門的清理公司來負責，清理公司平時與生產企業簽有合約，裝置一旦出現問題，清理公司的人會立刻上門服務，很快就把問題解決。而在國內，企業一般會組建發揮機械修理工廠，裝置的清理也屬於機修的工作範圍。但企業的維修團隊「大而全」或者「小而全」，卻缺少專業化的分工，在專業技能方面也比較欠缺。因此，在處理這類情況時，往往不夠理想。在中試過程中，除了這次小小的堵塞，其他方面的試驗非常順利，試驗結果也非常成功。

透過這次合作，毛炳權和陳齊總結了四個方面的收穫。一是完成了催化劑用於從間歇生產到連續生產的聚合試驗，為大幅度提高 N 催化劑產量奠定了牢固基礎；二是了解和掌握了環管工藝的使用；三是把 N 催化劑從小試過渡到了中試，中試的成功也為今後實現工業化生產提供了可靠數據；四是再次確認了 N 催化劑的良好性能。美方人員用北京化工研究院提供的催化劑樣品做完試驗後，將所有的試驗數據整理成一份報告交給毛炳權他們。報告中的內容除了有毛炳權了解的 N 型催化劑的特點，還有很多他以前沒有發現的特點，比如，菲利普斯公司在環管中試測試時發現，N 型催化劑生產的聚合物具有等規指數高，耐熱性好，耐降解性能優異的明顯特點。事實證明，當時美國的專業分析水平遠遠高於我國。這些發現不僅使毛炳權對於 N 型催化劑的性能有了更深入的了解，也讓他深刻感受到，在加強科學研究工作的同時，必須加強與國外同行的合作。在專業合作的同時，可以學習到國外先進的專業經驗，能夠有效促進中國同行業科技水平的提高。巴特爾斯維爾是個美麗的城市，但毛炳權他們一心只想著催化劑的中試成功與否，在短短的一週時間裡，一直呆在廠裡。中試完成後，他們也沒有遊覽市容，便匆匆返回了國內。

中試完成還只能算是一個階段的結束，菲利普斯公司更為關心的是 N 型催化劑能否實現工業應用。於是，在中試取得滿意結果之後，菲利普斯公司再次提出要求：希望北京化工研究院能夠提供 200 公斤催化劑樣品，繼續在其 10 萬噸/年環管裝置上進行工業應用試驗。

與美國菲利普斯公司的合作對於北京化工研究院來說，既是機遇，又是挑戰。在相當長的時間裡，我國的化工催化劑研發都是在單打獨鬥，依靠的是科學研究人員的苦苦探索，與國外同行交流得少，科學研究成果形成的週期較長。這次與美國方面的合作，打開了雙方科技交流的大門，將有利於提升我國化工催化劑的研究和製作水平。但是，此時的北京化工研究院卻面臨著一個現實的挑戰——生產這 200 公斤催化劑樣品的資金嚴重不足，無法完成產品生產。北京化工研究院是個純專業研究單位，每年的財政撥款只能維持平時的一般科學研究，並沒有充足的經費來建造大型的催化劑生產裝置，也就無法生產大批量的催化劑。這一問題嚴格說發揮來還是與當時的科學研究管理體制有關。此時的科學研究經費依靠撥款，不像後來科學研究單位可以與企業合作，把科學研究成果轉化為生產力，科學研究單位從企業獲得的效益中按比例提取相應費用，提取的費用足以支撐科學研究院所的發展。這時的北京化工研究院申請的第四代催化劑研究經費只有區區 5 萬元，這是因為，以往生產催化劑的裝置是小型裝置，不需求投入太多的資金，但此次要生產 200 公斤的 N 型催化劑，必須建設一個大型的鋼釜催化劑生產裝置才能進行生產。北京化工研究院沒有新建設備的資金，只能四處尋找資金。北京化工研究院的領導們考慮再三，決定向化學工業部和成立不久的中國石化總公司求援。化工部是北京化工研究院的上級主管部門，而成立不久的中國石化總公司是以煉油和化工為主的中央企業，其下屬的不少企業與北京化工研究院有業務往來，彼此關係也比較密切。

北京化工研究院的相關人員首先來到化工部，先將自己的來意說明：研究院要建一套中試裝置，用來生產研究院最新研製出來的 N 型催化劑，這個催化劑的發展前景很好，目前已經在與美國企業開展合作。目前因為缺少建設資金，給技術合作造成了障礙。並向化工部領導表明，建這套裝置的費用預計在 80 萬元人民幣左右。當時化工部的分管副部長同意借錢，可來到化工部財務司時，卻被一口拒絕。財務司的理由是北京化工研究院根本沒有力量償還借款。同樣是財政撥款的化工部財務部門對下屬單位的財政狀況還是非常清楚的，如果沒有還款能力，借出去的錢由誰來還？責任應當由誰來負？人家提出來的拒絕理由也沒錯，化工部借款這條路就此堵住了。

無奈之下，北京化工研究院派人來到中國石化總公司。中國石化總公司雖然成立不久，但其下屬的不少企業與北京化工研究院有業務往來，他們對研究院最新研製的 N 型催化劑也比較了解。並且，已經知道該催化劑得到了美國菲利普斯公司的肯定，所以中國石化總公司對此事還是很重視的。接待研究院的中國石化總公司相關部門負責人同意給予支持，當即表示可以提供 110 萬元人民幣資金，80 萬元用於建設裝置，另外 30 萬元用作裝置開車費用。同時，他們提出了一個條件：N 型催化劑的專利權要分給中國石化一半。說實話，在分屬兩個單位的情況下，這個條件對北京化工研究院來說是個虧本的買賣。但是在當時的情形下，別說是毛炳權，就連研究院的院長吳金城也無計可施。畢竟中國石化是唯一可以提供資金支持的單位。於是，他們接受了中國石化總公司提出的條件。

資金到位後，已經快到春節了，為了加快 200 公斤 N 型催化劑的生產步伐，課題組的同志們大年三十仍在崗位上三班倒，整個春節也都是在緊張的生產中度過的。他們放棄了與家人在春節團聚的機會，毫無怨言，兢兢業業，凡事盡心盡力，把自己全部的精力都放在 N 型催化劑的工業化生產上。

在催化劑中試生產的過程中，菲利普斯公司也派了兩名工作人員過來考察。因為美方已經做好了購買 N 型催化劑技術的準備，所以，他們要來參觀 N 型催化劑的生產是否順利，是否能夠進行大批量的生產。生產過程很順利，北京化工研究院自主研製的催化劑生產裝置完全達到了工業化生產的要求，成功生產出 200 多公斤的 N 型催化劑。此後這 200 多公斤催化劑又被裝入從美國運來的專用鐵桶中，運回美國菲利普斯公司。

1986 年 5 月，在美國俄克拉荷馬州的巴特斯維爾和德克薩斯州的休士頓等地進行了 N 型催化劑用於聚丙烯的預聚合、中間試驗和工業試驗。毛炳權因為到美國參加過 N 型催化劑的中間試驗，所以到工業化裝置生產的時候，北京化工研究院便派出課題組的李珠蘭、楊靄春等同志前去參加試驗，中國石化總公司也派了一位處長前往了解工業試驗情況。在兩個多月的時間內，共做了兩次試驗。第一次試驗的時候，催化劑出現了結塊，還出現了堵塞等問題。對於出現的問題。參與這項工作的同志之間也出現了不同看法，大家都感到壓力很大。經過反覆分析原因，有針對性地加以改進，他們懷著忐忑的心情做了第二次試驗，這次試驗取得了成功。試驗結果表明：第一，N 型催化劑可應用於菲利普斯公司的丙烯本體連續聚合工藝，是一種高活性和高定向能力的催化劑；第二，烴段共聚時，乙烯含量易於控制，活性較均聚合明顯提高；第三，預聚合放大試驗效果良好，對催化劑在聚合過程中保持和提高其聚合指標以及保證裝置穩定運轉具有重要作用；第四，N 型催化劑生產的聚丙烯樹脂具有良好的物理及加工性能；第五，菲利普斯公司認為，N 型催化劑和環管器相結合，可以最經濟、方便地生產出高品質的聚丙烯樹脂，是一個皆大歡喜的結果。談到這次試驗的結果，毛炳權很感慨，他說，透過這次數據分析，也看出了我們與西方發達國家的差距。當時，菲利普斯公司的數據分析是用蘋果電腦來做的。而這時的中國，電子電腦還非常稀少，北京化工研究院還在用人工算數據。

在中國研發成功了自主創新的催化劑，這是件了不發揮的大事。還在 N 型催化劑工業化應用以前，薛聯寶曾就 N 型催化劑的專利問題給毛炳權提過建議。雖然當時國內還沒有健全的有關知識產權方面的法律和制度，但在蘇聯留過學的毛炳權對此事還是放在心上的。自 N 型催化劑研製成功後，他已經做好了為 N 型催化劑申請註冊專利的準備。我國專利局成立較晚，原因是我國對是否參加國際專利體系一直存在著爭論。國家各部委之間對此有不同看法，有人認為，我國技術落後，不參加國際專利體系，可以不受約束地仿製一些國外技術，可以給國家節省下大量的專利使用費。但後來發現，不參加國際專利體系要購買國外先進技術和先進生產裝置，需求花更多的錢。隨著國家改革開步的不斷深入，大家對專利體系的認識也在發生著變化，1980 年 1 月，國家決定成立專利局，1984 年 4 月 1 日，國家專利局第一天首次接受專利申請。毛炳權也成為國內第一批申請專利的人員之一。

由於當時國內沒有專門書寫專利申請報告的專業人員，毛炳權只能在申請專利之前，參照國外的專利申請資料填寫了相關內容：前面要有一個序言對申請內容做大致介紹，後面的正文是做試驗的實例，最後標明要申請的權限。恰好在這時，毛炳權有個留蘇的同學調到了國家專利局工作，他便將自己準備的材料交給他，讓他幫忙把把關，看符不符合國內申請發明專利的規範。經過同學的補充修改後，他於 1984 年 4 月 1 日，將資料影印上交。雖然那天是國家專利局第一天接受專利申請，可是申請人都是早早得到消息，一直盼望著這一天的到來。所以那天國家專利局裡人滿為患，大家都搶著早申請專利，因為無論有多少份相似內容，只會有一個能獲得申請專利的資格，而最早提交的一方肯定最為有利，這也是大家紛紛擠在國家專利局門口的原因吧。

當薛聯寶得知毛炳權已申請了中國的專利後，再次提醒毛炳權，如果打算今後要把 N 型催化劑賣到國外或是在國外應用，還必須申請國外的專利。假如沒有在國外申請註冊專利，那就得不到相應的保護，即使有人使用了你發明的生產技術，也不必做出賠償。而且，即使是發明人，如果沒有申請專利，別人也可以將這項成果註冊申請專利。薛聯寶的提醒讓毛炳權感覺到了在國外註冊專利的緊迫性，他急忙將申請國外生產專利的利害關係向北京化工研究院領導匯報，得到了領導的支持。不過，申請國外專利並不像國內那麼簡單，在遞交申請材料的同時，還需求繳納 1 萬多元的美金。按當時的外匯價格折合成人民幣 8 萬元，比 N 型催化劑的小試全部科學研究經費還多出了 3 萬元，這筆不菲的專利費又讓北京化工研究院的領導傷透了腦筋。但事關知識產權的大事，即使傷腦筋也要做成這件事。

於是，在北京化工研究院院長吳金城的帶領下，毛炳權他們再次來到化工部，找到主管技術的副部長，希望能夠借 8 萬元人民幣和換一萬美元的外匯額度，用來作為申請國外專利的費用。因金額不是很大，分管副部長非常痛快地簽了字。不過事情並未到此結束，在申請國外專利的時候，毛炳權了解到了新的情況：按照我國的有關規定，在國內已經透過申請的專利，一年以後就會公開其專利技術內容。而在國際上有個通用的規定，如果專利技術在本國內公開，被公開的技術就不能再申請國外專利了。為了確保國外開發專利能夠順利拿到手，毛炳權四處奔波，在院長吳金城的帶領下到國家科委反映情況，希望國家科委能夠跟專利局溝通，延遲公開N型催化劑的專利技術資料，為N型催化劑申請國外專利權爭取必要的時間。他們的建議得到了國家科委和國家專利局的支持，N型催化劑申請國外專利工作得以全面展開。當時的北京化工研究院沒有專門負責專利的部門和人員，在申請專利過程的大事小事都要毛炳權親力親為。總算功夫不負有心人，透過到中國國際貿易促進委員會進行申請，N型催化劑相繼拿到了美國、日本及歐洲5個國家的專利授權。在國外專利的申請成功授權，為專利許可給美國菲利普斯公司以及後來N型催化劑暢銷國外打下了堅實的基礎。

N型催化劑工業化應用成功後，菲利普斯公司開始與北京化工研究院進行洽談，討論知識產權轉讓的問題。沒想到，在這件事情上又出現了一些分歧。除了北京化工研究院外，化工部和中國石化總公司都想參與這次談判，而這兩家在參與國外談判問題上產生了分歧。北京化工研究院作為化工部的下屬單位，受其直接領導，而中國石化總公司與北京化工研究院又有著多年的合作關係，而且在N型催化劑研製最關鍵的時刻給予過北京化工研究院資金支持。若論誰有發言權，誰有參與談判的資格，恐怕這兩個單位不分伯仲。為了爭取談判權，化工部派了兩位司長到北京化工研究院給院長下命令：「一定不能讓石化總公司去參加談判，這個談判必須由我們化工部來參加」。上級領導的命令吳金城院長必須服從，他當著兩位司長的面給中國石化總公司有關部門負責人打電話，通知對方，北京化工研究院不能邀請他們參加此次談判。

中國石化總公司的領導聽到這個消息後非常生氣，認為北京化工研究院的做法是「過河拆橋」。隨即，中國石化做出決定：加大自己所屬科學研究院所的聚烯烴科學研究開發力度。他們提出：「我們無論如何都要爭氣，一年不行三年，三年不行五年，一定要培養出自己的聚烯烴人才!」因為這件事，當時的中國石化總公司與化工部、北京化工研究院的關係相處出現了隔閡，較長一段時間內，中國石化沒有交給北京化工研究院科學研究項目。

對於這種情況，北京化工研究院是不願看到的，他們對此也是始料未及。為了緩和關係，後來毛炳權又跟著吳金城院長一造成中國石化總公司去道歉，並做了解釋。從中國石化回來後，他們又到化工部去跟領導們說明去中國石化解釋的原因。這種情況的出現，北京化工研究院也挺無奈的，有許多事情並不是他們能說了算。化工部是直接領導，經費、人事管理權都在化工部管著；而中國石化總公司則管理著全國所有的石油煉化企業和一批科學研究院所，在許多的科學研究項目方面，中國石化是北京化工研究院的業主。面對這種情況，他們只能盡最大努力協調好二者的關係，協調能不能成功則是另外一回事了。

這件事情後來的發展有些戲劇性，變化一再發生。第一次去跟美國菲利普公司洽談知識產權轉讓的是化工部，到了最後簽合約的時候則是由中國石化總公司出面。1988 年，N 型催化劑的專利許可最終以 1500 萬美元的高價轉讓給美國菲利普斯公司，這是中國專利出售歷史上價格最高的一次。有意思的是，簽署的合約裡面還有一項很有時代色彩的說明——N 型催化劑的生產與銷售分區進行，美國負責賣給資本主義國家，中國則負責賣給社會主義國家。當時全世界的政治格局已經發生了重大變化，在社會主義陣營中，中國和蘇聯早在 60 年代已經分道揚鑣，南斯拉夫則帶頭搞發揮了「不結盟運動」，世界政治格局中出現了毛澤東主席提出的「第三世界」，「第三世界」在世界事務中的話語權也在增加。但全世界仍然習慣於按照社會主義和資本主義分為兩大陣營。於是，合約中就出現了如此有趣的條文。為確保 N 型催化劑生產技術沒有問題，合約還規定這筆購買款分幾次付清，到最終付清時，對方還給增加了 300 萬美元，N 型催化劑的專利許可費最終為 1800 萬美元。這標誌著，中國的聚丙烯催化劑已經打破了 Himont 和三井催化劑在國際市場上的壟斷地位。

1992 年在轉讓給美國安格催化劑公司專利技術時，與該公司技術人員在航天中心合影

1988 年，N 型催化劑的專利技術許可給美國菲利普斯公司。後來，菲利普斯公司又轉讓給美國一家專門生產催化劑的安格(Engelhard)公司。1992 年，安格公司邀請毛炳權到美國休士頓市商討催化劑生產裝置設計和安裝問題。毛炳權根據 N 型催化劑的中試經驗，對他們的設計及設備安裝等問題提出了一些看法，並圍繞這些看法與美國的技術人員進行研討。毛炳權認為，技術是我們轉讓給對方的，我們有責任幫助他們解決技術上的問題。安格公司的催化劑生產裝置順利建成並投產，生產出來的催化劑被命名為 Lynx 系列催化劑，在全世界銷售。

談發揮國外專利技術的轉讓成功，毛炳權對此感慨很多，他說:「一直以來都是我們花很多錢買發達國家的專利技術，N 催化劑專利技術能夠許可轉讓到像美國這麼科技發達的國家，而且他們願意花這麼多錢買咱們的專利技術，說明中國人的科技成果是先進的，我們感到給國家做了貢獻，感覺很高興、很幸福、很自豪」。

事情塵埃落地，中國石化總公司與化工部、北京化工研究院的矛盾也就不存在了。1998 年，國務院機構改革，存在了 32 年的化工部被撤銷，後來改為中國石油和化學工業聯合會。1998 年 9 月，北京化工研究院整體進入中國石油化工集團公司，成為中國石化的直屬研究院。

走出推廣困境

N 型催化劑走出國門，在世界同行業中打了一個漂亮仗，能走向世界的催化劑在國內推廣應該是沒什麼問題的。事情卻不像人們想像的那麼樂觀，在實際工作中，國內的不少企業不願意使用 N 型催化劑。這種情況有些出乎毛炳權的意料之外了，當年為什麼要研製 N 型催化劑？源於揚子石化公司受制於國外催化劑的尷尬困境，中國人要打破外國的壟斷，這才奮發研究自主創新的國產催化劑。可是，國產的 N 型催化劑問世了，還走向了世界，國內的企業卻不願使用。原因何在？

毛炳權和北京化工研究院的同志們在做了認真調研後得知，這與當時國內的基本現狀有關。當時國內普遍使用的催化劑還是由毛炳權牽頭研製成功的絡合Ⅱ型催化劑，使用的裝置也是由北京化工研究院推廣的千噸級裝置（這種裝置又被稱為「小本體」）。儘管 N 型催化劑在活性及性能上要遠遠優於絡合Ⅱ型催化劑，N 型催化劑中的氯分子含量也大大降低，但對企業來講，使用 N 型催化劑創造的經濟效益明顯高於絡合Ⅱ型催化劑，卻沒有幾家企業打算使用 N 催化劑。原因有兩個方面，一是企業對「小本體」裝置和絡合Ⅱ型催化劑使用的得心應手，不願意冒著風險試用其他催化劑。二是兩種催化劑相比，絡合Ⅱ型催化劑有一個優勢，這就是它能吃「粗糧」，能使用煉廠氣中的丙烯生產聚丙烯產品。N 型催化劑則不同，它要求高品質的原料，要求吃「細糧」，用高標準的丙烯來生產聚丙烯產品。它的生產原料是裂解的丙烯，雜質含量比較低。正是因為 N 型催化劑對原料的要求更嚴格一些，致使很多廠商不願意改用 N 型催化劑，這給 N 型催化劑的工業應用推廣帶來一些困難。

除以上原因外，也存在有些企業對催化劑的性能沒有完全消化理解的問題。由於沒有完全消化理解，有時會造成生產中出現失誤。有一次，燕山石化公司化工二廠在使用 N 型催化劑生產時，生產中的聚丙烯發生了大量結塊的現象。毛炳權和北京化工研究院的科學研究人員趕到現場幫助解決問題，經反複檢查，發現了結塊的原因。在聚丙烯生產裝置的底部有一個排放的閥門，在丙烯聚合過程中，這個閥門應該處於關閉狀態。正常的操作是要在反應釜內放置一些聚丙烯粉料，加入釜內的催化劑一旦掉入閥門的窟窿中，要用氮氣將釜內空氣透過閥門排空後再放入一定劑量的催化劑，才可順利完成聚合反應。化工二廠的操作人員在操作時雖然放入了聚丙烯粉，可是卻忽略了用氮氣排空氧氣這一步驟，這樣一來，加入到裝置中的催化劑被氧氣和水分分解，這才出現了結塊的現象。類似的事情還有很多，包括錦州石油六廠、錦西石油五廠等，都在聚丙烯生產過程中出現過相同的問題，北京化工研究院的工作人員先後到這些企業幫助解決了問題。

作為絡合Ⅱ型催化劑和 N 型催化劑的研發者，對兩種催化劑的孰優孰劣，毛炳權最有發言權。他多次呼籲企業使用 N 型催化劑代替絡合Ⅱ型催化劑，並在不同的場合宣傳推廣。到一些企業、科學研究院所做了專題報告，強調 N 型催化劑代替絡合Ⅱ型催化劑的重要性。同時，為了使更多的廠家接受 N 型催化劑，他也在不斷對催化劑進行改進。他提出建議，能否將原料淨化得更好些，以促進聚丙烯產品性能的進一步提升。為此，毛炳權和同事們一直在做著原料淨化試驗，並發表了幾篇相關論文。毛炳權之所以花如此大的力氣推廣 N 型催化劑，其最終的落腳點還是為了提高聚丙烯產品的品質。

雖然做了大量推廣工作，可仍然有不少企業不願使用 N 型催化劑，原因還是以上兩個方面。國內一些企業的短視行為使他們對 N

型催化劑有著排斥心理，這也令北京化工研究院的科學研究人員感到痛心與無奈。但無論如何，N 型催化劑的推廣工作必須堅持下去。N 型催化劑的推廣其實是一項綜合性的工作，首先，企業要配合和支持；其次，催化劑的品質要過硬；第三，生產產品的工藝、設備等都要改進。這些條件有一個方面不具備，都會給產品造成影響。因此，N 型催化劑的推廣過程，又是一個人際關係溝通的過程，也是跨學科的學習過程，還是一個新知識的傳播過程。

功夫不負有心人，隨著 N 型催化劑在美國的成功應用及毛炳權等人對 N 型催化劑的慢慢普及，國內的一些企業終於開始關注並接受 N 型催化劑，這個推廣過程遠遠長於絡合 II 型催化劑的推廣過程。在揚子石化公司決定使用 N 型催化劑進行生產的時候，毛炳權曾親自赴南京指導。N 型催化劑在揚子石化公司進口的 Hypol 工藝裝置推廣使用時曾出現一些小問題。Hypol 工藝裝置是一種液相均聚合氣相共聚相結合的聚合工藝，均聚合是只有一種物質進行聚合反應，在聚丙烯生產的過程中，這種物質指的就是丙烯。氣相共聚不同於均聚反應，共聚合是由兩種或兩種以上單體共同聚合，生成同一分子中含有兩種或兩種以上單體單元的聚合物的反應，其產物為共聚物。Hypol 工藝裝置的氣相共聚合是由丙烯與乙烯同時參加聚合反應。在 N 型催化劑試用過程中，大概因乙烯量加入得過大，生產出的聚丙烯、聚乙烯產品顆粒出現了發黏現象。這是因為乙烯、丙烯共聚物的流動性不好，所以才會出現出料困難的問題。後來參加試用的工作人員慢慢總結經驗，對釜內進行清理，透過不斷改進，逐步解決了發黏的問題。問題解決後，生產出的丙烯、乙烯共聚產品顆粒品質迅速提高，很快在市場上賣出了好價錢。事實證明，N 型催化劑生產出的產品品質是優質的，揚子石化公司使用的進口 TK 催化劑逐漸被國產的 N 型催化劑所取代。隨後，N 型催化劑展現的良好經濟效益，開始在國內同行業被認可。

到武漢石油化工廠與廠方技術人員交流(左二為毛炳權)

為了N型催化劑的推廣，毛炳權和課題組的同志們付出了大量心血。他們做的工作是技術指導，但每一次指導都是靠在生產現場，與生產一線的幹部工人一發揮觀察生產工藝的變化，觀察設備的變化，觀察催化劑的變化。每一次技術指導，都是腦力勞動和體力勞動的結合。有一次，毛炳權到揚子石化指導催化劑的使用。來到企業的第二天，他就發發揮了高燒。老年人發高燒與青年人不同，對體力的消耗是很大的，也是很危險的。他的助手著急的要去找醫生，被毛炳權阻止了。他說，發一點燒，抗一抗就過去了，不要那麼大驚小怪。第二天早上，毛炳權感覺身體狀況比昨天晚上要好一些，便帶著助手去了裝置。一直到離開揚子石化，他始終沒去醫院。還有一次，他帶人到上海石化指導N型催化劑的使用，在現場遇到了一個問題——產出的產品不是顆粒狀而是細粉。這時，有人認為可能是催化劑的問題，毛炳權則從技術角度觀察分析，認為如果催化劑有問題，產品不會出現這種情況。於是，他圍著裝置查看有可能造成產品出現粉料的原因。很快，他發現過濾器裡面有些本不該出現的沉澱物，馬上請企業的同志對沉澱進行分析化驗。分析化驗的結果是：這些沉澱物是物料倒流後遺留在過濾品中的，正是因為倒流的物料衝擊了催化劑，才使產品由正常的顆粒變成了粉料。在解決了物料倒流問題後，產品立即恢復了正常。問題解決後，N 催化劑被上海石化採用。還有一家企業，在使用了 N 型催化劑聚合一段時間後，多次發生堵塞。毛炳權就帶著課題組和企業的技術人員，一點一點找原因。最終發現是這個企業的生產過程，缺少了一個關鍵的攪拌環節，使催化劑沒等攪拌均勻便投入了使用，造成了結塊。問題找到了，解決了，生產自然也就正常了。在 N 型催化劑的推廣過程中，毛炳權和課題組的同志們做了大量這樣的實際工作。隨著 N 型催化劑展現的良好經濟效益，有越來越多的企業選擇使用 N 型催化劑，N 型催化劑終於在國內市場占有了重要一席。

发明证书

为了表彰在科学技术现代化方面作出重大贡献的发明者，特颁发此证书，以资鼓励。

01166-01170 01106

中华人民共和国
国家科学技术委员会主任 宋健

1993 年，「一種新型聚丙烯 N 催化劑的製備方法」獲國家技術發明二等獎

第十章

集大成者——DQ球形催化劑塵埃落定

新時代新挑戰

20世紀80年代末，我國開始引進先進的環管法聚丙烯工藝（SPHERIPOL工藝），SPHERIPOL工藝是荷蘭巴塞爾（Basell）聚烯烴公司研發的，該工藝具有產能大、操作靈活、產品牌號多的特點，是世界聚丙烯生產工藝中先進可靠的工藝之一，也是目前世界上採用最多的工藝。SPHERIPOL工藝採用丙烯液相預聚合和液相均聚合、氣相共聚相結合的聚合工藝。均聚反應採用液相法環管反應器，多相共聚採用氣相法密相流化床反應器，可生產均聚物、無規共聚物、無規三元共聚物及多相共聚的抗衝擊產品。

SPHERIPOL工藝發展十分迅猛，國內也有仿製它設計的生產裝置，截至2002年，國內已建成SPHERIPOL工藝生產裝置18套，生產能力為156萬噸/年。這種SPHERIPOL工藝普遍使用的催化劑為巴塞爾（Basell）聚烯烴公司自主研發的GF2A和FT4S兩種高效催化劑，GF2A專門用於生產均聚聚丙烯；FT4S用於生產多相共聚產品，催化劑活性非常高。國內使用的這兩種催化劑都是從國外進口的，價格非常昂貴。當時約為40萬~60萬美元/噸（人民幣達500萬/噸），按國內的生產規模計算，每年需進口30~40噸，要使用外匯1500萬~2000萬美元。相關企業每年僅在催化劑進口這一塊，就要付出相當高的成本，這與爭取實現效益最大化的方針不符。要想降低成本，最好辦法是在國內尋找替代產品。這時，北京化工研究院研製的N型催化劑再次脫穎而出。N型催化劑在性能上與GF2A催化劑基本一致。科學研究人員又根據生產需求對N型催化劑做了一些小改動，使這種催化劑能夠更加完善，完全可以代替 GF2A，無需再進口。

與 GF2A 不同，FT4S 催化劑則是一種全新的球形催化劑，用 FT4S 催化劑生產的聚合物為小球狀，聚合物顆粒比較大，球形的聚丙烯產品對生產過程和輸送過程都甚有裨益。國內沒有生產這種球形催化劑的技術，短期內無法生產替代產品。鑒於這種催化劑的高效性能以及昂貴的價格，國家決定組織科學研究攻關，自主研究生產一款球形催化劑，並將這個研究任務交給了中國石化總公司。接受了國家任務的中國石化總公司對此非常重視，並開始尋找合作單位。當初因 N 型催化劑知識產權的談判問題，中國石化與化工部鬧了些小矛盾，此後，中國石化的有關部門與化工部及其所屬單位的合作也基本處於停止狀態。直到球形催化劑的研究工作啟動初期，中國石化仍然沒有考慮讓化工部及其所屬院所參與研製。在球形催化劑的研究上，他們當時挑選了兩個合作單位，一個是中國科學院化學所，一個是中國石油化工科學研究院，並將球形催化劑的研發工作全部交給這兩個單位負責。

在球形催化劑的研究過程中，在一次研討會上，中國石化總公司一位負責科學研究工作的處長針對球形催化劑的開發研製工作發表了自己的看法，他向領導反映說：「北京化工研究院在催化劑研製方面一直都很有實力，他們研製的 N 型催化劑性能是有目共睹的，能不能讓他們也參與球形催化劑的小試，這樣三家單位競爭一下，誰做得速度最快，效果最好，球形催化劑的中試將來就交給誰做。」中國石化的領導覺得這位處長的話不無道理，而且小試的資金有限，即使做不成功，損失也不大。所以當即決定，讓北京化工研究院也參與到球形催化劑的研究中來。

後來者居上

1989 年，北京化工研究院從中國石化總公司拿到了球形催化劑項目。此時，已經比另外兩個科學研究單位拿到項目的時間晚了半年，在這個項目中屬於後來者。中國石化同時交給北京化工研究院的，還有 10 萬元的項目研究經費。中國石化的工作人員特意交待，要儘快做出催化劑的樣品上交，上交後再由中國石化找人評定。這就意味著，北京化工研究院要用比其他兩家單位更短的時間研製出效果更好的催化劑，這樣才會有繼續參加研究的機會。毫無疑問，這是一項很有挑戰性的艱巨任務，這個艱巨的任務自然落到了毛炳權等人的肩膀上。

在如此緊張的條件下，如何確定研究思路，做好催化劑研製的前期準備工作呢？毛炳權還是從當時能夠找到的資料中尋求答案。透過查閱國外有關球形催化劑的資料，毛炳權和同事們發現，進口球形催化劑的技術指標與當時國內外具有代表性的聚丙烯催化劑，如日本三井油化的 TK-Ⅱ催化劑、北京化工研究院 N 型催化劑有較大差別。進口的 FT4S 球形催化劑，粒形規整、粒徑分布窄、共聚性能好。在查閱大量文獻材料以後，他們首先確立了研究目標：以氯化鎂和乙醇為原料、以白油/矽油為分散介質，製備氯化鎂醇合物球形載體，再透過負載活性組分四氯化鈦和內給電子體化合物合成球形催化劑。

毛炳權根據成功開發絡合型系列聚丙烯催化劑，特別是成功開發 N 型高效催化劑的經驗，對球型催化劑的研製做了全盤考慮。他清楚地知道，催化劑能不能做好，其關鍵在於載體技術。球形催化劑的載體是圓形的，活性組分加上其他組分，載負在載體上面做成催化劑，這一技術是世界領先的。當時全世界的載體技術主要有兩種：一種是噴霧法，一種是高速攪拌冷卻法。氯化鎂醇合物球形載體的製備步驟主要包括：①氯化鎂醇合物熔融體的製備；②氯化鎂醇合物熔融體的剪切分散；③氯化鎂醇合物熔融體淬冷固化成型。球形載體合成的技術關鍵在於球形顆粒粒子形態的控制、粒徑大小的穩定控制、載體結構和組成的控制，獲得適合球形催化劑製備的球形載體。

在探索實驗中，毛炳權他們系統地研究了氯化鎂醇合物載體的形成機理，研究了剪切強度對載體粒子大小及其分布的影響，研究了分散介質種類、分散介質黏度及分散介質與氯化鎂醇合物熔融體的界面張力對載體粒子大小及其分布的影響。研究了反應和成型溫度對載體粒子大小及其分布的影響，研究了氯化鎂醇合物組成和結構對載體粒子形態及對催化劑製備的影響。特別是研究了剪切(攪拌)形式對載體粒子大小及其分布的影響。

毛炳權曾根據相關資料試用過噴霧法，噴霧法就是將一個熔體放在氮氣中進行冷卻，變成熔融體，如奶粉就是透過噴霧法形成細小顆粒的。將噴霧法用在研製催化劑上，就是將熔融氯化鎂醇合物噴到氮氣中冷卻，將冷卻後的氯化鎂作為載體。用噴霧法小試雖然成功，但這個方法卻並不實用。因為如果選用噴霧法，一是要從丹麥進口噴霧設備，又是一筆額外的開支；二是從能耗的角度來考慮，如果採用噴霧法做中試，由於氮氣的熱容小，需求消耗大量氮氣來維持冷卻過程，可當時北京化工研究院空氣分離裝置製造的氮氣量並沒有那麼多，遠遠不夠中試試驗用。所以不得不放棄這個嘗試，而最終選擇了高速攪拌冷卻法。高速攪拌冷卻是將白油或矽油這些液體放至一個釜中冷卻，以製成氯化鎂載體的顆粒。

選擇冷卻法也面臨很多問題，其中關鍵的是使用什麼樣的攪拌器更為合適。為了解決這個問題，毛炳權特意跑到北京化工學院

(現在的北京化工大學)去請教搞化工機械的教授，問他們用什麼攪拌器更好。根據北京化工學院教授提供的材料，毛炳權自己動手設計了一個小試的攪拌器。用這個攪拌器小試成功，並進入了中試階段，中試需求的是一套大型攪拌器。毛炳權便委託北京化工學院機械專業的老師，幫他設計、加工，解決了北京化工研究院中試用的設備問題。這套攪拌器在使用過程中，也先後出現過一些問題。後來經過北京化工研究院的科學研究人員和工人師傅的不斷改進，使攪拌器發揮出了應有的作用。

除了解決攪拌設備外，還要選擇用來冷卻的液體。為了找到最為合適的液體，毛炳權帶領課題組做了多次試驗，力圖在最短的時間內找到最好的冷卻液體。在尋找冷卻液體的過程中，如何解決白油與矽油冷卻後分離回收的問題又擺在眼前。白油與矽油(矽油價格昂貴)這兩樣物質用完以後要回收，一是為了節約成本，可以把回收的矽油等反覆使用；二是環境保護的需求，使用後的石化產品下腳料，包括廢水、廢氣、廢渣等通常被稱為「三廢」，如果隨意丟棄會造成環境的汙染，國家對「三廢」的回收有嚴格的規定。而且，「三廢」回收後經過處理還可以廢物利用。所以，毛炳權他們解決白油與矽油的分離回收問題也算是份內之事。由此看來，小試並非只是簡單地試驗成功，還有很多後續問題需求考慮，必須確保它的中試能夠順利進行，還要保證工業化的時候不出問題。

解決了研製過程中出現的一系列問題後，又要面對一個非常棘手的問題，這便是專利問題。以往的專利一般都是方法專利，公開自己研製生產該催化劑的方法，如果有人用這種公開的方法生產催化劑，那就已經是侵權行為，是要負法律責任並賠償對方經濟損失的。為防侵權，後人在研製催化劑的時候便會避開已經公開的方法，開闢一條新道路，當初 N 型催化劑便是避開了 TK 催化劑的製備方法而研製成功的。而 FT4S 催化劑的專利則再度創新，另闢蹊徑，它申請的不是方法專利，而是結構專利。什麼是結構專利？結構專利就是以催化劑的化學結構、物理結構為內容申請的專利。如果別人再生產用各種儀器表徵出的化學結構、物理結構與 FT4S 催化劑相同的產品，就屬於侵權行為。因此，FT4S 的結構專利使國內球形催化劑的研製更加困難。

為了突破 FT4S 催化劑的結構專利，由毛炳權帶領的 7 人小組全力以赴，一直奮戰在試驗室裡，有時甚至不眠不休。時年 50 多歲的毛炳權是小組裡的最年長的一位，除兩位二十幾歲的年輕人外，其餘幾位同志都已是四五十歲的年齡了。在實驗室裡，他們完全打破了年齡界限，心往一處想，勁往一處使，在毛炳權的帶領下，各司其職，全力將手頭的工作做好。毛炳權每天把工作安排得很細緻，方案也做得很明確，一項項去落實。這個 7 人小組在確定了高速攪拌成形和冷卻介質的大方向後，將全部精力都放在突破結構方面。他們先後試驗了各種組分、各種做載體的方法和條件，但在長達半年的時間裡，他們做出的結構仍然跟 FT4S 催化劑相類似。一次次拿出結果，一次次否定，他們只能不斷嘗試，改配方、改條件，一步步摸索……

與課題組的其他人一樣，毛炳權參加小試試驗的半年來，除了吃飯、睡覺之外，基本上所有的時間都在試驗室裡，家庭幾乎顧不上了。他的妻子也是北京化工研究院的科學研究骨幹，也經常帶課題，工作一樣繁忙，還時常出差。逢著星期天休息的時候，如果妻子出差在外，毛炳權還要抓緊時間打理一些生活方面的事情，買買菜、洗洗衣服、清理清理衛生。所有這一切都是高效率完成，因為毛炳權要把更多的時間用到研製催化劑上。這樣一來，毛炳權自己的時間十分緊張，工作負荷也大。毛炳權對此卻安之若素，他說自己是從農村走出來的孩子，經歷過亂世的戰爭，也經歷過新中國成立後的困難時期，現在能有這樣一份自己熱愛的安定工作，有一個不錯的家庭，已經感覺很滿足了。十分珍惜來之不易的幸福生活，對自己的工作更是盡心竭力。

最終，在半年後的一天，他們做出了一款跟 FT4S 催化劑結構不同的球形催化劑，這令全體小組成員都非常興奮，長時間的努力與辛苦總算沒有白費。以毛炳權為首的 7 人小組研製的球形催化劑被命名為 DQ 球形催化劑，「DQ」即大球的意思。DQ 催化劑在性能上完全達到了國際水平，而它跟國際上其他催化劑最大的不同就是結構不同，這也是 DQ 催化劑的創新點。

北京化工研究院研製球形催化劑耗時半年，終於小試成功，他們急忙將研製成功的小試樣品上交給中國石化總公司。在幾乎差不多的時間內，中國科學院化學所和中國石油化工科學研究院也將樣品上交，只等最終的評定結果。中國石化總公司將評定權交由燕山石化公司化工二廠(原向陽化工廠)，因為他們有現成的聚丙烯生產裝置，只要開車一試，三家單位生產的催化劑性能便一目了然。

在等待的時間裡，所有參與該項目的工作人員都充滿了期盼，同時又有著隱隱的擔憂。對於曾經成功研製過絡合型系列催化劑及 N 型催化劑的毛炳權來說，他對試驗結果還是很有信心的。期間，他曾打電話給燕山石化公司化工二廠，試圖詢問一下評價結果，但化工二廠的有關部門出於職業操守表示無可奉告，但對方的一句話還是給毛炳權吃了一顆定心丸，對方說：「評價結果不好說，但是你們做的催化劑確實挺不錯的！」

樣品上交大概三個月之後，評價結果出來了，北京化工研究院研製的催化劑性能最好，又突破了國外專利的權限，中國石化總公司同意給他們項目資金，開始做 DQ 球形催化劑的中試試驗。至於中試資金具體數目，毛炳權已經沒有印象了，他只記得在接手中試試驗之後，院裡便開始籌備前期工作及所需設備。中試所需設備以北京化工研究院的設計室以及機修工廠為主設計和生產，請北京化工大學化工機械教研組的老師幫助設計攪拌器，同時，毛炳權等人將中試所需條件、材料告訴相關人員，再由他們提供設計方案。再由機修工廠或自己生產或外委其他機械企業生產。

將難點逐個擊破

在DQ催化劑中試的過程中，需求解決的主要問題是催化劑的擴大製備。要在中試級的設備上進行試驗，這種球形催化劑的擴大製備對於毛炳權來說還是一個全新的課題，在過去的中試中根本沒有接觸過，自然沒有什麼經驗可循。中試設備根據毛炳權等人給出的參數擴大，到了應用的時候，因為設備的改變，應用參數也會隨之發生改變。氯化鎂的醇化物是個熔體，溫度高的時候，熔體會熔化，溫度低的時候，則易發生堵塞，所以即便有了新設備，還是要進行多次實驗。

新的中試裝置建設的速度很快，因為生產催化劑的基本裝置都有，只是根據設備不同，採用不同的釜和罐，對設備進行加工，安裝各種反應器、儲管、管道、閥門、儀表等。在設備加工及安裝的過程中，毛炳權無需過多參與，他只發揮一個審查作用，看北京化工研究院和外單位加工的設備是否符合他們的要求。從加工設備到設備安裝，整個過程都非常順利，沒有出現什麼問題，耗時半年左右，設備準備就緒，只等中試試驗開始。

試驗的過程就不像加工和安裝設備那樣輕鬆了，中間會遇到各種各樣的問題。中試試驗是在小試試驗基礎上的擴大生產，其目的是要為工業化做準備，所以小試時很多曾經考慮或被忽略的問題，到中試時都要解決。第一個要解決的是物料等回收問題。催化劑被生產出來並不等於流程的結束，還有很多副產品需求回收，其中包括「三廢」(廢水、廢氣、廢渣)的處理。中試以後要對球形催化劑進行工業化應用，所以必須對生產催化劑的後續問題提出解決方案。

以四氯化鈦為例，要看它是否能夠回收，能夠回收多少。不能回收的物質有多少，需求採取什麼處理辦法處理等。透過研究與實踐，毛炳權等人研究了一套有效的方法：對於不能回收的四氯化鈦，加水分解為鹽酸，再用鹼中和，中和後生成氯化鈣，氯化鈣毒性很小，沒什麼汙染，可以填埋處理。「三廢」中有些東西沒有辦法重複利用，則必須進行有效處理，毛炳權他們還要負責提供解決「三廢」的技術方案。

除了要考慮副產品的回收，還要考慮冷卻劑的回收。生產 DQ 球形催化劑的冷卻劑主要為白油和矽油，這兩種冷卻劑要在高速攪拌的時候使氯化鎂醇合物冷卻，冷卻以後就涉及到兩種冷卻劑的回收問題。能夠成功回收是一方面，冷卻劑回收上來能不能再利用卻是另外一個問題。使用後的冷卻劑黏稠度降低、性能變差，回收後不能達到繼續使用的標準。要使回收的冷卻劑重新使用，就必須採取措施提高回收冷卻劑的性能，而提高性能的方案，也要課題組來提供。冷卻劑的回收利用事關資源的重複使用問題，如果有更多的資源能夠重複利用，既可以控制成本，還能減少「三廢」，將來在工業化推廣的時候也易於被企業接受。用發展的眼光來看回收問題，實際上是國家經濟發展的必然結果。經濟要發展，環境要保護，國家和公民的環保意識都在不斷加強，環境保護也成為世界性的課題，成為舉世注目的事情。既能研製出新型催化劑，又能研究出幾種對廢物回收處理的方法，這是一舉數得的好事情。

後來毛炳權發現，其實解決冷卻劑黏稠度降低的方法十分簡單，只需在其中加入一些未使用過的冷卻劑即可，以矽油為例，將一些分子量大的矽油加進去，便可使冷卻劑的黏稠性再度增大。

結塊問題也是中試試驗過程中遇到的一個難點。DQ 催化劑在中試的時候很容易結塊，這樣一來，好多圓球狀的小顆粒也有可能會黏連在一發揮。為了解決這個問題，毛炳權提出一定要真空乾燥，因為溫度過高會將載體分子組分改變，真空乾燥時溫度則可以調低一點，以免破壞載體的組分。

在研製 DQ 催化劑之前，研究人員都習慣採用熱乾燥的辦法來蒸發溶劑，乾燥催化劑。直到毛炳權等人首次提出了真空乾燥的方法，經過小試試驗驗證，用真空乾燥的辦法，溶劑蒸發得相當快。到了中試的時候，毛炳權仍打算用真空乾燥的辦法，但當時沒有大型的真空乾燥器。毛炳權根據自己以往的研究經驗和理論，打算到國內設備生產廠家定製設備。他考慮到真空乾燥可以降低溫度，能避免乾燥物結團，如果在真空乾燥時讓設備產生有規律的振動，能夠使催化劑更加鬆散，相當於加上一個雙重保險。為了找到合適的設備，毛炳權特意帶了一位同志跑到南方的一些設備製造廠去尋找已經製造好的合適設備，尋找未果，毛炳權便將自己的想法與幾個廠家做了交流，希望他們能夠可以加工出一種邊真空乾燥邊振動的設備。幾經輾轉，他們終於如願以償，買到了振動真空乾燥器。

為了解決催化劑的結塊問題，毛炳權經常不分晝夜地工作在中試實驗室裡。就是回到家裡，心還是在實驗室，腦子還是在思索催化劑的事情。至於晚上加班的事，那就更多了。中試試驗是在化工研究院的化二工廠做的，化二工廠在研究院大院裡面，研究院牆外不遠處就是毛炳權的家。平時上班的時候，毛炳權從家裡出來，進研究院的北門就到了化二工廠，很方便。但為了安全保衛的需求，研究院的北門一到晚上就會上鎖，只留西門出入。有時候，實驗工廠半夜甚至凌晨遇到突發情況，工廠的值班人員都會打電話通知毛炳權前去解決問題。離他家最近的北門上了鎖，只有繞到西門才能進入研究院，可走西門要繞比較遠的路程。而且，大晚上來到西門，還要費時間找人開門。為了節省時間，50 多歲的毛炳權教授有好幾次乾脆從北門的大鐵門上翻越而入。對於一個讀書人，尤其是一位老教授來說，翻門進院的舉動實在是讓人瞠目結舌。一提發揮這事兒，毛炳權至今也是滿臉笑意。不過一想到實驗室裡發生了不明狀況，需求儘快解決，毛炳權也就顧不得這些了，科學研究也是要講究爭分奪秒的。

隨著中試的持續進行，生產過程中會出現意想不到的問題，這些都得到了及時處理。中試使用的設備也在這個過程中不斷加以改進，以適應中試的需求。從小試到中試的設備、器具有差別，小試使用的攪拌器在中試放大過程中無法達到中試要求的標準。小試時所要求的顆粒物大小，到了中試的時候由於設備的不適應，已經達不到原先的比例，雖然顆粒物的大小基本沒變，但卻存在著顆粒物大小不均勻的問題。想要繼續使用這款攪拌器，就必須按照中試的要求對設備實行改造。毛炳權他們便與攪拌器的設計人員一同研究改進，透過改變設備的內部條件，包括更換攪拌器的葉片結構、提高轉速等使設備適應中試的要求。與此同時，他們繼續對催化劑配方加以改進。透過許多次試驗後，攪拌器總算達到了中試要求。

從 20 世紀 70 年代至 90 年代，這 20 多年的科學研究實踐使毛炳權悟出了一個道理：要想取得更大的科學研究成果，僅僅依靠一個單位的力量總是有限的，必須加強與專業單位的合作，才能確保科學研究任務的完成。所以，在科學研究工作中積極開展多單位、多專業之間的互相合作、互相探討就顯得尤為必要。他一直堅持認為，之所以能在研製催化劑方面取得成功，絕不是憑個人的一己之力完成的，除了與同志們團結協作，大量研究國際國內相關方面的文獻資料外，與外單位的合作是成功不可或缺的要素。也正因為如此，他在從事催化劑研究的幾十年時間裡，非常注重與其他單位之間的合作。研製 N 型催化劑時，北京化工研究院與美國菲利普斯公司合作，化工研究院出技術，菲利普斯公司出生產設備，這樣一來，既節省了資源，又優勢互補；到研製 DQ 球形催化劑的時候，北京化工研究院又與北京化工大學合作，請他們加工一些關鍵設備，彌補了化工研究院在機械加工方面的不足，正是因為有了北京化工大學加工的設備，DQ 球形催化劑才能順利研製成功。

DQ 球形催化劑中試試驗從 1991 年開始，到 1996 年結束，歷時四年左右。最終試驗證明，DQ 催化劑與進口催化劑相比，在聚合活性和立構定向性方面具有明顯的優勢。

1992 年 5 月，中國石化總公司組織對「聚丙烯球形高效催化劑研究」進行了技術鑒定。鑒定意見指出：①DQ-1 催化劑和 XQ-1 催化劑是為 SPHERIPOL 聚丙烯工藝使用兩種引進催化劑的國產化而開展研究工作的。現在本項目已經完成了試驗室的研究工作，催化劑的性能指標符合合約規定的要求，並且達到了上述兩種國際先進催化劑的水平。②DQ-1 催化劑和 XQ-1 催化劑的工藝製備方法合理可行，所有原料可全部立足國內，製成的催化劑組成及其物理性質穩定，重複性好。③XQ-1 催化劑已經具備申請專利的條件而且是不侵權的。DQ-1 催化劑應進一步抓緊完善法律狀態分析，以儘快申請專利。④鑒定資料完整齊全，符合鑒定要求。⑤XQ-1 催化劑的放大可在原 N 催化劑的中試裝置上進行。DQ-1 催化劑小試工作完善，具備中試條件，建議儘快安排中試工作。在中試過程中，為了保護自己的科學研究成果，北京化工研究院於 1993 年就 DQ 催化劑的相關技術向中國專利局提出了發明專利申請，後於 1997 年獲得中國國家專利授權。

1996 年，北京化工研究院建成了一套 2 噸催化劑/年的氯化鎂醇合物載體和催化劑製備的中試生產線，透過不斷改進、完善單元設備和載體及催化劑的合成工藝，成功地合成出了合格的 DQ 催化劑批量產品，為 DQ 催化劑的工業應用創造了條件。同年，北京化工研究院開始用中試裝置合成的 DQ 催化劑進行工業應用研究。受當時經濟實力的侷限，研究院沒有環管中試裝置用於評價丙烯聚合的 DQ 催化劑，只能用試驗室間歇聚合小評價裝置，只能評價催化劑的聚合活性、立構定向性等基本性能。這一實驗對 DQ 催化劑在工業生產裝置上的適應性，特別是在連續法的SPHERIPOL工藝聚丙烯工業生產裝置的適應性無法下結論。如果僅根據試驗室間歇聚合小評價裝置的結果，用DQ催化劑直接在工業生產裝置上進行試用是要冒較大風險的。但是，為了使科學研究成果儘快轉化為生產力，在生產裝置上進行工業應用試驗是必須要做的。

1996年11月，在經過充分準備後，北京化工研究院用中試裝置生產的DQ催化劑，首先在中國石化天津石化公司的小本體間歇法聚丙烯工業生產裝置上進行工業應用試驗，試驗獲得成功。這一成功為在SPHERIPOL工藝上進行DQ催化劑的工業應用提供了依據，也增加了毛炳權等人的信心。在試驗成功的同時，也發現了DQ催化劑的一些不足之處，如在聚合過程中出現的催化劑粒子破碎現象，這些發現為DQ催化劑的完善工作指明了改進方向，也為後續的工業應用積累了寶貴的經驗。

DQ催化劑的試驗成功，使毛炳權的科學研究之路形成了自己的特點。20多年來，他研製成功了三種催化劑，三者各有特點。絡合型催化劑是毛炳權開始第一次工業化應用的催化劑，因為是首次接觸，所以花費的時間最多，投入的力度最大。從絡合Ⅰ型催化劑的仿製再到絡合Ⅱ型催化劑的創新，毛炳權踏上了自主研製催化劑的道路。N型催化劑則是第一個完全自主創新的催化劑，也是第一次獲得自主知識產權的催化劑，其專利技術還遠銷國外。在相當長的一個時期內，中國的工業產品外銷靠的都是價低的優勢。毛炳權研製的催化劑靠專利許可打開國外市場，獲得歐美大公司的肯定，並賣出了好價錢，這是十分難能可貴的。到研製DQ催化劑時，因為已經有研製絡合型系列催化劑及N型催化劑的基礎，研究工作基本是順風順水，毛炳權只是將主要精力放在尋找載體和製備載體的方法上，找好載體後，後面的很多問題自然就迎刃而解。

DQ 催化劑的工業化應用

毛炳權作為 DQ 催化劑中試課題組的組長，DQ 催化劑也成為他在北京化工研究院的收官之作。1993 年，當北京化工研究院就 DQ 催化劑的相關技術向中國專利局提出發明專利申請時，毛炳權已是 60 歲。按照當時國家的規定，60 歲已經到了退休年齡，可因毛炳權那時正負責 DQ 催化劑的攻關工作，北京化工研究院便延遲了他的退休時間。直到 1996 年，DQ 催化劑完成了中試試驗，毛炳權才不再擔任課題組的組長。1995 年，毛炳權被評為中國工程院院士。根據國家規定，「院士」作為終身榮譽。自 1996 年之後，由於毛炳權身患腦溢血，做過開顱手術，病重住院數月之久。至此，身體健康狀況一直不太好，便逐漸退出了科學研究一線，不再參加具體實驗研究工作，只做技術指導，將 DQ 催化劑的後期工業化生產應用的工作交給助手和他的學生們負責。而化工研究院也認為毛炳權已被評為中國工程院院士，不應該再把主要精力放在科學研究試驗上，而是應該幫院裡培養更多優秀的人才。自此以後，毛炳權的主要精力就放在帶學生上，下工廠的事情也就慢慢減少。

雖然毛炳權將 DQ 催化劑的工業化應用工作交了出去，但他仍然關注著這項工作的開展，畢竟這項成果凝聚著毛炳權的心血。在後來的時間裡，北京化工研究院的後來者們繼續對聚乙烯、聚丙烯催化劑做了一系列的改進與創新。每當科學研究遇到問題時，院裡的後發揮之秀們總會虛心向毛炳權請教，而毛炳權雖然成為工程院院士，但他仍然心繫科學研究一線，每當有人向他請教，他總是給予請教者悉心的指導。有時還會跟他們一發揮參加討論，共同研究

DQ 催化劑需求改進的方面，使這一催化劑能夠更加完善。

DQ 催化劑在經過中試，並反覆研究改進後，開始投入工業化生產。1998 年 9 月，使用中試合成的 DQ 催化劑在中國石化上海石化公司 7 萬噸/年的 SPHERIPOL 工藝生產裝置上進行工業應用試驗。SPHERIPOL 工藝裝置基本算是國內發展最快的工藝，工藝容易放大，裝置也比較便宜。國內在購進了 3 套設備後便實現了自主設計，設備數量在數年內猛增，年產量也從一開始的 7 萬噸逐步發展為 14 萬噸、30 萬噸、40 萬噸。它的設計基礎是進口的球形催化劑，而 N 催化劑和 DQ 催化劑有自己的特點，如何控制聚合反應平衡進行，保證裝置的安全運轉是本次工業應用試驗的關鍵。毛炳權和課題組的同志確信，DQ 催化劑在 SPHERIPOL 工藝裝置上使用，能夠達到最佳效果。

在試驗過程中，北京化工研究院的研究人員同上海石化的同行們共同研究協商，根據 DQ 催化劑與進口催化劑的性能差異，從催化劑的配製到預絡合反應、預聚合反應、聚合反應、閃蒸及汽提乾燥等每一個操作單元作相應的工藝參數調整，依據調整做出了周密的緊急預案。出乎北京化工研究院研究人員意料的是，工業應用試驗開始後，各個步驟一路綠燈，進展得非常順利，準備的緊急預案一個也沒用上，DQ 催化劑在 SPHERIPOL 工藝裝置上的工業應用試驗一炮打響。經過十年努力，DQ 催化劑終於研製成功。1999 年，DQ 催化劑成功推向市場。2003 年，該項目又獲得了國家發明二等獎。每當提發揮 DQ 催化劑的十年研製歷程，毛炳權總是說，

DQ 催化劑獲得了國家發明二等獎

這是北京化工研究院在聚烯烴催化劑領域多年科學研究積累結出的碩果，凝聚著北京化工研究院老、中、青眾多科學研究工作者的智慧與汗水。

生產實踐表明，DQ 催化劑生產的聚合物性能均高於用進口催化劑生產時的品質控制指標，DQ 催化劑在 SPHERIPOL 工藝裝置的應用結果充分體現了 DQ 催化劑高聚合活性、高立構定向性和良好的共聚性能的特點。DQ 催化劑投入工業應用之後大大緩解了國家進口催化劑的難題，進口的催化劑大大減少，而 DQ 催化劑也在很大程度上取代了國外的球形催化劑。不過，有些工廠出於不同的利益考慮，仍會適當進口一些國外的催化劑。國內 N 催化劑和 DQ 催化劑的生產商主要是奧達公司，奧達公司的前身是北京化工研究院在通州搞的一個試驗基地，從研製 N 型催化劑時便開始使用。DQ 催化劑研製出來後，奧達公司又接手了 DQ 催化劑的生產，成為把北京化工研究院的科學研究成果轉化為生產力的基地。奧達公司自成立以來，效益一直不錯，尤其是隨著北京化工研究院研製的兩種催化劑市場越來越大，他們的規模也在不斷發展。1993 年 3 月，奧達公司和中國石化科技開發公司共同出資，組建了北京市奧達石化新技術開發中心，從北京化工研究院分立出去。2004 年 12 月 29 日，中國石化催化劑分公司在京成立，奧達石化新技術開發中心正式加入催化劑分公司，成為中國石化催化劑有限公司北京奧達分公司，並聘請毛炳權為該公司的顧問。

培養更多的科技人才

告別 DQ 催化劑的後續工作後，毛炳權在平時主要做兩方面的事情：一是在北京化工研究院負責科學研究諮詢工作；一是帶學生。從 1988 年開始，毛炳權帶碩士研究生；到 1996 年，又開始帶博士研究生。作為一名科學研究工作者，毛炳權克於勤、精於業，碩果纍纍；作為一名教育工作者，毛炳權對學生嚴要求、重關懷。他帶研究生像對待科學研究一樣認真，培養出了一個又一個人才。

博士生導師服留影

到 2015 年止，毛炳權先後共帶過 7 個碩士研究生。他招收的第一個研究生名叫夏先知，畢業於四川大學，大學畢業後被分配到北京化工研究院工作。發揮初他在聚乙烯課題組工作，後來隨著「文化大革命」的結束，國家加大了技術人才的培養，重啟了碩士研究生的招收工作，夏先知也報名參加了碩士生考試。那時學校招生比較簡單，只要考試合格，教授跟學生還可以雙向選擇，自主性很強，只要教授覺得學生的專業還算對口，而學生又願意跟著導師學習，招生基本就確定了。也許是第一次帶研究生的緣故，毛炳權對這個學生非常關心，經常對他進行指導。夏先知也沒辜負導師的期望，他的基礎比較好，平日裡也肯下苦功夫。那時，研究生的論文定題一般都和導師的研究方向緊密相關。因為選擇與導師研究方向相關的課題一方面便於導師指導，另一方面，研究生在完成論文課題的同時，也相當於幫助導師完成了研究工作的一部分，可謂一舉兩得。毛炳權帶第一個碩士生的時候正是他研究絡合型催化劑的後期，所以給夏先知的任務和題目也都是配合絡合催化制的研製工作展開的。不過，夏先知當時並沒有實際參與到絡合型催化劑的具體研製過程，而是只做一些對絡合催化劑聚合條件試驗的理論研究工作。在理論研究的基礎上，夏先知發表了兩篇與絡合催化劑相關的專業論文。

毛炳權(前排中)與夏先知(左一)合影

兩年以後，他碩士畢業，仍留在北京化工研究院工作並被分到了毛炳權的課題組。此時他已經不再是學生身分，而是以科學研究人員的身分來到毛炳權的課題組，跟著自己的導師一發揮做研究、搞實驗，後來與毛炳權一發揮參與了 DQ 催化制的研製工作。如今的夏先知是北京化工研究院的技術骨幹，身兼多職，是院裡的副總工程師、科學研究管理處處長，同時還是中國石化集團公司的高級專家。

毛炳權帶過的每個研究生都會被他的無私奉獻和嚴於律己、寬於待人的精神所折服，更敬佩他淵博的學識。他的博士生、東莞理工學院的副教授鐘赤鋒說：「在跟著毛老師做博士後期間，發生了一件小事，對我影響很大。當時，老師的電腦壞了，他讓我選一種型號的電腦報給研究院後勤採購，過了幾天，後勤說電腦買回來了，讓我過去簽單。我卻發現電腦的價格遠高於我調研的價格，有點詫異。過了幾天，我和毛老師談及此事，毛老師非常生氣，說不能容忍這種風氣，馬上打電話給後勤主管領導詢問。後來後勤主管領導回電致歉，並退回多報的採購費用。透過這件事，我看到了一個老知識分子的氣質和風範」。他帶過的研究生們現在有的在國內發展，有的在美國和歐洲發展。當 2013 年，毛炳權八十華誕時，學生們紛紛發來賀信和賀電。更有幾位學生給毛炳權寄來了自己的全家福，祝福老師健康長壽。

在毛炳權成為中國工程院院士之後，北京化工研究院希望像他這樣有科學研究經驗的老工程師能夠多多培養些年輕科技人才，讓年輕人能夠不斷提高科學研究能力，儘快扛發揮科學研究的大旗。當時在化工行業的博士生導師需化工部、教育部批准後才能帶博士生，而當時的北京化工研究院裡只有兩個人有資格帶博士生，毛炳權就是其中之一。隨著我國職稱評定工作的不斷完善，北京化工研究院有更多的年輕一代的研究人員被評為教授。他們也希望能夠帶上一兩名研究生，輔助自己的科學研究工作。毛炳權非常理解大家的想法，他為了不占名額，主動提出不再帶碩士研究生，轉而將精力放在帶博士生上。

毛炳權當時兼任兩所高校的博士生導師，一所是北京化工大學，一所是四川大學。不過帶四川大學的博士生，也有許多具體問題。無論是做實驗還是寫論文，都需求在四川大學當地解決。而且，從北京到四川兩地的來往無疑會造成學生經濟上的負擔，帶來一些生活上的不便，還不能充分利用時間，因此，毛炳權在前幾年僅帶過一個四川大學的博士生。

北京化工大學校長王子鎬(時任)為毛炳權院士頒發聘任兼職教授證書

不管是帶碩士生還是博士生，毛炳權都有一條自己的原則：科學是老老實實的，千萬不能弄虛作假。對科學要報著一種敬畏之心。尤其對於做實驗來說，每種實驗要重複多次或者十幾次，要透過準確無誤的數據來確定結果，而不能僅憑一次實驗，沒有任何比較就匆匆確定研究結果，急功近利，這種做法是毛炳權非常反對的，他不允許自己的學生這麼做。在教導學生的時候，毛炳權也會時常提到反覆實驗的重要性，雖然實驗的過程是枯燥的，甚至有可能是痛苦的，但只有透過多次實驗得出來的結論才有說服力，才是科學的。

在帶學生的過程中，毛炳權是一位十分嚴格的導師，畢竟事關科學研究，不僅科學研究數據不能馬虎，對待科學研究的態度更需求端正，這是一個大的原則。只要不違背大的原則，毛炳權在具體事情上還是從實際出發、靈活對待的。在學習方法上，他向來不贊成學生照本宣科，在強調學生打牢專業基礎的同時，他經常鼓勵學生在實事求是的基礎上要有些創新性想法。在這個方面，他也經常現身說法，用自己的親身經歷說明打好基礎與創新的關係，使學生們從中得到啟發，勇於創新。

他在後期之所以將重點放在帶博士生上，除了給更多的年輕教授們帶研究生的機會外，也有自己的一些想法。一般的學生在碩士畢業後考博士，已經有較強的專業基礎，且已發表了相關的專業論文，在科學研究能力方面也具備了一定基礎。如果有合適的課題讓他們來做，會很快上路，出成果的機會也多一些。因此，導師的作用主要是幫他們選方向、定題目，找到合適的試驗條件，在試驗中對出現的問題多加指導，這樣就能夠讓博士生能有獨立自主的工作能力，剩下的就靠他們自己努力了。毛炳權從心裡還是希望自己的博士生能出成果的。從 1996 年之後，毛炳權相繼招了一批博士生和兩名博士後，他為培養這些博士生付出了辛勤的努力。

北京化工研究院的王世波和高福堂，都是毛炳權的博士研究生，提發揮毛院士對他們的培養和關心，他們如數家珍。王世波跟著毛炳權讀了 6 年研究生，從碩士生讀到博士生，直到 2006 年博士畢業。在這 6 年中，王世波經常把自己的科學研究及學習心得和遇到的問題匯報給毛炳權，毛炳權也經常到王世波所在的試驗現場去做一些指導，鼓勵他要勤於學習、勤於實踐、嚴謹工作、勇於創新，這對王世波的影響很大。在讀碩士研究生時，王世波在一次做茂金屬催化劑試驗時發現，助劑三乙基鋁的活性很高。長期以來，無論是教科書還是其他專業資料都把此助劑定性為「無活性」，當他發現這種助劑竟然有活性時，一時也吃不準，便向毛炳權做了匯報。毛炳權也感到有些意外，但他沒有否定王世波的發現，只要求他要做五次以上的試驗。「做五次以上的試驗」是毛炳權對每個研究生的要求。他要求學生們敬畏科學，要透過準確無誤的數據來確定結果，只有透過多次實驗得出來的結論才有說服力，才是科學的。王世波按照毛炳權的要求，在一年時間內做了多次試驗，最終確定三乙基鋁是種高活性的助劑。結論確定後，毛炳權非常高興。他對學生們說，這不僅是糾正了一個專業上的錯誤，更對這種助劑今後的工業應用有很大幫助，可以降低應用的成本，具有很高的經濟價值。王世波在回顧這個過程時非常感慨，他說，也許換別人，會直接告訴自己做了錯誤的試驗。但是正是毛老師平時的教誨，讓他牢記在科學研究工作中要重視細節，這才有了新發現。也正是毛老師的支持，自己才能夠堅持做多次嚴格的試驗，最終確定結果。這次新發現成為王世波碩士論文的主要研究內容，後來的博士論文也是在這項研究的基礎上，進一步研究提高形成的。

對於研究生們的選題，毛炳權從不做硬性指定。他鼓勵學生要保持寬闊的視野，要不斷了解其他相關領域的知識。對學生提出些宏觀方面的指導，讓學生自己選題，他只對學生的選題做些原則上的指導，幫助學生確定研究方向，最大程度地培養學生獨立工作的能力。高福堂就是在這方面受益的一名博士生。他在選題時，開始的大概研究方向是「PP 聚合動力學」。但經過廣泛查閱和學習各種資料，他最終選擇了「復配內給電子體」這個方向。在他選題的 2007 年，這類研究屬於國內外比較尖端的課題。雖然脫離了一開始的大方向，但他仍然得到了毛炳權的支持和幫助，使他的研究取得了積極成果，並以此課題為基礎，完成了博士論文。

毛炳權不僅從學習和工作上關心學生們，在生活上也給予他們力所能及的幫助。在讀碩士期間，王世波的父親因病去世。在父親去世後的第一個春節，在北京讀書的他無論如何都要回山東老家與母親和家人一發揮過年。春運一開始，王世波便去買返鄉的火車票，春運期間，一票難求，他想盡了辦法也沒買到回家的車票。情急之下，他找到毛炳權求助，對這件事，毛炳權也感到無能為力，建議王匯波乾脆坐飛機回去。這時的王世波還是個清貧的學生，身上根本沒有買機票的錢。看到他為難的樣子，毛炳權頓時明白了。他立即掏出錢來交給王世波，讓他買機票回家看望母親。王世波感到很不好意思，毛炳權說：「這錢是借給你的，什麼時候有了錢再還給我就是了」。王世波迅速購買了飛機票，在春節之前回到了家鄉。毛炳權的碩士生黃汝彬畢業後選擇到荷蘭讀博士，可當他開始辦出國手續時卻有些為難了。辦出國手續需求一大筆錢，包括需求在國外讀博士的學費。而當時黃汝彬自己和家庭都拿不出這筆錢，這讓他非常著急，只好跑去向毛炳權求助。毛炳權知道這一情況後，二話不說，很快幫他籌集齊了所需費用，讓黃汝彬順利出國留學。毛炳權的幫助使黃汝彬和他的同學都非常感動，黃汝彬懷著感恩的心在異國他鄉發憤讀書，勤奮工作。幾年後，不僅歸還了毛炳權幫他籌集的學費，還闖出了一份不錯的事業。黃汝彬在毛炳權 80 壽辰時，親筆給老師寫了賀詞：「桃李不言，下自成蹊。學生深深地知道，我的進步、成長和發展，都離不開您的諄諄教誨，言傳身教。您獻身科學的精神永遠鼓舞我追求真理和人生的更高目標。感謝恩師情重如山，師同父母。」高福堂考的是北京化工大學博士生，學校通知他找導師毛炳權面試。當他連繫上毛炳權，表示要到北京化工研究院面試時，毛炳權卻提出用不著這麼麻煩，只要在電話中回答問題就可以，當他在電話中回答了毛炳權提出的一些問題後，毛炳權表示滿意，當即告訴他已經透過了面試。後來他才知道，毛炳權擔心一名外地學生到北京面試，交通、住宿、生活都不方便，成本還高，為了不給學生增加負擔，他採用了電話面試的做法，這讓高福堂非常感動，決心以突出的學習和工作成績來報答老師的關心。

毛炳權帶了研究生後，一開始，學生們每逢春節和他的生日都會帶著禮物去看他，每次都受到毛炳權的批評。不僅如此，毛炳權把他們的禮物收下後，還要送給他們禮物。學生們發現，毛老師送給他們的禮物比學生們送的還要多。透過這麼幾次經歷，學生們再不給毛炳權送禮了。每年他過生日的時候，學生們集體簽名給老師送賀卡，對學生們的這份禮物，毛炳權欣然接受。

2002 年指導研究生(中間毛炳權，右一黃汝彬)

隨著時間的推移，國家招收博士生的政策也在發生著變化。毛炳權發現，他招收的有些博士生與自己想像的不太一樣。就他曾經帶過的博士生而言，主要分為兩種：一種是參加統考招收的博士，一種是已經在北京化工研究院在職的具有碩士學歷的職工，這類學生統稱為在職博士生。直到成為博士生導師後，毛炳權才發現，能讓他們順利畢業也並不容易。以在職研究生為例，讀博期間不僅要發表國內論文，最少還要在國外雜誌發表兩篇論文，這些論文都需求用英文完成，這是硬指標，不完成是沒有畢業資格的。可現實情況是，對於這些在職博士來說，畢業往往很有難度。其一，這些在職博士不像全日製學生那樣，有充足的時間來學習，他們都是單位的骨幹，平日裡要將大部分時間用在工作上，還要經常出差，這樣一來，必然會影響論文寫作的進度；其二，在職博士往往年齡較大，拖家帶口，家庭中的事情紛紛雜雜，也會占去他們相當多的精力，除去工作時間和家庭瑣事，這些博士生真正能用到學習上的時間是很少的。學習時間少，應該完成的科目和課題就有困難。因此，相當多的在職博士的畢業時間都在延期。根據博士生的相關規定，他們的畢業時間最長不得超過 6 年，否則就會被取消學籍。

在職研究生的這些具體情況，毛炳權也理解。但是，理解與治學是不能混為一談的，他是做學問的科學家，再加上年事已高，實在沒有太多的精力管那麼多繁瑣的事情。所以，近年來毛炳權已生退隱之心，畢竟年事已高，而且身體也不太好，對於帶著學生選課題、做論文這樣的事情已有些心有餘力不足。2013 年，也就是在他 80 歲這年，毛炳權正式向北京化工研究院提出了申請，決定把手頭的學生帶完後，不再接收新的學生。

毛炳權不僅滿腔熱情地培養自己的學生，對北京化工研究院的青年科技工作者的成長也給予了高度重視。1988 年，N 催化劑課題組分配來了一位大學生，名叫張天一。他從到 N 催化劑中試組實習開始，到 DQ 催化劑的研發成功，一直與毛炳權一發揮搞科學研究。並在毛炳權的幫助和指導下成長發揮來，成為北京化工研究院的科技中堅力量。當時，在 N 催化劑課題組，張天一年紀是最小的。在剛剛接觸 N 催化劑時，張天一有許多方面不明白。在中試期間，遇到物料結塊、成型不好等問題時，即使時間已是半夜，張天一也要打電話向毛炳權匯報和請教。毛炳權每一次都會很認真地聽取匯報，幫助找出原因，有時候，還會半夜趕到現場解決問題。而催化劑的品質也是透過一次次的解決問題不斷提高，也使催化劑的應用更加廣泛。

張天一至今忘不了課題組的那種和諧氛圍。那時還是每週休息一天，每到星期六課題組都要開技術討論會。從毛炳權到組裡的工程技術人員、工人，都圍繞著課題研究發表各自的看法，有時候爭論得很熱烈。正是在這不斷的討論和爭論中，從 N 催化劑到 DQ 催化劑的小試、中試越來越好，而大家的技術業務水平也伴隨這個過程不斷提高。N 催化劑的原料有鎂和鈦等多種成分，製成產品後，會出現一些廢液。廢液中的一些成分如果不回收利用，會造成很大損失。而且廢液的異味大，沉澱物多，會造成環境的汙染。如果沒有可靠的環保措施作保證，產品的大量生產會造成比較嚴重的危害。為解決這一難題，張天一在毛炳權和課題組其他老同志的支持幫助下，設計製造了母液回收裝置。使用這套裝置，透過簡單蒸餾，把廢液中的大部分四氯化碳分離，使黏狀物變成流動狀態加以中和，最終實現無害處理。

1992 年，張天一來到 DQ 小試研究組。這時，DQ 催化劑的小試已經進入尾聲。半年後，中國石化投資做中試，毛炳權委派張天一做中試設計。中試設計的內容包括確定流程圖、設計中試裝置、確定設備的配置及安裝調試等，是中試的重要基礎。張天一接受了這一重要任務後，感到很激動，全力以赴精心做出了中試設計。在中試過程中，用白油和矽油做的載體頻頻出現板結現象，影響了中試進度。為了儘早解決問題，毛炳權派夏先知和張天一外出調研。經過調研，他們發現有一種真空振動乾燥機可以替代現在使用的乾燥釜。於是，他們向製造廠提供了相關的參數，製造廠生產出了符合要求的真空振動乾燥機，解決了催化劑板結現象。在毛炳權告別 DQ 催化劑的後續工作後，北京化工研究院的青年科技人員仍然在按照他的研究方向做後續研究。經過兩年時間的努力，解決了 DQ 催化劑的遺留技術問題，使 DQ 催化劑更加受到用戶的歡迎。

2006 年，北京化工研究院成立了聚丙烯室，夏先知任主任，張天一也在這個室。他們先後研究出了應用於聚丙烯催化劑內給電子體的二醇酯、HA 系列催化劑。其中，HA 催化劑是目前活性最高的聚丙烯催化劑，灰分特別少。這一成果獲得了中國石化科技發明一等獎。除此之外，他們正在做 HQ 催化劑的後期研究，這是一種全新結構、全新合成的催化劑，仍然與毛炳權的科學研究思路是同一個方向。

為了培養更多的科技人才，鼓勵青年科技人員積極投身於科技事業，毛炳權還出資設立了兩個獎項。一個是設立於北京化工大學材料科學與工程學院的「毛炳權院士專項獎學金」。毛炳權是北京化工大學的博士生導師，學校每年要付給他薪酬。但他一次也沒領取，把這筆錢留在學校作為獎學金使用。學校尊重毛炳權的選擇，設立了專項獎學金。另一個是北京化工研究院的「毛炳權青年科技獎」。2000 年，北京化工研究院為貫徹落實科教興國策略和中國石化科技與人才強企策略部署，在北化院建立有利於青年人才聚集和發揮青年才幹的激勵機制，營造尊重知識、尊重人才、崇尚科學的氛圍，促進青年科技人才的成長，提升自主創新能力，大力推進世界一流石油化工研究機制建設。以毛炳權捐贈的 500 美元為啟動資金，創立了「毛炳權青年科技獎」，以獎勵以毛炳權為榜樣，在基礎科學研究、應用技術開發和技術成果轉化等工作中做出積極貢獻的青年科技工作者。每兩年評獎一次，每屆獲獎人數不超過 10 人。2006 年，毛炳權再次捐贈 52045. 54 元人民幣。自 2000 年至今，共有 59 人獲得獎勵，獲獎者都已經成長為北京化工研究院各專業領域的重要技術骨幹和中堅力量。有三分之一獲獎者走上了中層及以上領導崗位。

在北京化工研究院毛炳權青年科技獎勵基金頒獎大會上講話

功成名就之後

毛炳權長期從事烯烴聚合催化劑、聚合機理、聚合工藝、聚烯烴結構和性能等方面的研究工作，做出了創造性貢獻，其發明的一系列具有獨立知識產權的聚丙烯催化劑技術產生了巨大的經濟效益，為我國石油化學工業的發展做出了重大貢獻。他的科學研究成果獲得 3 項國家技術發明獎，1 項國家科技進步獎和 6 項省部級獎。1995 年，毛炳權當選為中國工程院院士。2004 年，獲得「何梁何利科學與技術進步獎」。這個獎項設立於 1994 年，是由何善衡慈善基金會有限公司和偉倫基金有限公司的何善衡先生、梁銶琚先生、何添先生、利國偉先生這 4 位香港企業家共同捐資設立的，其宗旨是透過獎勵取得傑出成就的中國科技工作者，倡導尊重知識、尊重人才、崇尚科學的良好社會風尚，激勵科技工作者不斷攀登科學技術高峰，加速國家現代化建設進程。何梁何利基金設「科學與技術成就獎」和「科學與技術進步獎」，每年評獎一次，「科學與技術成就獎」獎勵長期致力於推進國家科技進步，貢獻卓著，並取得國際高水平科技成就者；「科學與技術進步獎」用於獎勵在自然科學的某一領域取得重大發明、發現和科技成果者。而且，從絡合催化劑到 N 系列催化劑、DQ 催化劑，毛炳權不僅在催化劑的自主創新方面開闢了新路，還推動了相關化工工藝如聚合工藝、絡合工藝等方面的研究與推廣。如用於聚丙烯生產的 N 催化劑，在加以改進後可以用於聚乙烯的生產。N 催化劑與 DQ 催化劑自問世到如今，一直在不斷根據市場的需求進行著改進，並保持著強勁的勢頭。儘管毛炳權已經多年不在科學研究一線工作了，但他的弟子和其他青年科技工作者，仍然繼續在他開闢出來的科學研究道路上不斷努力，不斷有新的科學研究成果問世。在此基礎上，深入開展其他內容創新研究。今年 82 歲高齡的毛炳權，可以說已經是功成名就了。

1995 年毛炳權當選中國工程院院士，圖為參加座談會合影
（左三為北京化工研究院首任院長林華院士）

2004 年與大連理工大學校長程耿東院士同時得獎後在會場合影

當毛炳權成為中國工程院院士時，他還不是中國共產黨黨員。本來，他在中學便積極追求進步，廣東解放不久就加入了新民主主義青年團，並以團員的身分參加了中國人民解放軍。無論是學校、在部隊還是上大學、到蘇聯留學，他都曾想過要成為一名共產黨員。但他的『出身』不好，入黨比較困難。加之參加工作後，經歷了許多政治運動，對入黨的事就更不去想了。改革開放以後，黨的實事求是的思想路線使人民富裕了，國際地位增強了，我們的國家越來越強大。這一切讓毛炳權怦然心動，又萌生出加入中國共產黨的強烈願望。2003 年 7 月 1 日，在毛炳權年近七旬的時候，他終於如願成為了一名中國共產黨黨員。

與入黨介紹人合影

同許多科學家一樣，毛炳權在從事科學研究工作時，是很有些拚命精神的。為了使研究的課題早日出成果，他廢寢忘食，完全忘記了吃飯和休息，把全部精力都用在了科學研究上。「每次一個新的催化劑研製成功、獲獎前後，我都要病一場。」(毛炳權語) 2003 年，70 歲的毛炳權和他的同事們研製的聚丙烯催化劑系列「聚丙烯 DQ 球形催化劑」榮獲了國家年度科學技術發明獎二等獎。2004 年 2

月 15 日，在人民大會堂召開的國家科學技術獎勵大會上，黨和國家領導人向包括這項成果在內的獲獎者頒獎，此時，在人民大會堂裡，人們卻沒有見到毛炳權的身影。原來，在大會召開的前幾天，毛炳權再次因病住院，大會召開的時候，他在北京大學第一醫院的病床上觀看了中央電視臺轉播的人民大會堂頒獎典禮的盛況。

功成名就後的毛炳權曾對自己一生的工作做過總結，他認為自己這一生有兩個為之奮鬥終生的事業：科學研究與教學。在這兩個事業中，毛炳權傾注了最大熱情的是科學研究。毛炳權之所以會踏上科學研究之路，這與他在兒時受到的教育和青少年時代的經歷有很大關係，這些教育和經歷讓他堅定了自己走科技救國道路的信念，也使他成為一名科學家。毛炳權說過，幾十年來，我大多數時間是被動地跟著歷史浪潮走，一生只做過兩次獨立的選擇：一是報名參軍，從此改變了我的人生道路；二是入大學時選擇了化工專業，對化工專業，從不熟悉到熟悉，到喜歡，到熱愛，幾十年來無怨無悔。2013 年，毛炳權在 80 華誕時，寫了一篇自述。在回顧總結自己幾十年來在化工科學研究領域的經歷時，歸納了 5 個方面的經驗。

第一，要想在科學研究上做出成果，需求有一個好的平台。毛炳權認為自己在化工科學研究領域的研究，就是處在了一個好的平台上。在北京化工研究院受化工部管轄而中國石化總公司尚未成立時期，院內的科學研究課題大多來自化工部。中國石化總公司成立之後，北京化工研究院利用科學研究項目的優勢，與中國石化總公司的生產企業加強協作，二者緊密結合，為科學研究成果的實現打下了良好基礎。化工部撤消後，北京化工研究院歸屬中國石化集團公司領導。中國石化是中央企業，具有將科學技術轉化為生產力的優勢條件。對從事化學工業技術研究的毛炳權來說，這是一個非常廣闊的平台。幾十年來，毛炳權和北京化工研究院的科技人員們，在這一個個大平台上，堅持走科學研究和生產實踐相結合的道路。

使絡合Ⅱ型、N型高效催化劑、DQ球型催化劑得到成功應用推廣，促進了科學研究和生產的雙贏。

第二，在科學研究中，要注重合作的團隊協作精神。一個人的才能總是有限的，必須依靠集體的智慧和力量，科學研究成果更是集體智慧的結晶。北京化工研究院幾個催化劑的成功開發過程，充分證明了在工業技術開發中團結協作的重要性。首先，課題組內部要搞好團結，在課題組內部形成民主、和諧的良好氛圍，讓每個科學研究參與人員的積極性和主觀能動性都能夠充分發揮，激發出每個人的智慧。這樣不但能夠提高工作效率，而且還能在充分交流的環境下，產生出創新的火花。其次，一項科學研究課題的研發成功，離不開單位領導和各部門的全力支持。就像戰士在前線戰鬥一樣，絕對離不開後勤保障的支持，否則就會打敗仗。在工業應用推廣中，更要與國內的生產企業密切協作。而且，還要利用一切可能的機會與國外先進的研發機構及企業充分交流合作。與國外科學研究機構和企業的交流合作是應當重視的事情，透過交流、合作，不但可以獲得大量有價值的訊息和商機，還可以取長補短，盡取別人之所長為我所用，在互利雙贏的基礎上真誠合作，才能夠結出豐碩的果實。

第三，要高度重視知識產權。走自主創新的道路在科學研究工作中意義重大，這一點在當今建立創新型社會的過程中有著越來越強的現實意義。我們現在常說的「核心技術」，就是以自主創新為基礎的，也只有在創新的基礎上，才能夠擁有真正的自主知識產權，才能夠將專利技術以高價轉讓許可給以擁有高科技著稱的發達國家跨國公司。N型高效催化劑就是走的這樣一條道路。N型高效催化劑的開發走的是完全自主創新的道路，形成了自主知識產權。以後又在N型催化劑專利基礎上，在國內外開發了一系列工業催化劑，如Lynx系列催化劑、N系列聚烯烴催化劑等。

第四，自主創新的技術要與市場需求和原料資源相結合，才能發揮出應有的作用。從絡合Ⅱ型、N 型高效催化劑到 DQ 球型催化劑的成功推廣應用，不僅僅是因為催化劑的性能達到了要求，具有合適的工業化技術路線，更重要的是得益於這些催化劑技術有合適的原料資源供其生產，並且有良好的市場需求，這樣才使科學研究成果轉化為生產力，轉化為效益，為國家創造更多的財富。

第五，要勤奮積累。這裡說的積累是知識的積累、經驗教訓的積累。正因為在國內以及蘇聯留學期間的學習比較扎實，為毛炳權後來的科學研究奠定了基礎。在幾十年的科學研究工作中，毛炳權又對世界上催化劑發展的專利文獻不斷緊跟，時常學習與思考，積累了豐富的專業知識。並把這些知識應用到科學研究工作中去，一邊學習、一邊實踐、一邊總結，直到取得成果。無數事實告訴人們，機會只會留給有準備的人，沒有日常的勤奮積累，是很難抓住機會的。

也正是在對自己的人生細細總結時，毛炳權才意識到，嚴格說來，自己其實只是一名注重於實踐和創造的工程師。如今，自己成為中國工程院院士，還有了許多榮譽稱號，這也是國家在精神和物質層面上給予他的肯定。毛炳權對此感到很知足。他這樣評價自己：雖然自己在自主研發催化劑方面做出了突出貢獻，但是自己做的工作、獲得的成果都僅僅是基本達到了國家對自己的要求，沒有辜負祖國對自己的栽培。毛炳權堪稱是中國化工催化劑專業的中流砥柱，他對自己的這番評價卻是如此低調，不居功、不自傲，充分展示了毛炳權院士的高尚人格。

功成名就的毛炳權從來沒有忘記過一個科學研究工作者的責任和義務。1999 年，他陪同妻子劉新香到美國探親。來到美國後，他們的心中還是惦記著與北京化工研究院合作的兩家美國企業。他對劉新香說：「去菲利普斯和安格公司看看吧」。他們來到休士頓的安格公司，安格公司 1992 年使用了 N 高效催化劑的專利技術，建成了生產裝置。建廠時，還邀請毛炳權來美國做技術指導，幫他們審查設計，商討開工方案。時隔幾年過去了，這套裝置運行情況如何？催化劑性能有什麼變化？還有什麼方面需求改進？這都是毛炳權十分關注的事情。他們的意外出現，給了安格公司的同行們一個驚喜。毛炳權到生產現場查看了裝置運行情況，了解了催化劑的使用情況，並現場回答了安格公司員工提出的技術難題。他建議美國同行改進過濾器的設計，並對相關的溫度指標多加關注，重點要關注過濾問題。他嚴謹的專業精神贏得了美國同行的讚揚。他們的這次安格公司之行，還順便參觀了位於休士頓的美國航天基地。說發揮這次到安格公司的回訪，毛炳權這樣說：「這是責任啊。別人使用了我們的專利技術，我們就有責任對這個技術負責，這種責任是永遠的」。

第十一章

溫馨的家庭

在北京化工研究院，一些老員工們提到毛炳權時，首先會提到他的愛人劉新香，然後再笑著加上一句：「劉新香比毛院士出名」。這也難怪，在毛炳權沒調到北京化工研究院之前，劉新香已經在這兒工作了 12 個年頭，是院裡的科學研究骨幹。劉新香曾經擔任過兩屆全國政協委員，每年全國開「兩會」期間，都會有媒體來採訪劉新香，在北化院，劉新香絕對是位名人。在毛炳權從事科學研究工作的一生中，他的愛人既是伴侶也是科學研究的同伴，兩人從相識、相知到相愛，共同走過了半個多世紀，都在化工行業的不同科學研究領域中做出了突出貢獻。再加上兩人有一兒一女，「兒女雙全」是中國傳統習俗中家庭幸福的標誌。這是一個溫馨的家庭。

全家合影（後排左發揮女婿、女兒、兒子、兒媳，前排毛炳權、外孫、夫人）

一路相伴一生追隨

劉新香和毛炳權一樣，都是廣東人。她的老家在廣東省臺山市，距離毛炳權的老家東莞有將近 200 公里。臺山市位於珠江三角洲西南部，毗鄰港澳，南臨南海，有「全國第一僑鄉」之稱。旅居海外及港澳臺等 92 個國家和地區的臺山人有 130 多萬，主要是旅居美國、加拿大、澳洲、巴西、墨西哥、馬來西亞、新加坡和香港，其中旅美華僑就有 42 萬多人。劉新香的祖父也是一位美籍華僑，很早的時候就去了美國。那時華人在美國很受排擠，去了美國也只能做些沒有什麼技術含量的苦工。劉新香的父親很小就被祖父帶去了美國，在祖父的店裡做工。那時從臺山、開平一帶赴美的華人都有一個類似的想法，到美國掙些錢，然後回家建個房子、娶房媳婦，再買上幾畝田地，便可以安安穩穩地過下半輩子了。劉新香的父親便是在美國生活至適婚年齡的時候回國成婚的，婚後，將自己的妻子留在中國，他則再度赴美。

他們成婚後很快就有了第一個孩子，這就是劉新香。因那時美國的政策是華工不能帶家屬去美國，而且劉新香的母親那時正在廣州圖強助產士學校讀書，這是一所外國人辦的私立學校，母女倆因此一直留在國內。劉新香兒時的記憶裡對父親幾乎沒有什麼印象，大概在她四五歲的時候，母親帶著她和妹妹搬到香港生活，劉新香在一所教會學校——培華小學讀一年級。1941 年 12 月，日本軍隊侵占香港。母親又帶著她和妹妹從香港逃回臺山縣農村，投奔了她的祖母。已經上小學的劉新香，清楚地記著這次逃難的經歷。那時香港到臺山縣沒有直通車，母女三人只能晚上先坐小船到澳門，再轉道中山坐卡車返回臺山縣。之所以選擇晚上逃難，是為了躲避日本人。儘管如此，當他們從中山縣轉車時，仍然遇到了日本人，還好這幾個日本人只是「嘰裡咕嚕」問了幾句就離開了，卻把她們嚇得不輕。

回到臺山縣後，劉新香在大江鎮的裡坳鄉中心小學讀書。小學畢業後，她又來到臺山縣培英中學讀書，開始了住校生活。培英中學建於 1930 年，是當時臺山最大的私立學校。那時候，交通不便，學生們每個星期六都要走路回家。每次回家的時候，劉新香都要跟幾個小夥伴一發揮結伴而行。從學校走到家，要走將近兩個小時。在臺山培英中學讀了一年書，劉新香的母親把她們接到了廣州，這時候，日本已經宣布投降了。劉新香的母親此時在廣州的一家醫院做助產士。劉新香到廣州後，進入培道女中讀書。廣州培道女中是由基督教會辦的私立學校，建立於 1888 年，有著悠久的歷史。抗日戰爭期間，學校先後從廣州遷至廣東肇慶、香港、澳門等地辦學。1945 年，日本投降後，學校遷回廣州原址復課，在香港和澳門的分校繼續保留。劉新香就是在這時候進入的培道女中，從初中一年級第二學期一直讀到高中畢業。培道女中的管理一直非常嚴格，學校的大部分學生都要住校，在校學生不允許隨便外出，每月僅有一次外出機會。而且，必須持有家長蓋章的便函才能外出。即使到 1949 年，解放廣東的戰役打響，社會上比較混亂，培道女中也沒有受到什麼衝擊，學校的學習環境仍然比較穩定。1953 年 9 月，培道女中改為公辦學校，更名為廣州市第二女子中學。1956 年 7 月，女二中再次改為廣州市第七中學。在香港和澳門的培道中學，則一直沿續到現在。教會學校與其他學校不同，管理嚴格，可學生的成績也同樣優於其他學校。即使是女子學校，也重視學生的全面發展，體育和文藝都不放鬆。自 1945 年培道中學在廣州原址復課以來，每年的廣州市運動各項球類比賽的冠軍經常被培道中學奪得。劉新香也是學校的活躍分子，文體項目都有強項。在體育方面，長跑和跳遠是她的強項。同時，她還擅長舞蹈、唱歌，還是學校舞蹈隊的成員。如今，劉新香已經從培道中學畢業 60 多年了，當年的同學們也都從風華歲月走入了耄耋之年。這些同學們有好多在國外發展，遍布美國、加拿大、英國及東南亞各國。雖然大家的距離遠了，但連繫卻沒有中斷。在國內的同學更是經常組織聚會，幾個銀發飄飄的老太太湊到一發揮暢敘友情，開心得很。

第二次世界大戰結束後，中國作為戰勝國，在國際上的地位有了明顯提高，而美國也適時地廢除了華工不得帶家屬赴美的規定。

1948年，劉新香的母親隻身去了美國，去投奔在美國的祖父和父親，暫時留下劉新香和妹妹，由祖母照顧在廣州讀書。1951年，妹妹小學畢業，父母想託人將她們姐妹兩個帶去美國。可劉新香此時正在讀高中，母親認為，如果就此中斷學業有些可惜，決定讓劉新香繼續留在廣州讀書，等高中畢業後再去美國。於是，劉新香的妹妹一人去了美國，家中只留下劉新香與年邁的祖母相依為命。

1952年，劉新香從培道中學畢業，本來，按照父母的安排，她應該立即赴美國去和全家團圓。但新中國成立後，劉新香在國內讀書接觸了新的思想觀念，自己的思想也發生了很大變化。而且，新中國成立之初，全國人民建設社會主義國家的熱情也深深感染著她。她斷然拒絕了父母要自己去美國的要求，留在國內參加社會主義建設。在學校裡，她主動要求參加新民主主義青年團，並成為一名團員。她還積極報名參軍。大概因為當時她的父母都在美國的原因，她的申請沒有被批准。她並沒有因此而氣餒，而是以更大的熱情努力為新中國的建設貢獻一份力量。高中畢業的劉新香，覺得南方解放的比較晚，受舊思想、舊觀念的影響比較深，所以很想遠離南方，到解放早、思想進步的東北老區去。她在學校時，受化學老師的影響，對化學很感興趣。當她高中畢業報考大學時，她第一志願報考了位於東北的大連工學院。

從廣州來到大連工學院，劉新香一開始並不太適應，首先是語言不通。劉新香的廣東話，別人聽不懂，可她自己又不會說普通話，與同學和老師交流發揮來很困難。再加上南北氣候不同，飲食習慣不同，劉新香的不適應感就更強了。但劉新香從小學發揮便有獨立生活的經歷，面對這些不適應，她有信心克服。她下決心先學好普通話，上課時，她認真聽老師講課，聽不懂的地方就多問，實在聽不懂的時候，就利用下課時間抄抄同學的課堂筆記。平時，她也儘量與同學們多交流，透過交流學習普通話，年輕人學東西快，接受新事物也快，劉新香很快掌握了說普通話的技巧，不管是上課還是平時跟老師同學們交流，都能從容應對。飲食習慣的改變對劉新香也是考驗，廣東人一年四季吃稻米，而在北方則分粗糧和細糧。細糧是指麵粉和稻米，特別是麵粉，在許多人家都是在過年的時候才捨得吃的。平時，北方人的主食多以粗糧為主，比如玉米麵粉、玉米茬等等，東北地區還有高粱面以及高粱米。劉新香到大連工學院的第一天，吃的是玉米麵粉做的發糕。她從沒見過發糕，還以為是蛋糕。高興地對同來的幾個同學說：「今天這麼好，還有蛋糕吃」。可是當發糕入口之後她才知道，這東西真不好吃，口感差不說，進到嗓子裡還不好下嚥。其實，那個時候，吃一頓摻糖的發糕，也屬於過年的食品了。在大學裡，劉新香第一次吃到了高粱米飯。她評價說，這些東西都比剛進學校時的發糕好吃。對這些南方來的學生，學校還是很關心的，只是條件有限，在伙食方面不太好調劑。有一次，大連工學院的院長到食堂檢查伙食時，還特意到劉新香這幾個南方同學的飯桌前，詢問她們吃的習慣不習慣，這時的劉新香已經慢慢適應北方的飲食了。劉新香到大連工學院報到的時候，正是 9 月份。秋天的大連，天氣尚未轉涼。因為靠近大海，所以空氣也不像其他北方城市那麼乾燥。相對全國來講，東北的冬天來的要早一些，學校已經提前做了過冬準備。剛入校的新生們，每人領到了一套黑色的棉衣棉褲。看到發下來的棉衣，劉新香感覺很新奇，在處於熱帶的廣州，她可從來沒有穿過棉衣，乍一穿上棉衣棉褲，感覺都不會走路了，看著穿上棉衣後的南方同學憨態可掬的樣子，同學們都忍不住笑。冬天來了，雖然北方的冬天確實寒冷，可比劉新香想像中的冬天要好得多。到後來，她和幾個從南方來的女同學，冬天的時候只穿棉衣，用毛褲替換下厚厚的棉褲，照樣過冬。

劉新香進入大連工學院讀書的時候，正是抗美援朝戰爭的後期，中國視美國為頭號敵人。因此，對於美國的一切都非常關注。劉新香的父母都在美國，她也因此多次受到過審查。劉新香對這些審查看得不重，父母的確是在美國，也不能擋住別人不查，有些事情，查查反而清楚。在這期間，她的父母仍然在用各種方法動員她去美國。劉新香對父母和親戚們的勸說無動於衷，該做什麼還是做什麼。而且，她在大學期間一直表現優異，還被校團委評為「優秀團員」。後來，因為在學校表現優秀，她被推薦去讀研究生。1974年，父母從美國回國探親，劉新香才與父母再次相見。1981年，北京化工研究院與美國一家公司搞技術合作，派劉新香到美國出差。在此期間，她抽時間去了父母所在的洛杉磯，看望在美國的親人。在洛杉磯，她跟幾個在美國出生的弟弟妹妹第一次見面。

大學一年級時，劉新香與毛炳權是同班。當時毛炳權是團支部的組織委員，用劉新香的話來講，是個「小領導」。在劉新香印象中，毛炳權是個脾氣很好的好好先生，他跟老師同學的關係都相處得不錯。因為毛炳權個子比較矮小，班裡的同學們都親切稱他為「小毛」。毛炳權跟班上的男同學來往比較密切，跟女同學則接觸得比較少。雖然兩個人是廣東老鄉，有時也會共同參加一些聚會或活動，但平時整體說來接觸不太多。相反，作為團支部組織委員，毛炳權在嚴格管理同學時，是不分男女的。劉新香和幾個女同學因為愛吃零食，還受到過毛炳權的批評。

大學二年級時，學校開始給學生們分專業，劉新香和毛炳權分到了不同專業。在分專業後不久，毛炳權被學校推薦去了北京俄文專修學校，離開了大連，兩個人便沒有了連繫。劉新香則繼續留在大連工學院讀書，她讀的是染料中間體專業。1956年，劉新香大學畢業後，被大連工學院分配到天津大學讀了兩年研究生。在兩年的學習時間裡，發揮初是由蘇聯專家授課，後來又改為由國內的教授講課。在天津大學讀研究生時，劉新香的表現優異，也交了入黨申請書，學校領導和同學們對她的評價也很高。但在討論她的入黨問題時，卻在政審上被卡住了。黨支部特意派人找她談話，說因為父母都在美國，政治審查不過關，她不能被吸收入黨，並安慰她：

「做個黨外的布爾什維克吧。」這種情況是劉新香早已想到的，所以她在思想上沒有背什麼包袱，照樣非常努力。直到我國改革開放後的第三年——1981 年，劉新香終於如願加入了中國共產黨，實現了多年來的願望。這一刻，她覺得自己以前的所有堅持都是正確的，也是值得的。

1974 年時，劉新香的父母回國探親，來看望劉新香和她年邁的外婆。那時她的外婆已是九十多歲的高齡，父母考慮到，如果此時再不回來，怕以後見不上最後一面。此次會面，是劉新香第一次見到自己的父親。她的父母之所以回國，與這時候的中美關係得到改善有關。1972 年 2 月 21 日，美國總統尼克松抵達北京，受到周恩來總理等中國領導人的歡迎。2 月 28 日，中美上海聯合公報發表文章，宣布中美兩國關係走向正常化。從此，中華人民共和國和美利堅合眾國的關係進入了一個新的歷史時期。於是，有些美國人和旅美華僑開始陸續來到中國大陸。劉新香的父母就在其中。國家對這些來自美國的客人也是比較重視的，劉新香的父母一到達北京站，北京公安局有關部門馬上就通知了劉新香的單位。那個時候，從美國來的人不多，雖然中美關係開始緩和，但普通的中國人對美國來人還是很警惕的。公安局通知到北京化工研究院，研究院也搞不清楚是怎麼回事，便十分嚴肅地通知了劉新香，氣氛弄得有些緊張。當劉新香看到父母時，一切才弄明白了。面對父母，她的心情還是很激動的，血濃於水。她對父母的回國感到非常開心，這也算實現了她與親人團聚的心願。

1957 年，在蘇聯讀書的毛炳權因父親重病，趁暑期時回家探親，順便也到天津大學探望以前一發揮讀書的同學，組織了同學聚會，劉新香也參加了這次聚會。在聚會中，同學們在一發揮聊天，談談彼此的情況。此次回國，毛炳權不再是未出國之前的「土學生」了，在劉新香眼中，他的身上多了一些書卷氣質和紳士風度。從同學聚會後，他們兩人保持著通訊。不過，信中交流還是以學習情況為主。1958 年 10 月下旬，劉新香從天津大學研究生畢業，被分配到化工部，又從化工部分配到北京化工研究院工作，在北京化工研究院一幹就是幾十年，她從基礎工作做發揮，後來相繼擔任過課題組組長、研究室主任和研究院副總工程師，後來還當選過兩屆全國政協委員。

劉新香到北京化工研究院工作後，從接觸的內部刊物上看到有介紹國內科學研究情況的文章。她便給在莫斯科的毛炳權寄去幾本，想讓他了解一下國內化工行業的科學研究情況，為他以後找工作做準備。

1959 年，毛炳權在蘇聯完成學業，回國等待分配。來到北京後，因為正趕上廬山會議的召開。所以，毛炳權和留蘇同學們在北京停留了三四個月，一邊參加政治學習，一邊等待分配結果。這期間，毛炳權與劉新香的接觸漸漸頻繁，一方面是因毛炳權常向她打聽北京化工研究院的情況，另一方面則是同學聚會比較頻繁，這也間接為他們提供了見面的機會。大概因大家都到了談婚論嫁的年紀，不自覺便想彼此多了解一些，後來毛炳權常單獨約劉新香外出遊玩，北京的頤和園等景點留下了他們青春的氣息。說發揮來，毛炳權和劉新香的共同語言還是很多的，兩人是廣東老鄉，經歷過相同的年代，還有著不少相同的興趣愛好。毛炳權在蘇聯留學期間，喜歡上了音樂，劉新香在學校也是文藝骨幹。而且，兩人的人生觀和價值觀也是非常一致。在不斷的交往中，兩人的感情在不斷升溫。

1959 年國慶節過後，毛炳權等到了分配結果，自己被分配到了成都工學院，這很出乎他的意料。但那時服從組織分配是一個人人都要遵守的原則問題，也是當時的社會風氣。如果沒有確實解絕不了的大問題，沒有人會對分配提出異議，哪怕這種分配對個人不合適。毛炳權離開北京前往成都時，劉新香到車站給他送行。那時兩人雖沒有確定關係，但彼此之間已經有意，還有想繼續發展下去的想法，所以分別時還是有些不捨的。不過當時他們的主要心思都放在即將到來的本職工作上，也沒有過多的考慮兩人之間今後應該如何發展，總感覺只要心心相印，時間和距離不會是太大的問題。

到了成都後，曾有一位同學好心提醒毛炳權，認為他與劉新香兩人若彼此都有好感，就應該早些跟她連繫，確定關係。同學的建議提醒了毛炳權，他主動與劉新香頻繁通訊。正是頻繁的書信來往，架發揮了他們之間進一步交流的橋樑，促進了他們的感情發展，也為他們後來能夠正式確定戀愛關係奠定了基礎。發揮初，兩人之間也只是普通的信件往來，彼此說得更多的是工作上的問題以及對社會形勢的看法等。隨著通訊次數的增多，才開始慢慢談發揮了私人的事情，互相介紹彼此的家庭情況，慢慢把戀愛關係確定下來了。可以說，這段姻緣的促成，那位好心的同學是功不可沒的。

毛炳權與劉新香確定關係也是毛炳權透過書信首先提出來的，信發出後，毛炳權心中還有些忐忑。直到收到劉新香的回信，表示同意確定戀愛關係，他才開心地笑了。毛炳權本想於1960年暑期回北京休假，理由是要探望老同學和堂叔，主要目的還是打算與劉新香商量關於結婚的事情。但令毛炳權沒想到的是，成都工學院化工系的領導卻不批准他休假，在這個假期裡，他沒能回到北京，感到很遺憾。於是，1961年春節到來之前，有了前車之鑒的毛炳權決心一定要回趟北京。在沒有與劉新香商量徵得同意的情況下，他直接向成都工學院化工系提出了一個無法拒絕的理由：要在春節期間回北京結婚。同時，他還提交了結婚申請。

結婚是人生天經地義的大事。按照當時的有關規定，成都工學院經過政審、考察等一系列程式後，給毛炳權出具了一封結婚介紹信。雖然心裡已做好了準備，但接到這封薄薄的介紹信時，毛炳權還是按捺不住內心的激動。同時，還有幾分忐忑，畢竟劉新香還不知道這件事呢。

1961 年結婚照

1961 年年初，請了婚假，懷揣著單位開的結婚介紹信的毛炳權從成都乘車北上，順利抵達北京。回到北京後，毛炳權興沖沖地找到劉新香，有些不好意思地將自己單位的介紹信擺在她面前。這突如其來的情況讓劉新香吃了一驚，因為兩人根本沒有商量過結婚的事情，而這封介紹信卻來得如此突然。她嗔怪了一番，說道：「你怎麼沒跟我商量就開了證明？」毛炳權有些不好意思地回答：「已經這樣了，你看怎麼辦？」劉新香笑了。責怪歸責怪，劉新香還是很快就向單位遞交了結婚申請，而結婚介紹信也很快開了出來。

1961 年的大年初一，是個好日子。毛炳權和劉新香拿著介紹信，懷著小小的激動心情，邁步向和平裡的街道辦事處走去。回來的時候，一張紅紅的結婚證書已經握在他們的手中，這張薄薄的證書使二人的婚姻合法化，從今以後，他們便是正式的夫妻了，有福同享，有難同當。

按照計劃，他們在登記後的第二天舉辦婚禮。只是由於從登記結婚到舉辦婚禮都很倉促，什麼準備都沒有。好在這個時代以勤儉為榮，不需求大操大辦。而且，當時的物資比較匱乏，想要置備上一些結婚用品還真不是容易事。按規定，結婚的時候可以買床被面，毛炳權跟他的一個同學跑了北京城大大小小的商店，愣是沒能買回一塊被面。被面沒買到，婚禮還要舉行。毛炳權忙著買東西，劉新香忙著找婚房。這時的劉新香住在北京化工研究院的集體宿舍裡，為了結婚，她向北京化工研究院提出借房的請求。研究院把二宿舍的一間房子借給他們作為婚房，房子大概有十幾平方米。又借來兩張單人床拼在一發揮，床上的被縟也都是劉新香一手操辦的。另外還買了一些配給的糖塊，用來招待親朋好友。娶了這樣一位賢惠的妻子，毛炳權感到非常幸福。

舉行婚禮那天，新郎毛炳權身著毛料的中山服，雖是舊衣服，卻也十分精神；新娘劉新香穿著一件大紅上衣，顯得明麗動人。他們請了自己的同學參加婚禮，毛炳權的堂叔及叔祖母都在北京，也被毛炳權請來。劉新香還邀請了室主任和幾名同事。不過這些親戚朋友都是分批來的，在這間小小的婚房裡，大家向兩位新人道喜，坐下吃點喜糖、喝點水也就離開了。毛炳權與劉新香結婚和舉行婚禮的事情，由於決定得比較倉促，沒有告知雙方的長輩。所以，在婚禮的當天，他們僅和一些同學、同事們小小慶祝了一番。婚禮規模不大，又有些倉促，但在毛炳權和劉新香二人心中卻留下了最為美好的回憶。

開始一段婚姻無論對任何人來說都算是完成了人生中的一件大事。結婚後，毛炳權又在北京停留了一週左右。在這期間，在毛炳權提議下，夫妻兩人去位於北京王府井的中國照相館照了一張婚紗照。中國照相館當時是中國最有名的照相館，是從上海遷到北京的。毛澤東主席、周恩來總理等黨和國家領導人的肖像照片，都是在這家照相館拍攝的。但那時結婚穿婚紗被認為是資產階級生活方式，他們在結婚儀式上雖然沒有穿婚紗，可婚紗照畢竟是要擺放在家裡的，如果被別人看到恐怕也會受到些非議。所以，劉新香對此有些猶豫，擔心別人指手畫腳。可毛炳權卻非常堅定，他安慰劉新香：「不管他，別人說別人的，我們照我們的。」就這樣，毛炳權身穿黑色西裝，劉新香身穿一襲白色婚紗，留下了一張難忘的黑白婚紗照，另有一大張為描圖染色照，照片至今仍被保留。

婚禮一週後，毛炳權辭別了新婚妻子返回成都工學院。但是，自己什麼時候能回到北京，和妻子長相廝守，這對毛炳權來說還是個未知數。結婚後，夫妻兩人都在考慮並想辦法解決兩地分居的問題。劉新香的想法是讓毛炳權調到北京，但北京的調動名額很少，只能等機會。那個時候，國家到處都在建設，科技人員和技術工人經常根據國家建設的需求調動。特別是60年代，我國開始了大規模的「三線」建設，各個大城市有許多科技人員和技術工人調到西南和西北工作，誰也不知道最終能在什麼地方定居。在這期間，北京化工研究院有不少人陸續調到了位於四川和甘肅的「三線」單位。建設「三線」單位是備戰的需求，因此，這些單位都建在邊遠地區或者山區。本來在這些人員當中也有劉新香的名字，恰好她當時負責的一個課題還沒有結束，如果離開北京會影響課題的研究，便暫時留在了北京。當課題即將結束的時候，劉新香和課題組的同事們得到通知，說是可以不用去甘肅了。如果當年劉新香真的調去了甘肅，他們的歷史大概就會是另外一個樣子了。正因為有當時的大背景，夫妻兩地分居、不能兩相廝守的情況比比皆是，毛炳權心裡也是清楚的。不過，他從未放棄過解決兩地分居的嘗試。成都工學院的相關領導了解他的情況後，也曾主動想法幫他解決。學校的教務長去北京開會期間，就曾主動到北京化工研究院商量將劉新香調往成都之事。那時，劉新香已經成為北京化工研究院的重要技術骨幹，研究院不同意放人，成都工學院只得作罷。後來，北京化工研究院也曾到成都工學院連繫，試圖將毛炳權調到北京，也遭到了成都工學院的拒絕。一來二去，調動工作的事情也就拖了下來。

兒女雙全

婚禮辦完之後，劉新香又把借來暫時作為新房的房子歸還給單位，自己仍然住在集體宿舍。那時候，想要分到房子是十分困難的，各個單位都有不同的分房條件，夠條件的人也要慢慢排隊，一等多年的事情是屢見不鮮的。以至於毛炳權每次回京看望劉新香，都要借房子住。婚後一年，妻子懷上兩人愛情的結晶，在她懷孕期間，因毛炳權在成都工作，很少能陪在她的身邊，僅在 1962 年的寒假之時回北京看望過她一次。劉新香為人比較要強，並沒有因此埋怨過毛炳權。懷孕期間，劉新香不僅照常工作，還要經常加班。有時為了做實驗，還要三班倒，她從沒有要求過照顧。她每天吃在食堂，睡在集體宿舍，食堂的飯菜品質也談不上什麼營養，也就是能吃飽肚子。在集體宿舍裡，劉新香一直住的是上鋪，直到臨產前一個月。

在北京舉目無親的劉新香，懷孕期間的衣食住行全靠自己張羅。她考慮到在北京無人照顧，打算回廣東產子。那時的產假為 56 天，回去之後還要到醫院做產檢，如回去太晚，難保孩子不會在半路上出生，於是在臨產前兩週，她自己一個人提前坐火車回到廣東。那時候，火車不僅速度慢，車上的條件也比較艱苦，一個孕婦更是不容易。現在回想發揮來，劉新香自己都不明白當時是如何克服了那麼多困難的。只能歸結為當時年輕，又有吃苦精神。到廣州後，她先借住到一個堂姐家裡，並給毛炳權的母親去了一封信，毛炳權的母親收到信後立刻從農村趕往廣州。在毛炳權母親及劉新香堂姐的悉心照料下，1962 年 5 月，劉新香在廣州一所產科醫院裡順利誕下一子。孩子生下不久，劉新香便跟著毛炳權的母親回到農村，想將兒子好好安頓後再返回北京。毛炳權的母親每天要到供銷合作社上班，不能天天在家陪著她們。於是，在家鄉雇了一個人幫忙照看她們娘倆。生下兒子後，劉新香奶水不足，毛炳權的母親就托劉新香的表哥從香港寄了些奶粉回來，解決餵養孩子的問題。見一切安置妥當，劉新香放下心來。產假未休完，她就急匆匆趕回北京去了。

回到北京後，劉新香又將順利產子之事寫信告訴毛炳權，並告訴他，孩子在農村的一切都已安置好，讓他不必擔心。毛炳權非常感謝妻子的無私與大度，自己作為她最親近的人，懷孕生子都沒能陪在她的身邊，這讓他覺得愧對妻子，希望以後有機會可以好好補償。在得知自己做了父親之後，毛炳權絲毫掩飾不住內心的激動，興奮了很久，想見兒子的心情也愈發強烈。在這之後，毛炳權的母親會定期給毛炳權夫婦分別寫信，向他們報平安，告知他們孩子成長得很健康，讓他們放心。他們相信母親會很好地照料孫兒，可對兒子的思念之情卻讓他們總也不安心。特別是第一次當母親的劉新香，思念兒子的心情難以用語言表達。

1963 年，劉新香身體漸漸恢復，對兒子的思念之情也越來越濃，給婆婆去信時說，希望把孩子送到北京來照顧。此時，北京化工研究院已經分配了一間 12 平方米的房子給她，房子是一個三居室，在一個房門裡面住了三家人，廚房和廁所公用。雖然條件很一般，但是他們終究有了自己的小家。這一年，毛炳權的母親將孫兒送到了北京。劉新香因白天要上班，就自己請了一位阿姨照顧孩子。1963 年暑假期間，毛炳權回京探望妻兒，也是在這時，他才第一次看到了自己的兒子，一歲多的兒子長得白白胖胖，十分惹人喜愛。想到自己作為父親，卻沒能盡到照顧他的責任，想要儘快解決兩地分居的念頭越發強烈。1963 年的暑假是一家幾口的第一次團圓，雖然幾個人擠在一個 12 平方米的小房子裡，但這也是毛炳權第一次感受一個家庭應該享有的天倫之樂。在兒子兩歲多的時候，劉新香找了一個保姆，幫著照看孩子。有一天，兒子突然發發揮了高燒，全身發紫。這可把劉新香嚇壞了，抱著兒子來到了地壇醫院。醫生診斷是麻疹轉為喉炎，這個病的死亡率很高，兒子送到醫院時已經十分危險。醫生很生氣地把劉新香訓了一頓，說是孩子的病情發現得太晚了。當晚孩子住院治療，醫生告訴劉新香，喉炎這個病危險性很大，有可能要切開喉管，讓她心裡有個準備。從孩子當晚住院搶救開始，整整一個星期時間，劉新香都沒見到孩子，每天在病房外面提心吊膽地等消息。孩子總算給搶救過來了，而且沒有切喉管治療，孩子出院回家後，劉新香才徹底放了心。

1964 年，「四清」運動開始。根據四川省委的要求，成都工學院在這一年的寒暑假組織教職員工們都去農村搞「四清」。所以當年的寒暑假全都取消，毛炳權想回京探親也成為了泡影。看到本來計劃好的事情發生了變化，劉新香就將孩子交由阿姨照顧，隻身一人來到成都，趕在毛炳權臨去農村參加「四清」之前探望他。這是兩人婚後劉新香第一次來成都，也是僅有的一次。她在成都僅僅住了三天，在這珍貴的三天裡，毛炳權帶她逛了逛成都有名的旅遊地——杜甫草堂、武侯祠等，還帶他參觀了成都工學院的環境，帶她去吃正宗的四川火鍋。劉新香也向毛炳權講了許多孩子成長的趣事，兩個人都很開心。三天之後，兩人依依不捨的分手，劉新香返回北京，毛炳權則隨同四川省高校的老師們到農村去搞「四清」運動。

「四清」運動還沒有結束，轟轟烈烈的「文化大革命」又席捲而來。「文革」前期，毛炳權受到一定波及，到了後期，他成了逍遙派。成為逍遙派之後，學校裡也沒人管他，他便利用這個機會自費相繼到北京、廣東、貴州等地探親。「文革」時，毛炳權的愛人劉新香也因其父母的海外關係惹上了一點小麻煩，被造反派嚴格審查了一陣子，還被貼過大字報，好在她平時與父母連繫不多，沒有小辮子可揪。再加上劉新香平日為人低調，在工作上又特別用心，群眾關係不錯。而且，她又只是一個普通的工作人員，「文革」批鬥的重點是各級領導，所以她才能平安渡過。另外，北京化工研究院畢竟與高校不同，它的主要任務是搞研究，所以「文革」再亂，他們的研究工作也沒停過，因此，化工研究院的派性鬥爭要比高校輕得多。

1968 年，毛炳權夫婦又有了他們的第二個孩子，這是一個女兒，出生在北京，比兒子小整整 6 歲。在劉新香懷第二個孩子的時候，正是「文革」期間，正常的工作和生活秩序都打亂了。劉新香也沒有特意弄一些有營養的東西補一補，照樣吃食堂，有時候還要加班，這使她的身體有些難以承受。有一次，她到食堂打飯，突然暈倒，好在情況不是很嚴重，她在食堂的桌子上趴了一會兒，等清醒後才慢慢回家。這年 6 月底，他們的女兒在北京隆福醫院出生。劉新香坐月子的時候，毛炳權的妹妹還特意從廣州來到北京照顧她。從這時發揮，毛炳權已經是兒女雙全了。美中不足的是，因為他的工作調動問題仍然懸而未決，所以在妻子在醫院生女兒的時候，他仍然沒有陪在身邊。

產假還沒有結束，劉新香又堅持去上班。想再找一個阿姨幫著看孩子，一時還不好找，只好臨時找一位近 70 歲的老太太照顧女兒。沒想到這位老太太有吸菸的習慣，有一次因為吸菸，差一點把劉新香家給燒了。幸虧被鄰居發現，及時把火撲滅，劉新香只能把她辭退。後來又多方託人打聽，找到了一位與劉新香同齡的阿姨來帶孩子。劉新香接觸後，感覺這位阿姨為人細緻，對孩子也有耐心，便放心把女兒交給阿姨照看。平時就把女兒寄養在阿姨家裡，每到週末才接回家。時間一久，阿姨看到劉新香實在太忙，便主動幫助她，星期天也幫她照看孩子。直到女兒兩歲半的時候，劉新香才把女兒從阿姨家接回來，送到了化工研究院的托兒所，仍然是全托，仍然是每週接回一次。

從 1959 年 11 月分配至成都，毛炳權在成都工作了近 12 年，期間於 1961 年結婚，到 1971 年年底返回北京，毛炳權夫婦整整兩地分居了 10 年，這 10 年間，家中一切事宜都由妻子劉新香打理，兩個孩子也全靠她一個人拉扯。毛炳權只有在寒暑假放假的時候才會回到北京陪陪妻子和孩子。相聚時間雖然短暫，但毛炳權總是會主動帶孩子去外面玩。在北京期間，他也會去找自己的同學們玩，這時候，他就會建議同學們一發揮帶著各家的孩子到公園裡遊園或者划船，透過盡可能多的與孩子們在一發揮，來彌補孩子們這麼多年來缺失的父愛。

在孩子小的時候，劉新香對他們的照顧基本都在星期天。當時每週只有一天的休息時間，在這一天裡，劉新香又要洗衣做飯，又要給孩子們買吃的用的。兒子和女兒很小的時候，她用從廣東老家帶來的背帶把兒子或者女兒放到後背上，邊帶孩子邊做家務。她說，廣東人帶孩子都是用背帶拴在後背上。那個時候，北京化工研究院非常重視員工們的技術業務培訓，在院內開辦了化工學校，設立了好多專業課程，由員工們自願報名參加學習。劉新香報名參加了日語的學習，星期天也要去上課，應當是好好休息的星期天卻比上班還累。好在鄰里關係不錯，當她實在忙不過來的時候，鄰居們會伸出手幫助。

有一年，劉新香打算帶著兒女回廣東去見見親戚們。把打算告訴毛炳權後，毛炳權不太同意。一來是怕孩子太小，他擔心劉新香一個人在外面照顧發揮來比較麻煩，二來是外面人太多，難免會有些疾病。而且從北方到南方氣候變化比較大，他擔心要是孩子出點事情就得不償失了。可劉新香想得沒那麼多，覺得自己作為一個母親，帶孩子還是沒什麼問題。最終她還是一個人帶著兩個孩子去了廣東，沒想到此行還是出了點意外。她們從廣東回來後，女兒高燒不退，到醫院一檢查，確認是感染了甲型肝炎。當時，毛炳權所在的成都工學院曾有人在患了肝炎後，因為治療不及時轉為肝癌。所以，他一聽說女兒的病情後，非常擔心。自己又不在孩子身邊，沒法照顧，心情焦急之下，少不了埋怨了妻子幾句。不過，幸好北京的醫療條件要好一些，女兒的急性肝炎很快就被治好了，也沒留下什麼後遺症，這令夫妻兩個感覺慶幸。

女兒性格相對安靜一些，聽話一些，小的時候也沒讓父母操什麼心。兒子卻不一樣，雖然從小處於放養狀態，可他從小很獨立，也很懂事，只是男孩子的性格生性好動，調皮的事情比較多，也沒少給劉新香惹禍。有一次，兒子在托兒所跟小朋友打架，頭被打破了，老師急忙帶他到衛生所處理。當托兒所通知劉新香後，她趕到托兒所，看著頭上包著紗布的兒子，哭笑不得。還有一次，兒子在放學後跟同學在 13 路公共汽車站平台上追逐打鬧，這個平台的高度有兩層樓高，兒子一不小心從平台上摔了下來，一動不動。同學嚇壞了，趕緊跑到研究院找劉新香。當時，劉新香正在開會，一聽說兒子從兩層樓高的地方摔了下來，腦袋頓時就蒙了。當時的第一反應是：兒子死沒死？兒子的同學說沒有，劉新香趕快向出事地點跑去。當他跑到車站的時候，兒子還躺在地上，沒有吭聲。劉新香嚇壞了，一時手足無措。好在有個鄰居在場，這位鄰居背發揮兒子，和劉新香一發揮坐上公共汽車趕到宣武醫院。醫院腦神經內科的醫生給兒子做了詳細檢查後，安慰劉新香說，傷勢不嚴重，只是有些輕微腦震盪，劉新香一顆懸著的心才放了下來。出了這件事後，兒子的調皮勁還是沒消停。一天中午，劉新香中午下班回家，發現兒子不在家，桌上也沒有像往常一樣放著午飯，只有一張小紙條。劉新香拿發揮紙條一看，上面寫著：「我今天要去什剎海游泳」。劉新香頓時就急了。她在北京這麼多年，對什剎海的情況可是了解的。什剎海水深 3~5 米，最深的地方 10 米，並且水草茂盛，不宜游泳，每年都會發生因為游泳出現的溺水事故。兒子這時才讀三年級，突然跑去什剎海游泳，劉新香哪能不擔心。她可顧不上吃午飯了，坐上公共汽車就去了什剎海，圍著什剎海一通猛找，才在水面上發現了兒子，人家在水裡游得正歡呢。劉新香趕緊把兒子叫上岸，喝斥了一番，帶回家去。

1971 年，毛炳權從成都調回北京時，兒子已經 9 歲，女兒 3 歲。女兒被送去了化工研究院的托兒所，早上送去，晚上接回，還算省心。9 歲的兒子正是調皮搗蛋的年紀。劉新香對毛炳權說，自己平時忙於工作，沒有太多的時間管教孩子。再加上和他們住在一個單元的兩戶鄰居都沒有孩子，大家都對這個可愛的男孩子多了些疼愛，這也導致小小的毛曉峰有些恃寵而驕。劉新香還告訴毛炳權，兒子的性子非常倔強，只要是自己認定的東西，拿不到手就要賴。可根據毛炳權觀察，兒子平日裡確實比較淘氣，淘氣歸淘氣，可還是非常懂事的。劉新香平時要上班，就把家裡的鑰匙穿上一條繩，掛在兒子脖子上，讓他自己上學、自己放學。放學後還要拿上飯票去食堂打飯，等媽媽下班回來的時候再一發揮吃。由此看來，在孩子的管理問題上，「放養」是把雙刃劍，既可能導致孩子缺乏管教、調皮搗蛋，又可以鍛煉孩子的獨立能力，使他更快地成長。在孩子的問題上，劉新香有時也會感到有些內疚。因為平時工作太忙，她平時很少管兩個孩子的學習。只有期中和期末考試的時候才會過問，其他的時間她基本都是用在自己的工作上了，孩子在學校裡的學習成績一般都是居中水平。但劉新香從不強迫孩子學習，而是採取鼓勵的方法。她覺得孩子能安安靜靜地上學，健健康康地成長，這就很滿足了。其實，孩子的學習興趣和學習成績與家庭環境也是有一定關係的。劉新香雖然沒有強迫孩子學習，但她自己在家裡做完家務後，一般都要看業務書，做筆記，不像有的家長那樣在家裡無所事事。她多少年如一日的學習習慣，在孩子們的心中潛移默化，使他們也逐漸養成了良好的學習習慣。兒子從小就喜歡讀書，而且讀的書很雜。考上大學後，他讀的書涉獵範圍更廣，知識面增加了許多，眼界也變得不一樣了。

毛炳權調回北京之後，劉新香身上的擔子輕了一些，畢竟丈夫回到身邊，家裡有個大事小情，也有人商量，有人出力了。毛炳權的母親有時也會來到北京幫助他們帶孩子，這使他們的家庭生活更輕鬆一些。在毛炳權和劉新香這一代知識分子心目中，工作的位置是相當重要的。即使回到北京，毛炳權和劉新香也是以忘我的精神對待工作。以至於他們家門口經常出現這樣一個情景：兩個孩子坐在門口唸唸有詞：「唉，媽媽怎麼還不回來呀」。毛炳權和劉新香這一對「工作狂人」時常出差，他搞他的項目，她做她的研究。劉新香在北京化工研究院裡的工作非常出色，她比毛炳權早到單位 13 年，一直從事有機合成專業的研究，從課題組長成長為北京化工研究院的研究室主任，1985 年後，擔任院副總工程師和教授級工程師、碩士研究生導師。劉新香在科學研究方面也是碩果纍纍，她從 1978 年開始研究「碳三餾分液相加氫催化劑和新工藝技術開發」，經過數年的辛勤努力，於 80 年代研製成功，與美國魯姆斯公司合作申請並獲得了美國專利，然後，這項成果又申請了中國專利。該催化劑研製成功，不僅替代了進口催化劑，更是對提高產品產量和品質發揮著重要作用，在國內外被廣泛使用。較長時間以來，「碳三餾分液相加氫催化劑」和毛炳權的「N 型高效催化劑」是為北京化工研究院創造效益的主要產品。1992 年，這項成果獲得了「國家發明獎」。在劉新香的科學研究生涯中，她的科學研究成果共獲得過三個國家獎(其中，有兩個技術發明獎和一個技術進步獎)、一個部級一等獎，她本人還曾被評為化工部的勞動模範。90 年代，化工部的部長基金在全系統獎勵了 10 名有突出貢獻的科學研究人員，劉新香就是其中之一。1992 年，劉新香榮獲全國化工「有重大貢獻的優秀專家」稱號，並受到獎勵。由於有突出貢獻等原因，劉新香從 1993 年至 2003 年，連續擔任了第八屆、第九屆兩屆全國政協委員，與黨和國家領導人及來自全國各地的代表們一發揮共商國是。毛炳權能夠順利調至北京化工研究院跟劉新香的出色表現也不無關係，這也說明了化工研究院對她的重視。

夫妻兩人同樣的優秀，是生活上的伴侶、事業上的同志，都在科學研究工作上做出了突出貢獻。因此，他們在以出色的成就贏得了人們尊重的同時，也得到了國家給予的榮譽。1999 年，夫妻兩人都接到了參加中華人民共和國成立 50 週年閱兵觀禮的邀請。

與夫人在 50 週年國慶觀禮留影

1999 年 10 月 1 日上午，他們並肩站在北京天安門城樓旁的觀禮臺上，親眼目睹了這次舉世注目的「世紀大閱兵」，面對廣場上呼嘯而來的鋼鐵洪流，他們的心中深深為祖國的不斷發展壯大而感到自豪。當晚，他們參加了盛大的國慶聯歡晚會，看到 10 萬群眾在天安門廣場載歌載舞，把廣場變成了歡樂的海洋。晚上燃放的禮花，更是讓首都的夜空變為了「火樹銀花不夜天」。2009 年，國慶 60 週年閱兵，毛炳權同樣收到了請柬。但考慮到毛炳權的身體狀況，擔心參加閱兵式的時間太久堅持不下來，他沒有出席這次閱兵式，在家中透過電視收看了閱兵式盛況。

正是因為夫妻倆都忙於工作，孩子們就在這麼長期「放養」的狀態中長大了。好在女兒放在托兒所有人照顧，兒子就讀的學校又離家很近，他也能夠獨立照顧自己，這讓長期出差的毛炳權與劉新香感到絲絲欣慰。

幾年後，兒子讀高中了，高中一年級就面臨著分文理班，受到建國以來各種政治運動餘波的影響，毛炳權一直覺得文科是一個危險的學科。不管是搞歷史，還是搞文學，或是搞法律，運動一來，都有可能會成為被批判的對象。偏偏兒子又有一顆嚮往文科的心，毛炳權便不得不耐心給孩子做思想工作：「你千萬不要念文科，還是念理科吧，理科還保險點，發揮碼不怎麼挨批判！」為這事兒，劉新香還對毛炳權有點意見，認為他對孩子的事情介入得有些多。兒子對此也有些看法，感到父親有些反應過度。不過，兒子還是接受了父親的建議，選擇了理科，但對文科的興趣卻仍然沒有放下。

高中畢業後，毛曉峰在老師的幫助下考入了北京化工學院（今北京化工大學），並選擇了橡膠專業。雖然選擇了橡膠專業，可他的心思不在這上面。平時對於專業課的學習也只求過得去。有時間跑書店的時候，卻喜歡去買一些與歷史有關的書籍。學院組織這些方面的知識競賽時，他總能拿到不錯的名次，因為他的知識涉獵面比較廣泛，懂得的東西也就比別人多些。不過，對於他在專業課上的應付心態，毛炳權還是挺不滿意的，雖然也說過他幾次，可看到沒什麼效果，也只有任由他自己發展了。

大學畢業後，毛曉峰打算考研究生，這讓毛炳權很高興。可毛炳權與他一交流才知道，他想考的竟然是北京大學的哲學系，轉了一大圈，兒子還是選了文科。這讓毛炳權在吃驚的同時，也對兒子的選擇十分不理解。他試圖幫兒子分析形勢，讓他改變想法：「你是一個工科大學畢業生，人家北大的教授哪個會收你這樣的研究生？你根本沒有哲學的基本知識！」不過後來兒子執意要考，毛炳權也就沒有再阻攔。雖然最終的結局是沒有考上，但對於一個工科生來說，兒子考得成績已經相當不錯。看到兒子如此執著地追尋著自己的愛好，多年來不改初衷，毛炳權明白了一個道理，父母還是應該遵從孩子的意願，如果強迫他學習自己不喜愛的東西，最終的結局只能是枉費苦心。

大學畢業後，毛曉峰先在化工部的情報所(現在的行業協會訊息中心)工作了兩年。20 世紀 80 年代，中國興發揮了一股出國熱，他眼看著自己曾經的同學都一個個出國了，他也產生了出國的想法。當他徵求父母的意見時，毛炳權知道，孩子大了，有很多事情都有自己做主的權力了，所以並未阻攔他，不過毛炳權依然將現實情況向他交待清楚：「你到了國外學什麼專業一定要考慮到畢業找工作的問題，首先要保證你的飯碗，這才能夠談得上發展，家裡在金錢上對你的支持畢竟是有限的。」

毛炳權的兒子跟當時的大多數人一樣，選擇了去美國留學。之所以選擇去美國，一方面是因為當時去美國是一個焦點，另一方面，劉新香的父母及兄弟姐妹都在美國，到了美國還有人照應，不算舉目無親。要去美國讀書，首先要考托福，考完以後才能出去讀書，兒子考取了美國密蘇里州立大學。這所大學是所公立學校，學費不高，生活費卻不便宜。這就全靠他自己在外面打工賺錢，雖然生活艱苦一些，但年輕人多些歷練，在毛炳權看來也是很有好處的。

入校選專業的時候，毛曉峰還是先選了社會學。本來說好不介入的毛炳權這次又忍不住介入了，因為根據毛炳權的了解，社會學在美國是很難找到工作的，更何況毛曉峰還是個到美國不久的中國人，還沒有工作經驗，就更沒有任何優勢了。即使是碩士、博士畢業，找不到工作的話，終究還會落個失業人員的結局。這一次毛曉峰把父親的話聽進去了，覺得父親的看法不無道理，於是主動換了專業，到商學院去讀書。讀了三年，毛曉峰畢業了。

畢業後，他在美國的一家商業公司搞諮詢工作，平時自己也從事軟體研究，對一些項目進行調查、分析，並對經手的項目進行風險評估，以確定此項目的可行性。直到現在，毛曉峰依然從事這項工作，只不過換了工作地點。前幾年還在密蘇里州，近幾年又來到了佛羅里達州發展。

毛曉峰的愛人是他在化工部情報所工作時認識的，臨赴美讀書前，兩人舉辦了婚禮。半年後，毛炳權的兒媳也申請到美國讀書。如今兩人定居美國，兒媳婦在醫院工作，兩個人的工作和生活情況都比較好。當年對於兒子要出國留學，劉新香是十分支持的。她覺得孩子出國深造是好事，透過獨立處理複雜的學習和生活方面的問題，對孩子以後的發展是有好處的。

與兒子和兒媳合影

1971 年毛炳權回京時女兒尚小，所以相對於兒子來說，他在女兒身邊的時間更長。女兒毛曉屏與毛炳權比較親近，加上她又乖巧懂事，很惹人喜愛。女兒大學畢業後，自己找到一份在私企上班的工作。後來結婚後跟丈夫一發揮開了間公司，與北京的許多青年人一樣，毛曉屏結婚比較晚。結婚後，夫妻倆有了一個可愛的兒子，小日子過得有滋有味。

在女兒家中與女兒全家合影

對抗病魔

自調到北京後，沒有了兩地分居的後顧之憂，勤奮的毛炳權把絕大部分精力用在了工作和科學研究上。為了科學研究，他廢寢忘食，一直認為自己的身體狀況不錯，可以更多地做工作。沒想到 1981 年的時候，常年的腦力勞動使四十多歲的毛炳權突發腦梗。當時，他住的地方離上班的地方有一段距離，每天都是騎自行車上下班。突發腦梗的當天，正值北京化工研究院一年一度的體檢，體檢由本院的醫生負責。毛炳權上午騎自行車來到單位，鎖車的時候就覺得身體有些不舒服。到了單位衛生所，他隨便找了一個地方坐下。一位外面請來幫助體檢的醫生看他臉色不對，趕忙問了他幾個問題，在問話過程中，毛炳權已經頭腦發暈，連話都已經說不清楚了。醫生工作經驗很豐富，發現毛炳權嘴巴已經有些歪斜時，知道情況不對，急忙組織人員將他送至化工研究院的合約醫院——隆福醫院。這是一間規模較小的醫院，而且醫療設備也不全。這時是中國實行改革開放政策的第三年，許多醫院的醫療條件都不算好，醫院裡沒有多年後普遍配備的 CT 等儀器。腦血管病分為出血型和缺血型，不能做 CT 便確認不了病情。在當時的條件下，醫院只能透過用針管在背部脊柱上抽出脊液的方法來判斷是腦出血或腦缺血。經過初步判斷，醫生認為毛炳權患的是腦梗。這個病必須要住院治療，可醫生卻說，如果要想在這兒治療的話，需求等床位，因為醫院的床位不夠。

這時的毛炳權雖然生了病，但腦子還是清楚的。聽了醫生的話，他感到有些生氣，對於一名必須住院治療的腦梗患者，竟然還要在醫院等床位，太有點不近情理了。是不是真的沒有床位，毛炳權和隨行人員都不清楚，只能據理力爭。透過幾番交涉，醫生給毛炳權指了一條路：醫院裡現在有一個中醫研究院的推廣小組，正在推廣用針灸的方法治療腦梗，如果願意接受針灸治療的方法，就可以安排他住院。毛炳權一想，如果不安排住院，按照醫院的說法，自己只能回家等床位，這麼一等，肯定會貽誤病情，後果不堪設想。畢竟還是留在醫院可靠些，只要能治好病，針灸就針灸吧。這個決定也有點無可奈何的情緒在裡面，不管怎麼樣，毛炳權總算是住院治療了。

後來毛炳權才了解到，其實當時治療腦梗的方法還是很多的，但隆福醫院沒有給他安排常規的治療方法，而是推給中醫研究院的推廣小組，這裡面有什麼文章，做病人的是不知道的。可知道了這個原因後，毛炳權有種被當成實驗品的感覺，心裡很不舒服。其實，為了治病，醫生完全應該對病人講清治療方法，可以與病人商量著做，而沒必要以要挾方式來對待病人。毛炳權在醫院裡住了一個月，每天都有醫生來為他扎針，包括頭皮、手腳、四肢等，後來病情確實慢慢好轉，便出院了。但是，卻留下了腦梗的病根，在後來的歲月中屢屢給他造成麻煩。

毛炳權生命中最嚴重的一次患病就是 1995 年的腦溢血。那是 11 月份，他剛剛被評選為中國工程院院士，病卻來得如此突然，沒有任何前兆。這一天，他被請到北京通縣查看一套裝置的開車情況，此時已是隆冬天氣，他為了更詳細地查看裝置開車情況，在室外待了很久，午飯後還吃了一個冰淇淋。下午回到家以後，他的身體就出現不適，肚子疼痛難忍，上吐下瀉。到了晚上，毛炳權到醫院掛了急診，大夫檢查化驗一番，說是腸胃有點炎症，打點滴消消炎就沒事了。他自己也懷疑是不是與中午吃了冰淇淋有關。在醫院打完點滴，毛炳權就回到了家。誰知，病情卻絲毫不見好轉，回到家，他整晚仍是又吐又拉。妻子劉新香看他情況不好，便打電話給她認識的一位中日友好醫院的神經內科主任大夫——王國相大夫。劉新香將丈夫的病情告訴王大夫，王大夫一聽就急忙說道：「這是腦溢血了，趕緊到我們醫院來掛個急診，拍個 CT，看看情況如何。」

聽了王大夫的話，劉新香急忙帶著毛炳權到醫院掛急診，誰知院裡的大夫要先讓毛炳權去內科查查。毛炳權告訴他：「內科看過了，沒有用，你們神經內科的主任王大夫叫我們來掛神內急診的」。這樣他才掛到了神經內科的急診號。

透過 CT 檢查，才發現原來真的是腦溢血，需求抓緊動手術。原本醫院安排了醫生來給毛炳權做手術，可由於當時是星期天，當班的主要是年輕醫生及外地來的進修醫生。王大夫不放心，便交待毛炳權夫婦先別動手術，他會找他們中日醫院的一位神經外科主任醫生老左來做手術，這位左大夫也是中日醫院的副院長。就這樣，毛炳權的手術由左院長主刀。

做頭部手術必須先將頭髮剃掉，可因為這天是星期天，醫院負責理髮的人不上班，一時還連繫不上。這時手術已經安排好了，無奈之下只好由一位護士用刀片來給毛炳權剃髮。護士剃頭髮不熟練，有些緊張，在剃髮過程中總是不小心將毛炳權的頭皮刮破，好不容易戰戰兢兢地把頭髮剃完了，手術隨即展開。開顱手術是大型手術，要取出大片右頭顱骨。據醫生說，開顱後發現腦子裡出血較多，從裡面抽出了 40 毫升的血液，這說明情況已經非常嚴重了。

手術結束後，為了減輕毛炳權的疼痛感，醫生為他打了麻醉藥，頭上也插了很多管子。北京化工研究院的同事也很照顧毛炳權，很多年輕人到醫院看望他，還輪流值班照顧他。毛炳權住院的時候，正是 DQ 催化劑研製的重要時刻，人雖然生病，但他的心仍在課題組裡。課題組的楊菊秀清楚地記得，那天在醫院裡，剛從手術中清醒過來的毛炳權一睜眼看到了楊菊秀，用微弱的聲音問道：「實驗做得怎麼樣啊？」楊菊秀頓時淚如雨下。當她回到課題組把這一情形告訴大家時，課題組的同志都非常感動，並把這份感動化作盡心科學研究實驗的動力。

毛炳權醒來後，因麻醉的原因，頭腦不清醒，覺得頭上插的管子不舒服，總想用手去拔，醫院的看護人員害怕出事，總是耐心阻止。之後醫院又為他做了多次 CT 及顱內抽血，在醫院住了三個月後。身體才基本康復。可因為動手術，一塊右頭顱骨被取出，仍然是個隱患。臨出院前，醫生徵詢毛炳權的意見：「你考慮一下，如果想補人造骨，可以一年之後再來。」

1996 年，毛炳權做了第二次手術，重新補了一塊人造骨。醫生也建議毛炳權補人造骨，因為如果不補，頭皮上就沒有堅硬的東西保護支撐，如果不小心碰到傷處，結果會非常危險。直到現在，這塊人造骨已經在毛炳權的腦袋裡待了二十年多年，不管是活動還是出差，都不受影響。再加上老伴劉新香的悉心照顧，這塊人造頭骨用到現在，倒也沒出過什麼問題。

隨著時間的推移，毛炳權的年紀越來越大了，在以後的近二十年裡，他的腦梗病又發作過幾次，最近一次是2013年年底。每次一發作，血管就會被堵塞，毛炳權也會感到頭暈目眩，手腳發麻，嘴巴歪斜，連話都說不清楚。好在每次都救助及時，所以並未產生大的傷害，直到現在，毛炳權還能堅守在自己的工作崗位上。對毛炳權的身體健康，北京化工研究院的領導和同志們十分關心。他們經常過問毛炳權的健康情況，詢問是否有需求單位幫助的事情。2015年的一天，毛炳權到他在北京化工研究院的辦公室接受記者採訪。當他沿著走廊走向辦公室的時候，人們看到他輕快的步伐，都高興地打招呼：「毛院士，身體真不錯」。在接受採訪中，毛炳權的思維敏捷，語言流利，在談到一些問題的時候，隨手會從辦公桌上的一大堆資料中準確找出相關資料，有數據，有圖片，完全看不出是動過腦部手術的老人。陪同記者採訪的院辦公室領導笑著說：「看到毛院士身體這麼好，真高興」。

幸福的退休生活

2004年，劉新香正式從自己的工作崗位上退了下來，此時，她已是延遲退休近10年了。她在北京化工研究院發揮初是課題組的組長，後來又做室主任、副總工程師，在專業領域是出類拔萃的。所以，雖然她到了退休年齡，北京化工研究院還是希望她能繼續留在院內，參與科學研究把關，培養青年科技人員。劉新香臨近退休年齡時，已經逐漸不直接參與研究工作，而是做技術管理工作和帶一些碩士生，一直到她提出回家休息為止。如今，劉新香與毛炳權一樣，帶的學生已是桃李滿天下了，學生們到現在還跟他們保持著連繫，而劉新香與毛炳權也對學生們取得的成績感到驕傲。

雖然已經退休，但熱情、外向的劉新香還是閒不下來。退休後的她時常陪著毛炳權去各地出差、開會，陪著他去療養。發揮初劉新香跟著毛炳權去開會，一方面是想幫幫毛炳權的忙，另外，自己也想透過這些活動多了解一些科學技術方面的發展情況，畢竟是搞了一輩子科學研究，對這一行情有獨鍾。隨著時間的推移，她陪同毛炳權外出的目的和過去不一樣了。後來跟毛炳權一發揮外出參加各類活動，主要是為了照顧他的身體，尤其是去距離遠、會議時間長的地方開會，劉新香都必須陪同。事實證明，劉新香的陪同真的是非常有必要。有一年，她陪毛炳權到成都四川大學開會，會議期間，她發覺毛炳權有腦梗跡象，要陪他到醫院檢查。毛炳權認為自己的感覺還不錯，不至於這麼嚴重。可劉新香堅持要毛炳權去醫院做檢查，在她的堅持下，他們來到醫院，經檢查果然是腦梗即將發作前夕，醫院立即採取了治療措施。由於發現及時，救助及時，這才沒出什麼大問題。同樣的情況，在後來四川大學的一次會議上再次出現，仍然是被劉新香及時發現。

毛炳權到現在還沒有退休，仍然是每天從家到辦公室，忙忙碌碌，樂此不疲。作為他的妻子，劉新香是比較擔心的，畢竟他頭部犯病比較頻繁，腦梗犯得最多，他現在說話都有些中氣不足了。不過能夠堅持工作、保持思考狀態對預防老年痴呆症甚有幫助，所以劉新香對他的工作還是比較支持的。但又不能讓他過於勞累，畢竟年事已高，而且毛炳權往往一工作發揮來就忘了時間，會造成疲勞感，劉新香現在還造成監督老伴的作用，提醒他用腦時間，幫他選擇要去參加的會議等。現在她希望老伴可以慢慢退下來，工作半天，休息半天，不要特別勞累。

兩人相守幾十載，對彼此的脾氣秉性也比較了解，年輕的時候，他們也會吵架拌嘴，因為劉新香在單位是領導，所以比較有主見，也愛做決定，這使毛炳權有些不適應。後來兩人彼此了解，學會徵詢對方的意見，生活自然越來越和諧。現在年紀大了，毛炳權偶爾也會發發脾氣，劉新香知道老伴身體不好，怕他犯病，所以一遇到會發生口角的問題，劉新香也就自動「消防」了。

說發揮毛炳權的愛好，劉新香如數家珍。她說，看書是毛炳權的最愛，對古典音樂也比較感興趣，游泳、滑冰也都很擅長。而且，他們夫妻還有著共同的愛好。比如，喜歡看芭蕾舞、聽交響樂，喜歡看歌劇和話劇等。在毛炳權沒有調回北京之前，每次回北京探親，只要時間允許，他們夫妻就會去排隊買票看演出。畢竟北京是中國的政治和文化中心，即使在「文革」期間，也有國內和國外的文藝團體演出。為了看演出，他們從和平裡的家中跑遍了北京當時的大劇院。我國改革開放後，大量國內外的古典、現代音樂如百花齊放。毛炳權和劉新香先是購買了許多音樂磁帶聽音樂，隨著時代的發展，他們又買了許多音樂光碟。後來，直接從網路上下載音樂。音樂使他們的生活充滿了陽光。另外，毛炳權特別喜歡旅遊。2000 年他曾跟歐美同學會的人一發揮去俄羅斯、烏克蘭等歐洲國家旅遊。來到莫斯科的時候，他特地與當年的蘇聯同學取得了連繫。同學們知道他來了莫斯科，都非常高興，相約在門捷列夫化工大學(以前的門捷列夫化工學院)見面。毛炳權故地重遊，看到校園裡的風光依舊，只是當年的小樹已經長得鬱鬱蔥蔥，還增添了許多建築。不過自 1989 年蘇聯解體後，學校裡原有的蘇聯特色幾乎看不到了，學校也於 1992 年由學院改為大學。在門捷列夫化工大學，他去看望了在蘇聯留學時留校的同學，交流離別後的情況。透過他們，也了解一些蘇聯同學和老師的情況。當他從同學們口中得知，當年教過自己專業課的教授們都已經去世時，不禁有了許多感慨。時光染白了同學們的鬢髮，再次相見欣喜之中又多了幾分感慨。他們到俄羅斯旅遊的時候，受蘇聯解體的影響，俄羅斯的經濟狀況很不好，莫斯科的同學們工資都很低，超出了毛炳權的想像。儘管俄羅斯的大學老師們工資不高，全國的經濟狀況不好，但在門捷列夫化工大學裡，老教授們、科學家們的事跡和肖像仍然懸掛在牆上，供人們瞻仰。課堂上和校園裡，仍然在宣揚和學習國家英雄們、科學家們，體現了蓬勃向上的民族精神，這讓毛炳權和同行的中國同學深受觸動。他們深深感受到，發展才是硬道理，在發展經濟的同時，更應當重視精神層面的建設。這次俄羅斯和烏克蘭之行，毛炳權還有個心願——想再買一張歌劇「葉甫蓋尼・奧涅金」中「連斯基詠嘆調」的唱片，遺憾的是直到離開俄羅斯也沒有買到。

2000 年在俄羅斯門捷列夫化工大學與留校的同班同學相聚

當年與毛炳權一發揮留蘇的中國同學，回國後都發展得不錯。在中國科學院和中國工程院中，有不少的院士是留蘇同學。除了少部分同學後來成為高級幹部外，大多數同學都在科學研究機構和高校工作，或從事專業科學研究，或在高校教書，也有一部分同學到國外發展，仍然沒有離開科學研究事業。原來的蘇聯同學與中國同學的情況差不多，也都是以搞科學研究和教育為主。在這次旅遊中，毛炳權他們遊覽了俄羅斯的莫斯科和彼得堡，烏克蘭的基輔和奥德薩。回國後，毛炳權和劉新香還去過西歐和北歐的一些國家，還一造成香港、澳門、臺灣以及美國等地旅遊，看看當地的風土人情。其中，到香港和美國，也順便走走親戚。毛炳權的家人主要在香港，而劉新香的家人都在美國。其實，毛炳權最感興趣的兩個國家是土耳其和埃及。埃及是世界上的四大古國之一，與中國一樣有著深厚的文化底蘊。土耳其在歷史上曾是横跨歐亞的龐然大物奥斯曼帝國，衰敗於第一次世界大戰，垮於第二次世界大戰。這兩個國家都有悠久的歷史和許多動人的故事以及吸引人的文物古蹟，這些都是毛炳權所喜歡的。只是因時間和身體的原因，這個心願至今還沒能實現。

莫斯科門捷列夫化工學院同學中 3 位工程院院士合影

（左發揮：毛炳權、陳丙珍、崔國良）

與同學陳文梅在四川大學逸夫科技樓前

2002 年與門捷列夫化工學院的同學在政協禮堂

門捷列夫化工大學北京同學聚會(二排右二為毛炳權)

在貴州遊覽黃果樹瀑布

在臺灣旅遊

在香港旅遊

在聯合國大樓旁

除了陪伴老伴，劉新香自己也非常喜歡旅遊。同時，她的退休生活內容也非常豐富。曾參加了兩個合唱團，只要平時沒有重要的事情，她都要參加合唱團的排練和演出。在合唱團裡，喜好唱歌的她找到了許多知音，找到了一方新的天地。透過排練、演出，劉新香覺得自己的退休生活越來越有意思，一唱發揮歌來，常常忘記自己的年齡。除了唱歌之外，她還經常參加同學和北京化工研究院職工之間的聚會活動。和一些老同學、老同事，聊聊天，說說笑笑，開心得不得了。回到家裡，老兩口在一發揮，也沒有太多的家務，有充足的時間可以支配。作為一名50年代的大學生，已是古稀之年的劉新香思維敏捷，仍然喜歡接觸和學習新事物。她在同齡人當中，大概是最早使用電腦，最早上網衝浪的那批人之一。如今的劉新香，不僅有自己的同學QQ群，也有了自己的微信朋友圈。用她的話來講：「享受現代生活，一點都不落後」。除了上網之外，劉新香有時也看看報，讀讀雜誌，享受一下生活的慢節奏。如此豐富的內容使劉新香的退休生活並不枯燥。

如今的毛炳權和劉新香，一路風雨相伴，共同走過了幾十年。老兩口生活和睦，美滿幸福，盡情享受美好的夕陽生活。

與夫人金婚留影

金婚家庭慶祝合影

毛炳權大事年表

1933 年 11 月 2 日毛炳權出生在廣東省廣州市。

父親毛智明(1912—1957)；母親詹麗華(1916—2004)。

毛炳權是家中長子，有 5 個弟弟和 1 個妹妹。

1938 年 9 月由幼兒園升入東升小學一年級。

1938 年 10 月 10 日與長輩一發揮參加東莞舉行的抗日遊行和捐款活動。

1938 年 10 月 22 日日寇占領廣州，跟隨家人開始逃難。

1939 年 12 月隨家人返回東莞。

1942 年 1 月從父親的私塾進入萬頃沙小學讀書。

1944 年 7 月在萬頃沙小學讀五年級。同年，進入東莞一中讀書。

1945 年 8 月在私立明生中學讀初中二年級。

1946 年 9 月參加東莞中學組織的考試，轉入東莞中學讀初中三年級。

1947 年 9 月升入東莞中學高中部。

1950 年 9 月加入新民主主義青年團。

1950 年 12 月參加中國人民解放軍，華南軍區獨立十五團三營七連戰士。

1952 年 5 月隨部隊從廣東調往安東(即現在的丹東)，準備入朝參戰。

1952 年 7 月以「調干生」的身分，由部隊進入東北人民大學(現在的吉林大學)參加補習。

1952 年 9 月進入大連工學院化工系，並從長春到大連讀書。被選為班團支部組織委員。

1953年10月被學校推薦為留蘇預備生預選人選，參加了教育部組織的各項考核，並被錄取，繼而到北京俄文專修學校(現北京外國語大學)補習俄文。

1954年8月北京俄文專修學校畢業，赴蘇聯留學。分配到莫斯科門捷列夫化工學院染料中間體專業學習。

1957年8月父親毛智明因病去世。

1957年10月由染料中間體專業轉為高分子化合物專業。

1957年11月17日毛澤東等黨和國家領導人訪問蘇聯，並看望包括毛炳權在內的在莫斯科的中國留學生。

1959年6月從莫斯科門捷列夫化工學院畢業回國，到北京等待分配。

1959年10月在北京參加國慶10週年慶祝活動。被分配到成都工學院，再分到塑料教研室。

1960年3月由塑料教研究室調至化纖教研室。

1961年2月在北京與劉新香登記結婚。同年，在徐僖教授的幫助下開設了自己的高分子化學課和高分子物理課。

1961年3月從成都工學院化纖教研室調到高分子及物理學教研室。

1962年5月兒子毛曉峰出生。

1963年1月參加「四清」工作隊，到宜賓市郊區搞「四清」。

1966年6月參加「四清」工作隊，到岳池縣搞「四清」。

1966年6月「文化大革命」開始，「四清」工作隊奉命回校。被扣上小「三家村」掌櫃的帽子隔離審查，並受到批判。

1967年2月不參與派性鬥爭，成為「逍遙派」，外出旅遊和探親。

1968年6月女兒毛曉屏在北京出生。

1969年9月與部分師生到邛崍軍墾農場勞動。

1971年11月結束在農場的生活，重返校園。

1971年12月由成都工學院調至北京化工研究院。

1972年1月分配至北京化工研究院三室。發揮初研究聚丁烯項目，該項目結束後，集中精力開展聚丙烯的研究。

1976年7月23日在北京燕山石化向陽化工廠考察進口聚丙烯裝置時，遭遇唐山大地震。

1978年研製成功絡合Ⅱ型催化劑，填補了我國聚丙烯催化劑的空白，奠定了中國聚丙烯催化劑技術基礎。「聚丙烯絡合Ⅱ型催化劑項目」獲化學工業部科技成果獎，1982年「聚丙烯絡合Ⅱ型催化劑製造方法及聚合工藝」獲得國家技術發明三等獎。

1979年與李天益到瓦房店紡織廠參與本體聚合的研究工作。參與由北京化工研究院與岳陽化工總廠共同承擔的國家「六五」攻關項目——「以煉廠氣為原料的千噸級聚丙烯裝置」的研製工作。

1980年間歇液相本體聚合工藝研製成功並投入使用，與絡合Ⅱ型催化劑一發揮，創造了可觀的經濟效益。

1984年1月被任命為北京化工研究院聚丙烯催化劑創新工作小組組長，研製有自主產權的催化劑。當年，研製成功國內第四代催化劑，這個新型催化劑被命名為N型催化劑。

1985年4月1日中華人民共和國專利局成立後接受專利的第一天，北京化工研究院遞交了N型高效催化劑的專利申請書，並成為我國第一批授權的專利之一。

1985年7月將N型高效催化劑帶到美國菲利普斯石油公司參加中間實驗，取得了滿意效果。在此基礎上，催化劑在該公司投入工業應用，並確定了北京化工研究院與該公司的合作關係，中國的催化劑走向了世界。

1986年N型催化劑在美國俄克拉荷馬州的巴特斯維爾和德克薩斯州的休士頓等地繼續進行預聚合、中間試驗和工業試驗，取得成功，產品進入美國多個城市。

「以煉廠氣為原料的千噸級聚丙烯技術項目」獲得國家科技進步二等獎、中國石油化工總公司科技進步一等獎。

N 型催化劑相繼取得了美國、日本、英國、德國、義大利、法國和荷蘭的專利授權。

1988 年 N 型催化劑的專利許可最終以 1500 萬美元的高價轉讓給美國菲利普斯公司，這是中國專利出售歷史上價格最高的一次。

開始帶碩士研究生。

1988 年 3 月被評定為教授級高級工程師。

1989 年帶領北京化工研究院科學研究團隊，參與中國石化總公司球形催化劑研究項目。同年，以毛炳權為首的 7 人小組研製出球形催化劑，被命名為 DQ 球形催化劑。

1990 年「中試 N 催化劑工業應用試驗項目」獲得中國石油化工總公司科技進步二等獎。

參加首屆全國留學回國人員科技成果展。

1991 年 DQ 球形催化劑開始中試。

獲得國家政府特殊津貼。

1993 年專利「用於烯烴聚合和共聚合的催化劑體系(專利號 85100997.2)」，獲得中國專利局中國專利優秀獎。

「一種新型聚丙烯 N 催化劑製備方法」獲得國家發明二等獎。

1995 年被選為中國工程院院士。

「聚丙烯 N 催化劑工業試驗項目」獲得中國石油化工總公司科技進步二等獎。

1996 年 DQ 球形催化劑中試結束。試驗證明，DQ 催化劑與進口催化劑相比，在聚合活性和立構定向性方面具有明顯的優勢。

北京化工研究院建成了一套 2 噸催化劑/年的氯化鎂醇合物載體和催化劑製備的中試生產線，成功地合成出了合格的 DQ 催化劑批量產品。

北京化工研究院用中試裝置生產的 DQ 催化劑在中國石化天津

石化公司的小本體間歇法聚丙烯工業生産裝置上進行工業應用試驗，試驗獲得成功。

開始帶博士研究生。

1997 年專利「用於烯烴聚合和共聚合的催化劑體系(專利號85100997.2)」，獲得中國石油化工總公司中國專利發明創造金獎。

1999 年 DQ 催化劑成功推向市場。

「用於烯烴聚合和共聚合的催化劑體系」，獲得第十二屆全國發明展覽會金獎。

「用於烯烴聚合和共聚合的催化劑體系」，獲得 WIPO(世界知識産權組織)發明金獎。

2001 年「烯烴聚合用(DQ-1)球型催化劑」獲得第十三屆全國發明展覽會金獎。

專利「烯烴聚合用(DQ-1)球型催化劑組分、製備方法和應用以及球型催化劑(專利號 93102795.0)」獲中國專利局中國專利優秀獎。

2002 年「球形高效催化劑研究開發項目」獲得中國石油化工集團公司科學技術發明二等獎。

2003 年「聚丙烯新型高效催化劑的研究開發及工業應用」(球形催化劑)獲得國家技術發明二等獎。

《聚丙烯原理、工藝與技術》專著獲得中國石油化工集團公司科技進步三等獎。

2003 年 7 月 1 日加入中國共産黨。

2004 年獲得「何梁何利科學與技術進步獎」。

2005 年至今擔任四川大學、北京化工大學等高校重點實驗室和中國複合材料學會和中國物資再生協會等學術團體擔任學術顧問，主要工作集中於後備人才培養和指導科學研究項目開發。

擔任過的技術和學術職務：

化學工業部經濟技術委員會委員(1995)

中國石油化工集團公司科學技術委員會委員(1998—2013)

中國石油化工集團公司合成樹脂新產品聯合開發中心技術委員會委員(1999)

建設部新型建材製品應用技術專家委員會副主任委員(2003)

中國石油化工集團公司科技委員會顧問(2013 至今)

高分子專業組專家網路成員(1991)

四川聯合大學(後改為四川大學)高分子材料工程國家重點實驗室第四屆學術委員會主任(1998)

四川大學高分子材料工程國家重點實驗室第五屆學術委員會副主任(2004)

第二屆北京化工大學北京市新型高分子材料製備與加工重點實驗室學術委員會委員(2005)

北京化工大學雙聘院士(2005)

四川大學「985 工程」二期「高分子與特種功能材料科技創新平台」學術委員會委員(2006)

西南化工研究設計院工業排放氣綜合利用國家重點實驗室學術委員會副主任(2007)

中國複合材料學會聚合物及複合材料分會第五屆委員會顧問委員(2008)

後　記

從接手編撰《毛炳權傳》的工作至今，三年時間過去了。在這三年中，電腦中的文稿已經修改了5遍，可仔細讀來仍然感覺不滿意，總覺得缺少些什麼。

感謝中國石化北京化工研究院，交到我手中的是一本基本成型的文稿。尤其文稿對毛炳權院士的家鄉和親屬的記載比較詳細，在後來的寫作中，節省了大量採訪時間。剛接手《毛柄權傳》的時候，還沒有感到什麼壓力，畢竟我在石化企業工作了40多年，其中10年還是一線的操作工人。後來一直從事新聞工作，寫過不少有關煉油、化工工藝方面的稿件，自認為對企業的工藝、設備都有著比較多的了解。而毛炳權院士的聚丙烯工藝和催化劑，也在我所在企業應用，我本來認為對此應當是熟悉的。但是，隨著採寫的深入，我發現自己在對聚丙烯工藝和催化劑的了解方面算是個半文盲，需求從頭補課。為此，我透過網路查找聚丙烯工藝及催化劑的相關知識，還到企業的研究院資料室查資料，把幾本大部頭的專著拿回家認真閱讀，力求更多地了解聚丙烯工藝及催化劑的專業知識。在學習的同時，再結合對毛炳權院士的採訪，使我對於聚丙烯工藝和催化劑有了深刻了解。比如，過去一直不知道催化劑和相關工藝是連在一發揮的，有先進的工藝才會有先進的催化劑。透過寫《毛炳權傳》，我補上了這一知識缺口。《毛炳權傳》的採寫過程，也是我學習和提高的過程。

對毛炳權院士和幾個課題組科學研究人員的採訪，讓我深切體會到毛院士的三大催化劑成果是如何的來之不易。他們付出的巨大努力和艱辛，讓我肅然發揮敬。在採訪中，毛炳權院士不止一次說：國外的技術壟斷讓中國人付出的代價太大，只有打破技術壟斷，研發出中國人自己的技術才能擺脫受制於人的狀態。這使我聯想到，新中國成立以來，一直進行著封鎖和反封鎖的鬥爭。中國人民在共產黨領導下，不斷改變著受制於人的狀況，先後研製成功了「兩彈一星」以及萬噸水壓機等一大批科學研究成果，為增加國力奠定了強有力的基礎。改革開放後，我國看到了與世界先進國家的巨大差距，但同時也開闊了眼界，拓寬了交流渠道，使我國能夠更多地學習國外先進技術，並在此基礎上創新、創造。毛炳權院士就是在改革開放後，學習借鑑國外先進經驗，創出了自己的聚丙烯工藝和催化劑專利技術。事實一再告訴我們：國家要富強，經濟要發展，科技要先行。只有科技先行，才能夠形成自己的獨有技術，徹底擺脫受制於人的局面。直到今天，廣大科技工作者仍然在為提高我國的科技水平，使我國成為真正的強國而不懈努力。他們與毛炳權院士一樣，「正在做我們的前人從來沒有做過的極其光榮偉大的事業」(毛澤東語)。他們是實現中華民族偉大復興夢的中流砥柱。

在採寫傳記的過程中，毛炳權院士給筆者很大幫助。不僅認真審閱每一稿，用鉛筆仔細勘誤，還親筆寫出專業性比較強的事例和人生經歷中的細節，使書稿得以不斷完善。感謝毛院士的夫人劉新香女士，這位在科學研究領域做出卓越貢獻的女科學家，接受了我幾次採訪，並提供了毛炳權院士工作生活中的許多細節。同樣是在採寫傳記的過程中，中國石化北京化工研究院黨群工作處處長梁曉雲女士做了大量協調工作，在她的幫助下，我接觸了大量歷史資料和科學研究資料，採訪了一批科技精英。其中有白髮蒼蒼的老科學研究工作者，也有年富力強的專家和朝氣蓬勃的青年一代。在此一併感謝接受過我採訪的北京化工研究院陳齊、李天益、夏先知、楊靄春、楊菊秀、李珠蘭、王世波、高福堂、張天一等諸位精英，並向他們與毛炳權院士一發揮為研發聚丙烯催化劑專利技術付出的艱辛努力，致以崇高的敬意。

毛炳權傳

作　　者：宗建華
發 行 人：黃振庭
出 版 者：崧博出版事業有限公司
發 行 者：崧博出版事業有限公司
E-mail：sonbookservice@gmail.com
粉 絲 頁：https://www.facebook.com/sonbookss/
網　　址：https://sonbook.net/
地　　址：台北市中正區重慶南路一段六十一號八樓 815 室
Rm. 815, 8F., No.61, Sec. 1, Chongqing S. Rd., Zhongzheng Dist., Taipei City 100, Taiwan
電　　話：(02)2370-3310
傳　　真：(02)2388-1990
印　　刷：京峯數位服務有限公司
律師顧問：廣華律師事務所 張珮琦律師

定　　價：450 元
發行日期：2024 年 03 月第一版
◎本書以 POD 印製

國家圖書館出版品預行編目資料

毛炳權傳 / 宗建華 著 . -- 第一版 .
-- 臺北市 : 崧博出版事業有限公司 ,
2024.03
面；　公分
POD 版
ISBN 978-626-363-896-9(平裝)
1.CST: 毛炳權 2.CST: 傳記
782.887　113002381

電子書購買

臉書

爽讀 APP